Diet Eman
mit James Schaap

Liebe, die den Haß besiegt

Aus dem Amerikanischen
von Martina Merckel-Braun

R. BROCKHAUS VERLAG WUPPERTAL

ABCteam-Bücher erscheinen in folgenden Verlagen:

Aussaat Verlag Neukirchen-Vluyn
R. Brockhaus Verlag Wuppertal und Zürich
Brunnen Verlag Gießen und Basel
Christliches Verlagshaus Stuttgart
Oncken Verlag Wuppertal und Kassel

Titel der amerikanischen Originalausgabe:
»Things We Couldn't Say«

Die Briefe und Aufzeichnungen von Hein Sietsma
übersetzte Johannes Volkert aus dem Niederländischen

2. Auflage 2001
1. Auflage 1995

Umschlaggestaltung: Ralf Krauß, Remseck
Umschlagfoto: Bavaria Bildagentur
Druck: Druckhaus Harms, Groß Oesingen
ISBN 3-417-11237-0
Bestell-Nr. 111 237

»Will mir jemand nachfolgen, der verleugne sich selbst und nehme sein Kreuz auf sich und folge mir. Denn wer sein Leben erhalten will, der wird's verlieren; wer aber sein Leben verliert um meinetwillen, der wird's finden.«

Matthäus 16,24.25

11. Dezember 1939

Wieder ein Gespräch mit dem Doktor. Zum Schluß geht es jedesmal um dieselbe Frage. Er sagt: »Die Kirche darf sich nicht in die Politik einmischen.« Und ich antworte ihm: »Wenn wir Christen sind und bekennen, daß Gott allmächtig ist, dann dürfen wir ihn aus keinem einzigen Bereich unseres Lebens ausschließen.«

aus Diet Emans Tagebuch

Für Mark,
ohne den dieses Buch nie geschrieben worden wäre,

und für Joy
und all die Menschen,
die in dieser schweren Zeit
mit mir zusammengearbeitet haben.

INHALT

Den Haag 1938

Die Familie Eman
links unten:
Diet (Berendina)

Hein Sietsma,
etwa 18 Jahre alt

Während meiner frühen Kindheit besaß mein Vater ein gutgehendes Geschäft für Innenausstattung. Er beschäftigte viele Mitarbeiter, und seine Kunden waren meist wohlhabende Familien aus Den Haag, für die er Vorhänge und Gardinen herstellte und Tapezier- und Polsterarbeiten übernahm.

Im Jahr 1929 begann jedoch für die Niederlande – ebenso wie für die anderen Länder Europas und für Amerika – eine Zeit schwerer wirtschaftlicher Rezession. Ich war damals neun Jahre alt. Niemand konnte sich mehr Dinge leisten, die über das unmittelbar Lebensnotwendige hinausgingen. Mein Vater bekam kaum noch Aufträge, und es sah nicht so aus, als ob er mich studieren lassen könne. Ich hätte es mir zwar sehr gewünscht, und auch meine Lehrer waren dafür, aber mein Vater sagte, es ginge nicht. Und außerdem sei ich nur ein Mädchen.

Es war das einzige Mal, daß ich meine Eltern miteinander streiten hörte. Meine Mutter wollte mich studieren lassen, aber mein Vater sagte nein. Es war zu teuer, und meine Brüder mußten studieren. Ich würde wahrscheinlich sowieso heiraten. Meine Mutter kämpfte einen harten Kampf, aber sie verlor.

An mir war – wie alle meinten – ein Junge verlorengegangen. Mit sechzehn trug meine Schwester hochhackige Schuhe und aufgestecktes Haar. Als ich in dieses Alter kam, war meine Frisur regelmäßig eine Katastrophe, ganz egal, wohin ich ging. Ich fand es herrlich, auf Bäume zu klettern und in der Natur herumzustreifen. Oft radelte ich mit meinem Bruder Albert und unseren Freunden in die umliegenden Bauerndörfer. Wir spielten auf Wiesen, die von Bächen und Gräben durchzogen waren, den sogenannten *sloten*, die es dort auch heute noch überall gibt. Auch an Tagen wie Oster- oder Pfingstmontag fuhren wir mit dem Rad aufs Land. Wir kletterten auf Bäume und sprangen über Gräben. Einige von ihnen waren ziemlich breit, und natürlich fielen wir früher oder später hinein. Das gehörte einfach dazu.

Meine Schwester beschwerte sich darüber bei meiner Mutter. »Du darfst das nicht zulassen. Diet benimmt sich überhaupt nicht wie eine junge Dame.«

Eines Tages wandte sich der Küster unserer Kirche an meine Eltern. »Ich habe einen alten Freund, Jilt Sietsma. Einer seiner Söhne hat hier in Den Haag bei der Firma Shell eine Stelle bekommen. Er sucht jetzt ein Zimmer. Viel Geld hat er allerdings nicht.«

Mein Vater sah meine Mutter an, denn solche Sachen überließ er immer ihr.

»Ich habe gleich an Sie gedacht«, fuhr Herr Reitsma, der Küster, fort. »Sie sind so eine nette Familie. Könnten Sie den Jungen nicht aufnehmen – wenigstens so lange, bis er etwas anderes gefunden hat?«

Meine Mutter schien nicht gerade begeistert zu sein.

Herr Reitsma ließ nicht locker. »Er ist der älteste Sohn einer ziemlich großen Familie. Es ist eine traurige Geschichte. Sie haben gerade ihre Mutter verloren.«

Das brachte das Herz meiner Mutter zum Schmelzen. Sofort sagte sie: »Ich kann jetzt wirklich keinen Mieter gebrauchen. Ich habe zu viel zu tun. Aber ich habe Platz für einen dritten Sohn.«

Ich war damals siebzehn und das dritte von vier Kindern. Meine Schwester Stephana – wir nannten sie Fanny – war mit 25 Jahren die älteste, Arjan war ein Jahr jünger als sie. Dann kamen die *kleintjes*, nämlich ich und mein sechzehnjähriger Bruder Albert. Es behagte mir ganz und gar nicht, daß wir nun noch ein neues Familienmitglied bekommen sollten. Wir waren sehr glücklich miteinander, und es paßte mir einfach nicht, daß wir jetzt diesen fremden Jungen aufnehmen sollten, der bloß ein Jahr älter war als ich.

Hein Sietsma, so hieß er, kam ursprünglich aus Marum in Friesland. Als er zu uns zog, war sein Vater Rektor einer kleinen christlichen Schule in Holk, einer Bauerngemeinde in der Nähe von Nijkerk in Gelderland. Damals kamen mir Ortschaften wie Holk und Nijkerk im Vergleich zu Den Haag, wo wir immer gewohnt hatten, schrecklich rückständig vor.

Auch der Namen Hein gefiel mir nicht. In meinen Augen war es ein altmodischer Bauernname. Hein, dachte ich, das ist ja wohl das letzte. Ich lernte gerade Spanisch, und ich mochte spanische Namen wie Ramon. Es wäre eine tolle Sache, sich mal in einen Ramon zu verlieben, dachte ich – aber Hein? So jemand bei uns im Haus, und überhaupt – ein Mann!

Als meine Eltern mir sagten, daß er bei uns einziehen würde, tobte ich. »Ich finde das schrecklich! Und dann muß er auch noch Hein heißen!« Bestimmt hatte er Sommersprossen und rote Haare und war ein richtiger friesischer Bauerntölpel.

Hein wurde im Arbeitszimmer einquartiert. Er schlief in einem Bett, das tagsüber einfach an die Wand geklappt wurde und dann wie ein Schrank aussah.

Ich merkte bald, daß er ein netter Kerl war, aber ich hatte schließlich keinen Zweifel daran gelassen, daß er in meinen Augen ein unerwünschter Eindringling war. Also gab ich mir alle Mühe, ihn nicht zu mögen.

Wir hatten damals kein richtiges Badezimmer, sondern nur einige Waschbecken im Haus. Manchmal, wenn wir es eilig hatten, wuschen wir uns einfach in der Küche am Spülstein, damit alle rechtzeitig zur Schule oder zur Arbeit kamen. Niemand dachte sich etwas dabei.

Aber seit Hein da war, konnte ich nicht mehr in der Unterwäsche in die Küche laufen und mich dort waschen. Ich mußte einen Bademantel anziehen und jeden Morgen warten, bis ich mich im Schlafzimmer meiner Eltern waschen konnte. Für mich war vieles ganz anders geworden, seit er zu unserer Familie gehörte, wie Mutter es ausdrückte.

Tagsüber arbeitete er bei der Firma Shell, und abends lernte er Französisch. Er aß bei uns und ging mit uns zur Kirche und in die *Jongelingsvereniging*, wo er jede Menge Leute kennenlernte. Seit er bei uns wohnte, war unser Haus immer voller Besuch. Albert und ich hatten unsere Freunde, und nun kamen noch die neuen Freunde von Hein dazu. Wir hatten ein Klavier und ein Harmonium, und Albert spielte Cello. Er war sehr musikalisch und wollte immer Berufsmusiker werden. Er spielte in einem Orchester mit und war wirklich sehr gut. Oft musizierten und sangen wir miteinander. In diesen Jahren vor dem Krieg war unser Haus immer voller junger Leute. Es war eine wunderbare Zeit.

Das war 1937. Ich war damals siebzehn, und ich hatte gerade meine erste Stelle bei einer Bank im alten Stadtkern von Den Haag angetreten. Ich hatte zwei sehr gute Freundinnen, Betty und Annie, und samstags waren wir immer mit dem Rad unterwegs. Wir fuhren entweder zum Strand in die Dünen oder aufs Land hinaus. Betty und Annie waren genauso wild wie ich. Wir waren noch richtige Kinder und benahmen uns auch so.

Eines Tages lud Hein mich zu einer Fahrradtour ein. Meine Freundinnen lachten sich halbtot, als ich es ihnen erzählte.

»Und was hast du geantwortet?« wollten sie wissen.

»Natürlich habe ich nein gesagt«, antwortete ich. Was für eine Frage!

Ich hatte wirklich keine Lust dazu. Warum sollte ich mit ihm radfahren, wenn ich jeden Samstag so viel Spaß mit meinen Freundinnen haben konnte? Außerdem hätte ich nie zugegeben, daß ich ihn eigentlich ganz gut leiden konnte. Nicht nach dem Anfall, den ich bekommen hatte, als meine Eltern sagten, er würde bei uns einziehen.

Er lud mich noch öfter ein, und an einem Samstagnachmittag, als meine Freundinnen keine Zeit hatten, beschloß ich, darauf einzugehen. Wir fuhren miteinander los – und redeten und redeten und redeten. Das machen alle Holländer so, wenn sie mit dem Rad unterwegs sind. Sie fahren Kilometer um Kilometer und führen dabei endlose Gespräche.

»Und, wie war's?« fragten Betty und Annie mich später.

»Langweilig.«

Es war wirklich langweilig gewesen. Mit den Mädchen stellte ich lauter verrückte Sachen an, aber Hein war ein Jahr älter als ich und offenbar schon viel reifer. Mit Betty und Annie konnte ich auf Bäume klettern und über Gräben springen und alle möglichen Abenteuer erleben. Im Vergleich dazu war die Radtour mit Hein wirklich nicht sehr aufregend gewesen – wir hatten die ganze Zeit nur geredet. Gut, er war ein netter Kerl. Er war jedenfalls nicht so unsympathisch, wie ich zuerst gedacht hatte. Aber wenn ich die Wahl hatte, mit wem ich meine Samstagnachmittage verbringen wollte, dann zog ich die Gesellschaft meiner Freundinnen bei weitem vor.

Erst lange Zeit später erzählte mir meine Mutter, daß Hein mit ihr über mich gesprochen hatte. Er wollte wissen, was er tun könne, damit ich mich für ihn interessierte. Sie erklärte ihm, daß ich einfach noch nicht so weit sei wie er, sondern ein Kind, ein wildes Mädchen, dessen größtes Vergnügen darin bestünde, im Wald herumzurennen und über *sloten* zu springen. Ohne Interesse an Männern – und schon gar nicht an Männern, die nichts anderes taten als langweilige Fragen stellen.

Er gestand ihr, daß er verrückt nach mir sei.

»Aber sie scheint mich überhaupt nicht zur Kenntnis zu nehmen«, sagte er.

»Laß ihr noch etwas Zeit«, riet sie ihm. »Diet ist noch nicht soweit. Hab Geduld mit ihr.«

Damals sagte sie mir natürlich nichts von diesem Gespräch.

Hein war 1937 bei uns eingezogen, und ich glaube, in der ersten Zeit beobachtete er mich nur. Als wir zum ersten Mal miteinander radfahren gingen, war ich achtzehn. Etwa ein Jahr später zog er zu irgendwelchen Freunden, und plötzlich vermißte ich ihn sehr, obwohl ich das keinem Menschen gegenüber zugab. Seine Freunde kamen weiterhin zu uns, aber ihn sah ich bald gar nicht mehr. Er war zum Militärdienst eingezogen worden und mußte nach Deventer, das südlich von Kampen an der IJssel liegt, nicht weit von der deutschen Grenze.

Die sorglose, heile Welt meiner Kindheit war plötzlich zerbrochen. Wir hatten Angst, daß es Krieg geben könnte. Jetzt, wo Hein weg war, merkte ich, wie viel er mir bedeutete. Ich wußte, daß ich es nicht verkraften würde, wenn ihm etwas passierte. Er hatte auf seine Weise versucht, mir zu sagen, daß er mich liebte, aber ich hatte kaum darauf geachtet. Erst jetzt, als unser aller Leben in Gefahr war, erkannte ich, daß auch ich ihn liebte.

Alle Mitglieder unserer Familie schrieben ihm nach Deventer. Seine Briefe waren immer an uns alle gerichtet, aber ich spürte, daß sie in besonderer Weise mir persönlich galten. Ich hatte das Gefühl, daß er mir die Hand gab und mich bat, sie festzuhalten.

18. Dezember, nachmittags, 17 Uhr

Heute morgen kam ich auf Urlaub aus Den Haag nach Nijkerk. Ich weiß nicht, was ich von Diet halten soll. Ich hatte mir vorgenommen, ernsthaft mit ihr zu sprechen, nur einen Augenblick, nur wir beide, und dabei wollte ich ihr dann in ihre schönen Augen schauen.

Diesen Augenblick gab es jedoch nicht.
Ich hatte es wohl zu sehr darauf angelegt.
Sie war mir irgendwie ein Rätsel.
Diet ist ein Wildfang.
Ihre Bescheidenheit
Ihre Ehrfurcht vor Gott und den Mitmenschen
Ihre Liebe
Ihr festes Bestreben, andere nicht zu verletzen
Ihr Bemühen, den andern zu verstehen und sich in ihn hineinzuversetzen
Ihre Prinzipien
Ihre Liebestaten und ihre wenigen Worte.

aus dem Tagebuch von Hein Sietsma

Es machte uns Holländern angst zu sehen, wieviel Macht Hitler gewann. Er hatte Österreich besetzt, obwohl das viele nicht für möglich gehalten hatten. Wir erwarteten alle, daß England und Frankreich jetzt eingreifen würden, aber das taten sie nicht. Als Hitler in Polen einmarschierte, begriffen wir, daß die Sache immer gefährlicher wurde. Wir ahnten, daß etwas Schlimmes bevorstand. Trotzdem versuchten wir, den Kopf in den Sand zu stecken. Wir redeten uns ein, daß das, was in Österreich und Polen geschehen war, in Holland nie passieren könnte. Wir verschlossen unsere Augen vor der Gefahr, um einigermaßen normal weiterleben zu können.

Ich begriff immer mehr, wie dumm ich gewesen war, Hein so wenig Beachtung zu schenken. Ich hatte es kaum zur Kenntnis genommen, wenn er mir zu zeigen versuchte, daß er mich liebte. Es tat mir so leid. Dann erhielt ich einen Brief von ihm, in dem er schrieb, daß er das nächste Mal, wenn er ein paar Tage Urlaub bekäme, gern nach Den Haag kommen würde, um mich zu sehen. Mich ganz persönlich, nicht nur meine Familie. Ich schrieb ihm sofort zurück, daß ich mich sehr auf seinen nächsten Besuch freute.

Als ich ihn am Bahnhof abholte, schlug mir das Herz bis zum Hals. Was für ein unbeschreibliches Gefühl – zu spüren, wie sehr ich ihn liebte und wie sehr ich mir wünschte, für immer mit ihm zusammenzubleiben! Wir sprachen nicht darüber, aber ich fühlte, daß er dasselbe empfand wie ich.

Danach kam Hein noch oft am Wochenende zu mir nach Den Haag. Wir redeten stundenlang miteinander, und ich merkte immer mehr, was für ein wunderbarer Mensch er war. Er hatte viel Sinn für Humor. Manchmal brauchten wir überhaupt nichts zu sagen – wir sahen uns bloß in die Augen und fingen an zu lachen. Aber wir konnten auch sehr ernste und intensive Gespräche führen. Unsere Liebe wuchs. Damals, auf unserer ersten gemeinsamen Radtour, als ich noch so ein Wildfang war und Hein nur als einen unerwünschten Eindringling betrachtete, fand ich alles so langweilig, was er zu sagen hatte. Jetzt war es anders. Ich hatte mich in ihn verliebt.

Oft unternahmen wir wunderbare, weite Fahrradtouren. Wir packten uns Brote und Limonade ein und machten unterwegs Picknick. Meist fanden wir irgendein malerisches Fleckchen an einem der *sloten*, wo wir uns unter hohen Bäumen ins Gras setzten und unsere zu Hause geschmierten Brote mit Käse und Erdnußbutter aßen. Dazu tranken wir Limonade aus Heins Feldflasche. Sie schmeckte uns herrlich, auch wenn wir damals keine Eiswürfel hatten.

Es war unsere schönste Zeit. Damals, 1938, war es noch möglich, unbeschwerte Tage miteinander zu verbringen. Hein liebte klassische Musik, und wir gingen oft in Konzerte. Wir hörten Feike Asma, einen berühmten Organisten aus Friesland, und immer wieder die Matthäuspassion.

Die Art und Weise, wie wir miteinander befreundet waren,

kommt jungen Leuten heute bestimmt ganz altmodisch vor. Ich studierte damals Fremdsprachen. Da sich zu meiner Zeit die meisten Holländer kein Vollzeitstudium leisten konnten, gingen wir alle arbeiten und lernten abends. Am Samstagnachmittag machten wir bei schönem Wetter einen Spaziergang, oder wir besuchten ein Konzert, und oft gingen Hein und ich einfach zu Freunden und verbrachten ein paar Stunden mit ihnen. Sonntags saßen wir nebeneinander in der Kirche, und danach tranken wir Kaffee und aßen zu Mittag. Hein spielte gerne Schach und Backgammon und brachte mir diese Spiele bei. Nichts Besonderes passierte in diesen Stunden unseres Zusammenseins, und doch wurde unsere Liebe zueinander immer stärker und tiefer.

Meine Eltern hingen an Hein wie an einem Sohn. Meine Mutter hatte ein ziemlich unruhiges Leben, mit Vaters Geschäft und all den Freunden von Hein und mir, die laufend zu uns kamen, aber ich weiß, daß sie sehr glücklich darüber war, so viel Leben um sich herum zu haben. Hein kam an jedem freien Wochenende zu uns. Er war lieber bei uns als bei seinen Eltern, was zum Teil daran lag, daß sein Vater ein sehr strenger Mann war. Hein achtete und respektierte ihn zwar, aber manchmal kam er mit seiner gesetzlichen Art einfach nicht zurecht.

Einmal schrieb Heins Vater meinem Vater einen Brief. Er hatte erfahren, daß Hein drei Tage Urlaub bekommen sollte. Der erste Tag davon war ein Sonntag, und Hein hatte vor, am Sonntagmorgen vor der Kirche mit dem Zug nach Den Haag zu kommen. Heins Vater hielt es für eine Sünde, sonntags mit dem Zug zu fahren, und bat meinen Vater, Hein nicht ins Haus zu lassen. Nachdem Hein das Wochenende mit uns verbracht hatte, schrieb mein Vater an Herrn Sietsma: »Ich freue mich sehr darüber, daß Ihr Sohn nach Den Haag gekommen ist und mit uns den Gottesdienst besucht hat. Ich hätte es sehr schade gefunden, wenn er statt dessen in Deventer geblieben und in eine Kneipe gegangen wäre.«

Obwohl sich Hein oft über seinen Vater ärgerte, konnten wir ihn beide verstehen. Er war ein Mann mit strengen Prinzipien, aber seine Familie war so groß, daß diese Strenge wohl erforderlich war, um ein geordnetes Zusammenleben zu ermöglichen.

Hein versuchte es immer so einzurichten, daß er auch seine Familie in Holk besuchen konnte, wenn er Urlaub bekam. Aber er kam dort nie an einem Sonntag an. Wenn er nur zwei Tage Urlaub hatte und der erste Tag davon ein Sonntag war, fuhr er immer zuerst zu uns. Sonst hätte er einen ganzen Tag verloren.

Wir schrieben uns sehr oft. Obwohl ich so ein lebhaftes Kind gewesen war, muß ich doch ein sehr introvertierter Mensch gewesen sein, so erscheint es mir heute. Ich fand es sehr schwer, Hein offen zu sagen, was ich für ihn empfand. Vielleicht war ich einfach zu schüchtern dazu, vielleicht lag es aber auch an der Zeit, in der wir lebten, und daran, daß ich damals noch sehr jung war.

Für Hein schien es viel einfacher zu sein, seine Gefühle zum Ausdruck zu bringen. Vielleicht hatten meine Schwierigkeiten auch mit meiner Erziehung zu tun. »Zeige niemals deine Gefühle« – diese Haltung war für unsere Familie ziemlich charakteristisch. Ich glaube, manchmal muß es Hein so vorgekommen sein, als ob ich empfindungslos wäre. Aber damals, als er zum ersten Mal nach Den Haag kam, um mich zu besuchen, da gab ich ihm den ersten Kuß. In diesem Moment wußte ich, daß das, was ich für ihn empfand, nicht einfach irgendwann wieder vorbei sein würde. Auch er küßte mich. Es berührte mich tief. Dieses erste Wochenende war wunderbar, und es war erst der Anfang.

17. November 1939

Katrientje ist ein kesses junges Mädchen mit roten Bäckchen. Sie ist angenehm im Umgang; sie weiß, wie sie sich in der Gegenwart junger Männer zu benehmen hat. Ein lustiger Typ, etwas lausbubenhaft.

Diet verfügt nicht nur über diese Vorzüge, sondern auch noch über den kindlich einfachen Glauben und die angeborene Eigenschaft, alles von der positiven Seite zu betrachten.

Bewußt oder unbewußt lautet ihr Motto: »Gott ist mit mir, und deswegen bin ich fröhlich und versuche, für jeden das Gute zu erstreben, ohne mich selber in den Vordergrund zu drängen.«

Warum schreibt sie jetzt nicht?

Weiß sie denn nicht, wie sehr ich mich nach einem Brief, nach einer Nachricht von ihr sehne?

Diet, kommst Du morgen?

Ich will Dich an mein Herz drücken und Dir sagen, daß ich Dich sehr, sehr liebe.

Ich habe gesehen, daß Du mich liebst, Du, mein Alles!

aus dem Tagebuch von Hein Sietsma

Das war 1939. Auch einige unserer besten Freunde hatten sich inzwischen gefunden. Johan van Gelder, den Hein in unserer Kirche kennengelernt hatte, hatte sich verlobt, und auch der andere Johan, den wir »Bram« nannten, um die beiden nicht zu verwechseln. Bram hatte sich mit Nel verlobt, einer Freundin von uns. Johans Freundin Fokje wohnte in Amersfoort und kam öfters am Wochenende nach Den Haag, um ihn zu besuchen. Dann übernachtete sie meist bei uns. Das Haus meiner Eltern war wie ein Hotel – jedes Wochenende war irgendein junges Paar bei uns zu Gast. Wir waren alle sehr verliebt, und auch die Mädchen und die Männer verstanden sich untereinander sehr gut. Es war eine wunderbare Zeit.

Montag, 20. November, Herrn Emans Geburtstag
Gestern nachmittag fuhr ich nach Den Haag. Habe mich selber beurlaubt. 16.30 Uhr in der Malakkastraße. Bram war dort. Gemeinsam mit ihm hole ich Diet vom Gottesdienst ab. Diet und Betty bemerken uns nicht. Wir gehen vorbei, machen dann kehrt und folgen ihnen. Noch immer bemerken sie uns nicht. Erst, als ich mich bei ihr einhake.

aus dem Tagebuch von Hein Sietsma

November 1939
Große Überraschung am Sonntag. Als ich nach dem Gottesdienst nach Hause ging, lief plötzlich Hein neben mir her. Ich konnte es fast nicht glauben!

aus Diet Emans Tagebuch

In Holland feiern wir am 5. Dezember *Sinterklaas* (Nikolaus), und an diesem Tag machen alle Leute ihren Angehörigen und guten Freunden kleine Geschenke, die manchmal auch sehr lustig sein können.

Als Hein und ich einmal im Meer gebadet hatten, war ihm aufgefallen, daß ich schreckliche Angst vor Quallen hatte. Wenn der Wind aus einer bestimmten Richtung kam, trieb er Hunderte von häßlichen blauen Quallen ans Ufer. Einige von ihnen waren riesig, und sie hatten Fangarme, die ekelhaft brannten, wenn man damit in Berührung kam. Ich war wie gelähmt vor Angst.

Zum nächsten *Sinterklaas* bekam ich eine große Holzkiste. Es hing ein Zettel daran, auf dem stand, die Kiste wäre ein Geschenk von Neptun, dem König der Meere. Als ich sie aufmachte, kam eine blaue Qualle zum Vorschein, die Hein aus Wackelpudding gemacht hatte. In der Mitte steckte eine kleine Flasche meines Lieblingsparfüms, Maja. Ihm fielen oft so lustige kleine Überraschungen für mich ein. Manchmal, wenn ich ins Bett ging und mein Nachthemd unter dem Kopfkissen hervorholte, rollte irgend etwas heraus, zum Beispiel ein Parfümfläschchen oder ein Apfel. Er ließ sich immer wieder etwas Neues einfallen, um mir eine Freude zu machen.

Es war so üblich, daß man seinen Nikolausgeschenken ein passendes Gedicht beilegte. In diesem Jahr hatte Hein ein Gedicht verfaßt, in dem beschrieben wurde, wie traurig Neptun darüber war, daß ich solche Angst vor diesen kleinen Wesen aus seinem Königreich hatte. Ich werde es wohl nie vergessen.

Meine Schwester war eine junge Dame, die hohe Absätze und elegante Hüte und alle möglichen damenhaften Accessoires liebte. Ihr Verlobter war an *Sinterklaas* bei uns, als die Geschenke verteilt wurden. Die »Spielregel« lautete, daß man sein Geschenk einwickeln und ein Gedicht dazu schreiben mußte, das der Empfänger dann laut vorlesen mußte, ob es ihm gefiel oder nicht. Manchmal, wenn jemand eine Angewohnheit hatte, die die anderen komisch fanden oder die ihnen auf die Nerven ging, wurde darauf in dem Gedicht angespielt. Das wurde natürlich auf humorvolle Art gemacht, um niemanden zu verletzen. Das Geschenk konnte auch ganz klein sein, aber es wurde immer in einen großen Karton eingepackt. Meist bestand die Verpackung aus mehreren Lagen Papier, auf denen dann auch noch jedesmal ein anderer Name stehen konnte. Außen stand vielleicht, es sei für Fanny, und wenn sie das äußere Papier abgemacht hatte, stand auf der nächsten Schicht, es sei für Hein. Und der stellte dann fest, daß es eigentlich für Vater war.

Dieses Jahr hatte meine Mutter einen wunderschönen Spitzen-BH für Fanny gekauft, die eine Schwäche für Spitzen hatte. Damals war ein BH eine sehr persönliche Angelegenheit. Aber meine Mutter brachte es immer wieder fertig, die Geschenke beim Einpacken durcheinanderzubringen, und so landete Fannys Geschenk ausgerechnet in den Händen ihres neuen Freundes. Der war ein *droogkomiek*, wie wir es auf Holländisch nennen – ein Mensch mit trockenem Humor. Er öffnete das Päckchen, hielt den Spitzen-BH hoch und fragte: »Ja, und was soll ich jetzt damit machen?«

Dienstag, 5. Dezember

War Sonntag auf Urlaub in Den Haag. Englische Kirche.

Gestern das Nikolausfest gefeiert.

Diet freute sich sehr über den Igel und die Schirmlampe.

Später waren wir in Diets Zimmer.

Sie war so schön, ich glaube, sie hat mir noch nie so gut gefallen.

Wenn sie fragt: »Warum lachst du, Hein?«, und ich schaue ihr dann in die Augen, die immer strahlen, wenn sie aufblickt, spüre ich einfach, wie wunderbar es ist, daß wir beide leise lachen müssen, wenn wir einander anschauen. Manchmal beginnen wir dann vor lauter Sprachlosigkeit, lauthals zu lachen.

Als sich ihre Augen mit Tränen füllten, fragte ich: »Was ist los, Diet?«

Und als sie erwiderte: »Ich dachte ...«

Ich habe nicht weiter gefragt.

Aber es ist so wunderbar, ein Mädchen wie sie anvertraut zu bekommen und zu wissen und zu spüren, daß es dich liebt und daß es dir gehört. Einem solchen Mädchen kann man nichts zuleide tun.

Dir gefällt seine Seele, das Mädchen selbst, einfach alles, was zu ihm gehört, und du willst nicht, daß ihm irgend etwas Böses geschieht.

Das darf nicht sein; das darf niemals sein. Du darfst nur lieben und dieses Mädchen glücklich machen, wie es mich glücklich macht. Diet, denke ich an Dich, bin ich so glücklich.

Herr, schenke, daß ich sie lieben darf.

aus dem Tagebuch von Hein Sietsma

Damals konnten die jungen Leute nicht so schnell heiraten wie heute. Auf keinen Fall schon bald, nachdem sie sich ineinander verliebt hatten, und auch nicht gleich nach ihrer Verlobung. Sie mußten warten, bis sie genügend Geld für Möbel, Wäsche, Geschirr und alles andere zusammengespart hatten, was für einen eigenen Haushalt erforderlich war. Meist vergingen bis zur Hochzeit zwei bis drei Jahre. Sobald das Paar verheiratet war, ging die Frau nicht mehr arbeiten. Man konnte also nur heiraten, wenn der Mann genug verdiente, um eine Familie zu ernähren. Und nach der Wirtschaftskrise war der Lebensstandard in Holland nicht gerade sehr hoch, und durch Hitler und die drohende Kriegsgefahr war alles noch schwieriger geworden.

31. Oktober 1939

Heute muß ich immer wieder daran denken, daß es sehr wohl möglich ist, daß Hitler auch mit uns Krieg anfängt. Und daß es für uns irgendwie viel schlimmer sein wird als für die anderen Länder – aber wieso denke ich das eigentlich? Worin unterscheiden wir uns von den anderen?

Ich stelle mir vor, daß Hein sterben könnte ... In Polen gibt es jetzt Mädchen, die ihre Verlobten verloren haben, und Frauen, die ihre Männer auf Erden nie mehr wiedersehen werden.

O Vater, tröste sie, und bewahre bitte unser Land vor so einer großen Not. Nicht, weil wir besser wären als andere, sondern nur um deiner großen Gnade willen. Und wenn du es nicht tust, dann hilf mir zu beten: »Dein Wille geschehe.«

O Herr, beschütze, den meine Seele liebt!

aus Diet Emans Tagebuch

Krieg

113DE JAARGANG

Nieuwe Amsterdamsche Courant

ALGEMEEN HANDELSBLAD

AVONDBLAD

ABONNEMENTEN PER KWARTAAL, PER MAAND EN PER WEEK.

No. 37104; Twaalf bladzijden

Vrijdag 10 Mei 1940

N.Z. Voorburgwal 234-240, Amsterdam (C)

Nederland in oorlog met Duitschland

België, dat ook door Duitschland is aangevallen, en ons land hebben een beroep gedaan op de Geallieerden, die hebben toegezegd alle mogelijke hulp te zullen verleenen

Grenstroepen bieden verbitterd weerstand aan IJssel en Maas

Vannacht drie uur overschreden Duitsche troepen onze grenzen, ruim een uur later bombardeerde de Duitsche luchtmacht Nederlandsche vliegvelden en te zes uur bood de Duitsche gezant te 's-Gravenhage een verklaring aan, waarbij de inzet van een Duitsche troepenmacht werd aangekondigd en elke tegenstand doelloos verklaard.

De Nederlandsche Regeering heeft deze verklaring met verontwaardiging van de hand gewezen en geantwoord, zich in oorlog te beschouwen met het Duitsche Rijk.

De Nederlandsche grenstroepen bieden aan IJssel en Maas krachtig weerstand. Vier Duitsche pantsertreinen zijn buiten gevecht gesteld, waarvan er een tegelijk met de brug over de Maas te Venlo in de lucht vloog. Bij landingspogingen in het binnenland zijn ten minste 70 Duitsche vliegtuigen neergeschoten. Van verschillende plaatsen komen berichten, dat de Duitschers Nederlandsche krijgsgevangenen als dekking gebruiken.

Te vijf uur in den ochtend kon het Algemeen Hoofdkwartier reeds melden, dat onze weermacht en afweer paraat waren en de inundaties zich volgens plan voltrokken.

De Opperbevelhebber heeft een verordening uitgegeven, waarbij het allen Duitschers of vreemdelingen van Duitsche afkomst verboden is zich in Nederland op straat of weg te bevinden.

Voorts heeft de Opperbevelhebber „Het Nationale Dagblad", „Volk en Vaderland" en „Het Volksdagblad" verboden, en een waarschuwing gericht tegen de burgerbevolking om zeer wantrouwend te staan tegenover radioberichten en strooibiljetten, die gewag maken van staken van het Nederlandsch verzet of van onderhandelingen met den vijand.

Volgens berichten van Reuter en Havas zijn in België het militaire hospitaal te Antwerpen verwoest, verscheidene huizen te Brussel door bommen vernield, het station Jemelles in vlammen gezet en het vliegveld Evere door Duitsche vliegtuigen met bommen bestookt.

Een Fransch leger rukt reeds op, ten einde België hulp te verleenen. Ook Britsche troepen zijn onderweg.

Koning Leopold van België heeft het opperbevel over de Belgische troepen overgenomen.

De ministers v. Kleffens en Welter zijn naar Londen vertrokken voor overleg met de Geallieerden.

In Amerika heeft het nieuws van den Duitschen inval een diepen indruk gemaakt.

PROCLAMATIE VAN H. M. DE KONINGIN

Mijn Volk,

Nadat ons land met angstvallige nauwgezetheid al deze maanden een stipte neutraliteit had in acht genomen en terwijl het geen ander voornemen had dan deze houding streng en consequent vol te houden, is in den afgeloopen nacht door de Duitsche weermacht zonder de minste waarschuwing een plotselinge aanval op ons gebied gedaan. Dit niettegenstaande de plechtige toezegging, dat de neutraliteit van ons land zou worden ontzien zoolang wij haar zelf handhaafden. Ik richt hierbij een vlammend protest tegen deze voorbeeldelooze schending van de goede trouw en aantasting van wat tusschen beschaafde staten behoorlijk is.

Ik en Mijn Regeering zullen ook thans onzen plicht doen. Doet gij den uwe, overal en in alle omstandigheden, ieder op de plaats waarop hij is gesteld, met de uiterste waakzaamheid en met die innerlijke rust en overgave, waartoe een rein geweten in staat stelt.

Wilhelmina

»Die Niederlande im Krieg mit Deutschland« – eine Erklärung der holländischen Königin, daß sich die Niederlande trotz aller Bemühungen um Neutralität seit den frühen Morgenstunden des 10. Mai 1940 im Krieg befinden.

Am 9. Mai 1940, dem Donnerstag vor Pfingsten, saßen wir abends mit einigen Freunden zusammen. Das Radio übertrug eine Rede von Hitler. Wir verstanden alle Deutsch und hörten, wie Hitler sagte, wir Holländer bräuchten keine Angst zu haben. Holland hätte sich im Ersten Weltkrieg neutral verhalten, und er werde unsere Neutralität respektieren.

Nachdem unsere Gäste sich verabschiedet hatten, gingen wir alle ins Bett. Aber ein paar Stunden später wurde ich von einem Geräusch geweckt, das sich wie Teppichklopfen anhörte. In unserer Gegend hatten die Hausfrauen einen Wochenplan, der sich immer wiederholte: Montags wurde gewaschen, dienstags gebügelt, mittwochs das Wohnzimmer geputzt, donnerstags vielleicht ein anderes Zimmer, und freitags wurden mit den *mattenkloppers* die Teppiche geklopft.

Als ich an diesem Freitagmorgen aufwachte, dachte ich: »Es ist doch nicht zu fassen! Irgendein Blödmann klopft jetzt seine Teppiche, und dabei ist es noch stockdunkel.« Was ich hörte, waren die ersten Kriegsgeräusche – es war wie Teppichklopfen, nur viel schneller.

Meine Eltern waren auch wach geworden. Sie standen draußen auf der Straße, und ich ging zu ihnen hinaus. Am dunklen Himmel über uns sahen wir einen Luftkampf. Wir konnten beobachten, wie von unten mit Luftabwehrraketen auf die Flugzeuge geschossen wurde. Wir liefen zurück ins Haus und stellten das Radio an. Der Sprecher war ziemlich aufgeregt. Er sagte, daß Deutschland uns den Krieg erklärt habe und deutsche Fallschirmjäger in Holland gelandet seien.

Das alles geschah nur wenige Stunden, nachdem Hitler beteuert hatte, wir bräuchten uns keine Sorgen zu machen. Ich hatte es bis dahin noch nicht erlebt, daß ein Regierungschef so frech log, und ich war empört. Während dieser Mensch uns noch versicherte, wir hätten nichts zu befürchten, waren seine Truppen schon unterwegs.

Und unsere holländische Armee? Sie war in keiner Weise vorbereitet. Die holländische Regierung hatte nicht im Ernst an die Notwendigkeit einer wirklich verteidigungsbereiten Armee geglaubt. Unsere Soldaten fuhren mit Fahrrädern und trugen veraltete Gewehre über der Schulter. Gegen die Deutschen hatten sie keine Chance. Außerdem kamen in dieser Nacht viele Deutsche in holländischen Uniformen über die Grenze. Es hatte damals öfters in der Zeitung gestanden, daß immer wieder Uniformen aus Armeebeständen verschwunden seien, aber niemand hatte zwei und zwei zusammengezählt. Jedenfalls nicht, bevor die ersten Deutschen in holländischen Uniformen auftauchten und unsere Soldaten nicht mehr wußten, auf wen sie schießen sollten. Es gab sogar deutsche Soldaten, die als Priester verkleidet in unser Land kamen!

Wir konnten die ganze Nacht nicht schlafen. Wir kochten uns Tee und redeten und redeten. Schließlich gingen wir doch ins Bett, um uns wenigstens noch ein bißchen auszuruhen. Aber wir fanden keine Ruhe mehr. Es war Krieg.

Trotzdem gingen wir am nächsten Tag wieder zur Arbeit. Was hätten wir auch sonst machen sollen? Ich arbeitete schon seit einiger Zeit bei der *Twentsche Bank* im Zentrum Den Haags.

An diesem Morgen stieg ich wie üblich auf mein Fahrrad. Ich hatte keine Angst vor Luftangriffen oder anderen Gefahren – ich fuhr einfach zur Arbeit. Ich mußte durch die *Vondelstraat*, eine der Hauptverkehrsstraßen. Dort wurde ich von holländischen Polizisten angehalten, die mich aufforderten, *Scheveningen* und *Schapenscheerder* zu sagen – ganz langsam. Das war das holländische »Schibbolet«*. Gebürtige Holländer können diese Worte fehlerlos aussprechen, Deutsche jedoch nicht. Der Krieg hatte erst vor ein paar Stunden begonnen, aber diese Vorsichtsmaßnahmen waren erforderlich, weil schon so viele Deutsche in unser Land eingeschleust worden waren.

Am Stadtrand von Den Haag hatten Kämpfe stattgefunden, und die Flughäfen waren voller Fallschirmjäger. Adriaan, Fannys Verlobter, hatte einen Vertrag als Zeitsoldat unterschrieben, der ihm nach dem Militärdienst eine gute Stelle sichern sollte. Seine Dienstzeit war schon fast zu Ende, und Fanny und Adriaan hatten vor, im September zu heiraten. Das wäre vier Monate nach Kriegsbeginn gewesen.

In der Nacht vom 9. auf den 10. Mai hatte Adriaan mit einem Kameraden auf Ypenburg Wache gestanden, einem kleinen Flugplatz direkt vor Den Haag. Dort setzten die Deutschen Hunderte von Fallschirmjägern ab, und Adriaan und sein Kamerad wurden getötet. Sie gehörten zu den allerersten holländischen Soldaten, die starben.

Am 15. Mai 1940 kapitulierten die Niederlande. Hitler hatte angenommen, er könne dieses kleine Land mit seinen Fahrradsoldaten in einem Tag erobern, aber er brauchte fünf dazu. Die Holländer kapitulierten, nachdem Hitler das Zentrum von Rotterdam bombardieren ließ. Kirchen und Krankenhäuser wurden zerstört, unzählige Menschen starben. Es muß schrecklich gewesen sein.

Daß Hein kurz vor den Bombenangriffen nach Rotterdam abkommandiert worden war und das alles selbst miterlebte, wußte ich damals noch nicht. Ich war lange Zeit der Meinung, daß Hein im Osten, im Gebiet zwischen Deventer und Ede, stationiert sei. Natürlich machte ich mir dennoch Sorgen um

* Die Verfasserin bezieht sich hier auf den biblischen Bericht aus dem Buch Richter, Kapitel 12, Verse 1–6 (Anm. d. Übers.).

ihn, weil das nahe der deutschen Grenze war und dort ein Großteil der militärischen Auseinandersetzungen stattfand. Einige Tage vor Kriegsbeginn hatte Hein mich gebeten, ihn in Ede zu besuchen, und ich war am Wochenende mit dem Rad dorthin gefahren. Er hatte sich von einem Freund ein Motorrad ausgeliehen, und wir fuhren damit eine weite Strecke, obwohl ich während der ganzen Fahrt schreckliche Angst hatte. Aber er war glücklich, der Kaserne für eine Weile den Rücken kehren zu können.

Hein mochte das Militär eigentlich nie. Irgend etwas in ihm sträubte sich einfach dagegen. Viele Bestandteile des militärischen Lebens betrachtete er als pure Zeitverschwendung. Es fiel ihm schon vor dem Krieg schwer, seinen Wehrdienst abzuleisten, aber das lag nicht daran, daß er unpatriotisch gewesen wäre. Das, was er während der Besatzungszeit leistete, beweist, wie sehr er sein Vaterland liebte. Doch was man unter einem »guten Soldaten« verstand, blieb ihm immer fremd.

9. Dezember 1939

Ich sehne mich so sehr danach, ein normaler Bürger zu sein.

Ich muß mich dazu zwingen, mich voll in den Dienst einzubringen.

Ich habe nicht die Autorität, die ich haben sollte und die die Kameraden nicht mit Angst vor mir erfüllt. Aus dem Grunde lasse ich zuviel zu.

Meine Menschenkenntnis ist unzureichend.

Ich mache es mir zu bequem.

Ich sehe immer wieder auf das, was die andern, die Kollegen, falsch machen, bin aber nicht bereit, mehr zu tun als sie.

Ich bin ein Egoist.

Ich muß mich jedes Mal zwingen und mir klarmachen, daß es gleichgültig ist, ob ich immer wieder Leerlauf habe, Übungen absolviere, die sinnlos sind, Wache schiebe, was uns nichts bringt. Es kommt vielmehr darauf an, dennoch darauf zu achten, immer pünktlich zu sein und mehr Engagement zu zeigen, damit die Kameraden auf diese Weise irgendwie zum Guten gereizt werden.

Ich muß meinen Einsatz für die Kameraden und meinen Einsatz für den Dienst stärker als zusammengehörig betrachten, und das Schauen auf die Fehler anderer muß aufhören.

Meine wichtigste Aufgabe ist es zu lieben.

Denn Christus regiert und hat über alles gesiegt.

25. Dezember 1939

a. Ein Soldat beim Kreuz.
b. Weihnachten und Krieg.
c. Fluchen und Weihnachtsurlaub.
d. Engelgesang und schlechte Witze.

A. Das Kind in der Krippe ist der Christus am Kreuz.
B. Die wirkliche Weihnachtsstimmung zeigt uns IHN als unseren König und Erretter.
C. Mein Wille Seinem Willen untergeordnet.
D. Weg mit den Lasten.
E. Weg mit dem Egoismus.
F. Weg mit der üblen Nachrede.
G. Weg mit den Verdächtigungen.
H. Weg mit den bösen Taten.
I. Wenn wir, alle Christen, unsere Fehler und Irrtümer abgelegt haben, müssen wir immer noch versuchen, anderen zu helfen, denn die wirkliche Liebe zu Gott erweist sich in der Zuwendung zum Nächsten.
J. Wir dürfen niemals uns selbst suchen und uns niemals etwas einbilden auf das, was wir tun, denn nichts ist unser eigener Verdienst.

K. Er hat zuerst unsere Sünden gesühnt und danach auch noch an unserer Statt vollkommenen Gehorsam geleistet.
L. Wieso hapert's bei mir mit der Dankbarkeit?
M. Was ist denn schon das Wenige, das mir angetan wird?

aus dem Tagebuch von Hein Sietsma

Während der ersten Kriegstage machte ich mir große Sorgen wegen der Gerüchte und Radioberichte über schwere Kämpfe in Grebbeberg. (Damals durften wir noch Radio hören.) Unsere Regierung hatte sogar mehrere Deiche und Dämme gesprengt, um das Land unter Wasser zu setzen. Ich dachte ständig an Hein und versuchte, ihm täglich zu schreiben. Weil so viele Spione im Land waren, wurden keine Briefe in geschlossenen Umschlägen mehr befördert, sondern nur noch Postkarten. Also schrieb ich Hein eine Zeitlang jeden Tag eine Postkarte, ohne zu wissen, ob er bei den Kämpfen, die inzwischen stattgefunden hatten, verwundet worden war oder nicht.

Den Haag, den 12. Mai 1940

Mein Liebster,

wahrscheinlich hast Du meine Briefe nicht bekommen, aber Du weißt, daß wir immer für Dich und unsere anderen Soldaten beten. Wir haben keine Angst, denn Du bist in Gottes Hand. Dort bist Du sicher. Wir sehen Ihn nicht, aber Er ist mit uns. Er selbst hat uns das versprochen, und Er wird dieses Versprechen ganz sicher auch in der Stunde der Gefahr halten. Er hat zugelassen, daß diese Dinge geschehen. Sie gehören zu Seinem Plan für unser Leben, und Er zieht uns dadurch ganz nah zu sich. Das ist doch gut, oder?

Wie dankbar bin ich dafür, daß ich Dich letzte Woche sehen und mit Dir zusammensein konnte.

Ich muß immer wieder an unsere Osterferien zurückdenken.

Jetzt ist Pfingsten. Der Herr ist immer noch derselbe. Er ist der Fels, auf dem wir stehen. Er hört unsere Gebete und beantwortet sie so, wie es für uns am besten ist. Er macht keine Fehler.

Alles gehört zu Seinem ewigen Rat, auch wenn wir es nicht begreifen können.

Liebster, keinen Augenblick vergesse ich Dich. Das kleine Kreuz, das Du mir geschenkt hast, trage ich Tag und Nacht. Es ist das Zeichen, in dem wir kämpfen und überwinden werden. Gott stärke und behüte Dich.

Ein Kuß von Deiner Diet

Postkarte von Diet Eman an Hein Sietsma

Schon in den ersten Monaten des Jahres 1940 hatte die Regierung Truppenverschiebungen vorgenommen, da sie die Bedrohung spürte, die von den Nazis ausging. So kam es, daß Hein von Ede nach Rotterdam versetzt worden war und die Bombardierung dieser alten, schönen Stadt selbst miterlebte. Ich erfuhr es erst, als alles schon vorbei war.

4. Juni 1940, Nicolaïstr. 63, Den Haag

Vieles ist geschehen, und ich muß dauernd daran denken.

Pfingsten ist unbemerkt verstrichen.

Nach fünf Tagen Krieg waren wir erobert.

Verbittert war ich. In mir war Haß. Mut, ohne Rücksicht auf mein Leben.

Nur Diet war da; deswegen war ich dann doch vorsichtig.

Ich war im Feuer der Hölle von Rotterdam. Die Sonne sah ich durch eine riesige schwarz-graue Wolkensäule . . . Sie hatte sich in Blut verwandelt. Es ging mir unter die Haut.

Vieles ist geschehen, und ich konnte nicht schweigen.

Jetzt warten wir geduldig, manchmal ungeduldig, denn wir wissen nicht, was die Zukunft bringt.

Einst wird wieder Friede sein. Einst werden die Motoren der Bomber nicht mehr dröhnen. Einst werden wir wieder unser sorgloses, aktives Leben in Glück und Liebe und in holländischem Wohlstand leben.

Dann wird der Mensch vielleicht erkennen, daß weder der noch jener, sondern ER die Welt regiert.

Bumm ... bumm ... bumm ...! Immer wieder möchte ich sie unter Beschuß nehmen, die Scheißbomber, wenn ihr todbringendes Dröhnen über der Stadt zu hören ist.

Unruhig warte ich darauf, daß ich in den Kampf ziehen kann, um für Dinekes Freiheit, die Freiheit meines Vaterlandes und meine eigene Freiheit zu kämpfen.

Oh, ... ihr häßlichen Eiterbeulen! Ihr haltet euch wohl für große Helden, jetzt, wo ihr eine ganze Stadt ausgelöscht habt, in der Menschen lebten, die nichts anderes als Frieden wollten?

Rotterdam fordert Rache, ihr eitrigen Geschwüre!

aus dem Tagebuch von Hein Sietsma

Es war wahrscheinlich besser, daß ich erst im nachhinein erfuhr, daß Hein während der schrecklichen Bombenangriffe in Rotterdam war. Ich bekam kurze Zeit später eine Postkarte von ihm, auf der stand, er sei in der Nähe von Rotterdam gewesen und habe überlebt. Auf der Karte war ein Poststempel: »Mach Urlaub in deinem friedlichen Vaterland«. Die Ecken der Postkarte waren von den Bombenfeuern angesengt.

Die nächste schlimme Nachricht für uns war, daß die Königin mit der gesamten Regierung Holland verlassen hatte und nach England geflohen war. Es fällt mir schwer zu beschreiben, wie schrecklich das für uns war. Ich hörte es im Radio: »Königin Wilhelmina befindet sich auf dem Weg nach England.« Unsere Königin! Es war furchtbar für uns – es war, als hätte unsere eigene Mutter uns den Deutschen zum Fraß vorgeworfen.

4. Juni, später

Und Ihr, Wilhelmina, und unsere Regierung, Ihr haltet Euch jetzt wohl für ganze Kerle, nachdem Ihr Euch in Sicherheit gebracht habt, während unsere Männer ihr Leben gaben?

Habt Ihr sie kämpfen sehen? Habt Ihr sie sterben sehen?

Sie lobten IHN, und sie liebten ihr Vaterland und ihre Königin mehr noch als wir, die wir übriggeblieben sind. Sie hatten unglaublich viel Mut, diese gläubigen, treuen Soldaten. Tausende waren es! Und Tausende haben auch alles verloren!

Tausende . . .!

Aber Ihr habt Euch in sichere Gefilde abgesetzt. Schöne Helden seid Ihr!

Nur an Euch selbst gedacht habt Ihr, oder etwa nicht?

Aber die Besten und Edelsten sind gefallen.

Seid ganz beruhigt. Solltet Ihr jemals zurückkehren, dann wißt Ihr wenigstens, daß die Handvoll Jungen, die den Kern des Vaterlandes bildeten, hinweggerafft worden ist.

aus dem Tagebuch von Hein Sietsma

Wir waren zornig und verbittert. Damals hatten wir nicht genug Informationen, um zu verstehen, warum uns die Königin und die gesamte Regierung verlassen hatten. Es dauerte noch einige Zeit, bis wir es begriffen.

Während der fünf Tage, die der Krieg bis zum Sieg der Deutschen dauerte, hatten wir bei der Bank alle Hände voll zu tun. Die Leute wollten ihr Geld abheben, um sich Vorräte an Lebensmitteln und anderen Bedarfsgütern anzulegen. Es ging alles drunter und drüber. Außerdem gab es in diesen Tagen einige Bombenangriffe – sobald wir die Sirenen hörten, mußten wir sofort in die Luftschutzkeller. Dort herrschte große Enge. Unser Gebiet war nicht das eigentliche Ziel der Luftangriffe, aber während die Flugzeuge kamen, konnten wir dennoch nicht sicher sein, wo sie Bomben abwerfen würden. Als später auch Den Haag angegriffen wurde, war ich nicht mehr dort.

Dann kam der Tag, an dem die Panzer in die Innenstadt rollten. Die deutschen Soldaten marschierten ein, im Stechschritt und mit glänzenden Helmen. Es war entsetzlich. Noch deutlicher als an den Anblick dieser Soldaten erinnere ich mich an die Tränen, die mir und uns allen über das Gesicht liefen. Ein schreckliches, hoffnungsloses Gefühl hatte uns ergriffen. Es schien unwiderruflich so zu sein, daß die Deutschen von nun an über uns herrschten – so lange, bis dieser Alptraum irgendwann und irgendwie wieder aufhören würde.

Ich war wütend auf die Deutschen, die einfach in unser Land eingedrungen waren, und noch dazu auf diese Weise. So wütend, daß ich mir schwor, kein einziges deutsches Wort mehr zu sprechen (obwohl ich Deutsch eigentlich sehr gut beherrschte), solange diese Soldaten in unserem Land waren.

Oft kamen Deutsche nach der Machtübernahme in die Bank, in der ich arbeitete. Dann mußte ich sie bedienen. Schon bald begann ich mit meinem persönlichen, etwas trotzigen Widerstand. Ich strickte mir einen Pullover aus orangefarbener Wolle (Orange ist die Farbe der königlichen Familie) und bestickte ihn über und über mit roten, weißen und blauen Blumen (Rot, Weiß und Blau sind die holländischen Nationalfarben). Diesen Pullover trug ich in der Bank – gut sichtbar für die Deutschen, die vor den Schaltern warteten.

Eines Tages wurde ich zum Prokuristen gerufen. »Ich glaube, es ist besser, wenn Sie nach Hause gehen und sich etwas anderes anziehen«, sagte er mir. Aber dann flüsterte er mir leise zu, daß er den Pullover wunderbar fände.

2. Mai 1941

Neue Anweisung des Reichskommissars. Wir dürfen keine Bilder von lebenden Mitgliedern der Familie von Oranien-Nassau mehr haben und die Farben des Königshauses nicht mehr öffentlich zeigen! Lächerlich! Die Liebe zu unserer königlichen Familie können die doch nicht aus unseren Herzen reißen!

aus Diet Emans Tagebuch

Ein paar Tage nach Kriegsbeginn wurde Hein zusammen mit einem großen Teil unserer gefangenen Truppen nach Gouda gebracht. Ich war sehr erleichtert, als ich schließlich eine Karte von ihm bekam, auf der stand, daß es ihm gut ginge. Aber es war mir kaum möglich, mich über diese gute Nachricht richtig zu freuen, denn gleich zu Beginn des Krieges hatte meine Schwester ihren Verlobten verloren. Angesichts dieses schweren Verlustes – und des Schmerzes meiner Eltern – konnte ich meiner Freude darüber, daß Hein in Sicherheit war, keinen Ausdruck verleihen.

Fanny erfuhr die schreckliche Nachricht von Adriaans Tod sofort, denn sie wohnte zu dem Zeitpunkt in Monster, ganz in der Nähe des Flugplatzes, wo Adriaan erschossen wurde. An dem Freitag morgen, als die Invasion begann, ging Fanny nicht zur Arbeit. Sie stieg auf ihr Fahrrad und fuhr nach Den Haag, mitten durch die Frontlinien hindurch. Sie hatte irgendwie erfahren, was mit Adriaan passiert war, und fuhr nach Hause, um es uns zu sagen. Sie war fassungslos.

Von da an herrschte in unserem Haus eine sehr bedrückende Atmosphäre. Adriaans Tod hatte einen Schatten über unser aller Leben geworfen. Fanny und ich schliefen im selben Zimmer, und jede Nacht hörte ich, wie sie weinte. Ich wagte nicht, irgend etwas zu ihr zu sagen, denn ich dachte, ich hätte kein Recht, sie zu trösten. Hein lebte ja noch.

Adriaans Kamerad, der mit ihm zusammen getötet wurde, war das einzige Kind seiner Eltern. Sie waren keine Christen, und nach dem Tod ihres Sohnes besuchten sie spiritistische Sitzungen. Eines Tages sagten sie zu Fanny: »Jedesmal, wenn wir dort hingehen, haben wir Kontakt mit unserem Sohn. Und weißt du was, Fanny? Auch Adriaan ist uns erschienen, und er hat nach dir gefragt.«

So kam es, daß auch meine Schwester eine Zeitlang mit zu diesen Séancen ging. Ihr Gesicht bekam ein geisterhaftes Aussehen. Die schwarzen Augen lagen tief in ihren Höhlen und stachen auf erschreckende Weise von der blassen Haut ab. Dazu kam noch, daß sie immer mehr abnahm. Ich fand das alles sehr traurig und auch sehr beängstigend. Sie glaubte wirklich, daß sie mit Adriaan sprach.

»Hast du heute abend irgend etwas Seltsames bemerkt?« fragte sie mich eines Nachts. »Adriaan war hier. Er kam herein, und sein Geist war hier bei uns in diesem Zimmer.«

Sie ging immer weiter zu diesen Séancen, und wir sahen, wie sehr sie unter all dem litt. Aber wir konnten nichts dagegen machen. Sie war eine erwachsene Frau. Ich war zwanzig, und sie war achtundzwanzig. Wir versuchten sie daran zu erinnern, daß die Bibel solche spiritistischen Sitzungen verbietet. »Denk an die Hexe von Endor«, sagten wir zu ihr.

Aber sie wollte das nicht hören. »Adriaan hatte immer einen besonderen Namen für mich«, sagte sie, »einen Namen, den er nur benutzte, wenn wir allein waren. Und er hat mich dort, während dieser Sitzung, mit genau diesem Namen angesprochen.«

Als meine Großmutter zu Besuch kam und Fanny sah, war sie sehr erschrocken. »Ihr müßt sie hier wegbringen«, warnte sie meine Mutter, »sonst geht sie zugrunde.«

Mutter erklärte Fanny, sie bräuchte unbedingt einen Tapetenwechsel, aber Fanny wollte nichts davon wissen.

»Ich werde überhaupt nichts machen. Ich suche mir keine neue Stelle. Ich will überhaupt gar nichts mehr.«

Ich glaube, ihr Nähen hielt sie gefangen. Es war ihr Beruf, und sie konnte es sehr gut. Ihre Hände taten die Arbeit von allein, und während ihre Finger sich mechanisch regten, saß sie da und grübelte, innerlich erstarrt in ihrer Verzweiflung. Sie versteckte sich hinter der einsamen Arbeit ihrer Hände. Wir glaubten, daß es besser für sie wäre, wenn sie andere Aufgaben bekäme.

Schließlich sagte Mutter zu ihr: »Das beste wäre, wenn du in einem Haushalt leben würdest, in dem die Mutter fehlt, denn du bist eine wunderbare Hausfrau.« Fanny konnte einkochen, putzen und natürlich nähen, und sie liebte Hausarbeit. Wir beide waren sehr verschieden, was unsere Ziele und Sehnsüchte betraf. Ihr größter Wunsch war, einen eigenen Haushalt zu führen.

Also suchte Mutter in den Stellenanzeigen der Zeitung nach einem passenden Angebot und fand folgende Annonce: »Witwer sucht Dame, die ihm hilft, seine zwei Kinder im Geist der verstorbenen Mutter großzuziehen.«

Meine Mutter antwortete auf diese Anzeige und schrieb dem Mann, was mit Fanny passiert war. Sie schrieb nichts von den Séancen, sondern nur, daß Fannys Verlobter bei Kriegsbeginn gefallen sei und daß sie eine Veränderung bräuchte, daß sie aus dem Haus herausmüßte, in dem sie alles auf schmerzhafte Weise an Adriaan erinnere.

So kam Fanny nach Apeldoorn, wo der Witwer lebte, und wurde seine Haushälterin.

Mein Bruder Arjan war seit 1938 in Indonesien stationiert (er starb später in einem japanischen Gefangenenlager), und jetzt hatte auch Fanny das Haus verlassen, in dem wir vor dem Krieg so glücklich miteinander gelebt hatten.

Seit die Deutschen in Den Haag einmarschiert waren, herrschte in unserem Haus wie in der ganzen Stadt eine Atmosphäre des Schweigens und der Angst.

1. Januar 1941

Was wird das neue Jahr uns bringen? Frieden, Freiheit, Wiedersehensfreude? Herr, du weißt es schon. Als wir letztes Jahr um diese Zeit alle zusammensaßen, hätten wir nie gedacht, daß all dies geschehen würde. Aber du wußtest es schon. Und in all dem müssen wir dir danken, denn auf irgendeine Weise ist es ein Teil deines Planes mit dieser Welt.

»Herr, jede Sekunde unseres Lebens ist in deiner Hand« (aus den Heiligen Liedern von Rabindranath Tagore). Und es ist gut so. Du wirst dich um unsere Zukunft kümmern, und darum wird es eine gute Zukunft sein. Herr, du siehst Arjan, der durch all diese Ereignisse näher zu dir gefunden hat. Du siehst Hein, wo auch immer er jetzt ist. Du bist bei ihnen.

Du siehst Fanny, für die das alles so schwer ist, und du hast sie nach Apeldoorn geführt. Bitte hilf, daß sie nur zu dir kommt, wenn sie Trost braucht, und daß sie keinen Kontakt mehr zu dieser Erscheinung aus den Séancen sucht. Sie würde den Platz deines Heiligen Geistes einnehmen, und das hätte Adriaan nie gewollt.

Herr, du hast unser Leben bis zum heutigen Tag geführt und hast uns deine Liebe geschenkt. Wir danken dir für all das, was du uns gegeben hast. Wir brauchen dich so sehr. Wir danken dir für das Glück, den Frieden und die Freude, und jetzt auch für unsere Traurigkeit. Gib uns für das kommende Jahr die Gewißheit, daß du uns immer nahe sein und uns hören wirst und daß deine Augen in Liebe auf uns herabsehen werden. Dann können wir dieses neue Jahr mit fröhlichem Herzen beginnen.

aus Diet Emans Tagebuch

Der Beginn der Besatzungszeit

Der Führer der nationalsozialistischen Bewegung in den Niederlanden, Mussert *(links)*, bei Hitlers Stellvertreter Rudolf Heß; *rechts:* Seys-Inquart

Isolierung der Amsterdamer Juden, Februar 1941

Pfingsten 1941

Etwas anders als das letzte Pfingsten! Damals waren wir mitten im Krieg, und jetzt ist dieser Alptraum vorbei. Trotzdem waren wir dir damals näher, o Gott. Hat es nicht alles dazu gedient, um uns näher zu dir zu ziehen? Wie kommt es, daß wir so bitter geworden sind und daß wir uns schuldig fühlen unter deiner Hand, die schwer auf uns lastet?

Herr, sende dein Licht und deine WAHRHEIT. Wir wußten nie wirklich, was Wahrheit bedeutet, bis jetzt, wo wir von Lügen umgeben sind. Was für eine schreckliche Atmosphäre – und sind wir wirklich Licht in der Finsternis, wie du es uns aufgetragen hast? Ich sehe keinen Unterschied zwischen mir und der Welt. Bin ich auch »von der Welt«? Manchmal habe ich Angst, daß es so ist. Bitte befreie mich davon, o Herr.

aus Diet Emans Tagebuch

Hein wurde schon kurz nach Beginn der Besatzungszeit freigelassen, ebenso wie alle anderen holländischen Soldaten. Sie hatten keinen hohen militärischen Rang, daher waren die Deutschen nicht daran interessiert, sie als Kriegsgefangene zu behalten. Die holländische Armee – oder was davon noch übrig war – wurde schlicht und einfach aufgelöst. Hein kam zurück in sein Büro bei Shell. Dort wurde er in verschiedene Aufgabenbereiche eingearbeitet und so dafür vorbereitet, im Ausland zu arbeiten. Das hatten wir beide vorgehabt, bevor der Krieg anfing.

Schon einige Monate nach Beginn der Besatzungszeit erkannten wir, daß es bestimmte Dinge gab, die unbedingt getan werden mußten. Wenn wir Ungerechtigkeiten sahen, hatten wir das Gefühl, daß es nicht richtig war, einfach tatenlos zuzusehen. Aber was konnten wir tun? Inzwischen hatten die Feindseligkeiten gegen die Juden begonnen, und wir fanden, daß es unsere Pflicht sei, irgend etwas dagegen zu unternehmen. Aber es dauerte einige Zeit, bis uns klar war, was wir tun konnten und wann und wie wir es tun konnten.

Die neue Situation brachte für die holländischen Christen von Anfang an Verwirrung und Uneinigkeit. Wie sollten wir uns verhalten? Zweifel, Diskussionen und innere Kämpfe waren in den christlichen Kreisen an der Tagesordnung. Als Jesus auf der Erde lebte, wurde Israel von den Römern regiert, und natürlich wußten wir alle, daß er gesagt hatte: »Gebt dem Kaiser, was des Kaisers ist.« Jesus rief nie zum Widerstand gegen die Römer auf. Unsere Nöte wurden zum Teil durch die Überzeugung verursacht, das, was mit unserem kleinen Land geschah, sei von Gott so vorherbestimmt. Dementsprechend waren einige der Ansicht, daß wir uns nicht in die Geschehnisse einmischen dürften, weil die Besetzung durch die Deutschen Gottes Wille sei. Auch mein Bruder dachte zu Anfang, Widerstand gegen die Deutschen sei nicht mit den Lehren der Bibel zu vereinbaren.

Es gab in Holland eine Bewegung, die die Ansicht vertrat, die Königin könne nicht mehr unser politisches Oberhaupt sein, da sie sich mit der Regierung nach England abgesetzt hatte. Jetzt mußten wir der neuen Obrigkeit gehorchen, die Gott uns gegeben hatte – also den Deutschen. Aber Hein und ich machten uns – wie viele andere – immer wieder klar, daß unsere königliche Familie im Rahmen einer religiösen Zeremonie eingesetzt worden war. »Durch Gottes Gnade«, so hatte es geheißen. Wir glaubten, daß die Königin nach wie vor unser rechtmäßiges Oberhaupt war und daß wir den Willen Gottes taten, wenn wir ihr gehorchten. Aus diesem Grund arbeiteten wir später, als die

Königin uns Holländer dazu aufrief, im Widerstand gegen die Deutschen, auch wenn viele von uns dafür mit dem Leben bezahlten.

Wir gehörten zur Reformierten Kirche, in der viele nach wie vor die Königin als ihr Oberhaupt betrachteten, nicht die Nazi-Marionetten. Andere Kirchen (besonders die, die wir »Schwarzstrumpfkirche« nannten), neigten dazu, es als die ihnen auferlegte Pflicht anzunehmen, sich jeder Obrigkeit unterzuordnen, die Gott über sie gesetzt hatte. Ihre Mitglieder leisteten keinen Widerstand, weil Widerstand gegen die bestehende Regierung ihrer Ansicht nach schlicht und einfach Sünde war.

Wir trafen uns regelmäßig bei Platteel, einem Arbeitskollegen von mir. Er war älter als ich, Mitte Dreißig, war verheiratet und hatte zwei kleine Kinder. In seinem Haus beschäftigten wir uns mit der Frage, wie wir mit der neuen politischen Situation umgehen sollten.

In diesen Anfangszeiten wiesen uns Mitglieder der Gruppe um Platteel immer wieder auf Bibelstellen hin, die wir lesen sollten. Ganze Abschnitte der Bibel schrieben sie für uns auf, um uns deutlich zu machen, wie wir uns als Christen verhalten sollten. Platteel gab mir oft Zettel, auf denen Bibelverse standen. Vorher hatte er sie viele Male abgeschrieben, denn damals gab es ja noch keine Kopiergeräte. Oft stellte er ganze Listen mit Bibelstellen auf, und es war für uns sehr ermutigend, wenn wir sie erhielten. Solche kleinen Gesten waren wichtig und stärkten unseren Glauben.

Das, was um uns herum geschah, machte uns allen sehr zu schaffen. Hein und ich setzten uns oft zusammen und fragten uns: »Was können wir tun?« Danach sprachen wir dann mit ein paar anderen Leuten aus meiner Bank oder Heins Büro darüber – mit Leuten, die genauso eingestellt waren wie wir.

Die Deutschen hatten alle möglichen Vorschriften erlassen.

Man durfte zum Beispiel nicht den britischen Radiosender BBC hören. Natürlich taten es heimlich trotzdem viele. Als nächstes kam dann die Anordnung: »Alle Radios müssen abgeliefert werden.« Damals war ein Radio so groß wie heute ein Fernseher, und deshalb war es keine einfache Entscheidung, ob man es den Deutschen gab oder nicht. Und die ließen keinen Zweifel daran, daß man ins Gefängnis geworfen werden konnte, wenn man sich weigerte. Viele bekamen es mit der Angst zu tun; wir Holländer waren immer frei gewesen, und es war sehr ungewohnt für uns, vorgeschrieben zu bekommen, was wir machen sollten.

Immer wieder mußten wir dieselbe Frage stellen: »Wollen wir diesen elenden Moffen* gehorchen?« Und immer wieder mußten wir aufs neue eine Antwort finden. Es gab mutige Menschen, die zu Hause ein Loch in die Wand machten, ein Radio darin versteckten und dann ein Bild oder einen Spiegel darüber hängten.

Jeden Abend um acht sendete die BBC Nachrichten über den Krieg und zu anderen Themen. Wenn man an einer belebten Straße wohnte, machte ein Familienmitglied um diese Uhrzeit einen Spaziergang oder führte den Hund aus, um sicherzugehen, daß kein Spion in der Nähe war. Schon damals gab es holländische Spitzel, die Geld verdienten, indem sie ihre eigenen Landsleute verrieten. Damit war die Lage gefährlich geworden: Der Untergrund kämpfte gegen die holländischen Kollaborateure.

Die Deutschen erließen ständig irgendwelche neuen Gesetze und Verbote. Das, was sie uns über die politische und militärische Entwicklung mitteilten, war so einseitig, daß wir davon ausgehen mußten, daß es schlichtweg falsch war. Die BBC bot

* Vor dem Krieg war »Moffen« ein Spitzname für die Deutschen, während der Besatzungszeit wurde es zu einem Schimpfwort (Anm. d. Übers.).

uns die einzige Möglichkeit, zuverlässige Informationen zu erhalten. Sehr viele Holländer hatten sich von den Deutschen einschüchtern lassen und ihre Radios abgegeben. Daher hatten die meisten von ihnen keine Möglichkeit mehr, die richtigen Nachrichten, die Nachrichten aus England, zu hören. Unser erster konkreter Schritt des Ungehorsams mußte also darin bestehen, die BBC-Nachrichten zu hören, mitzustenografieren und sie dann abzutippen und zu verbreiten.

So fingen damals die meisten Widerstandsgruppen an. Wenn man dabei erwischt wurde, wanderte man natürlich ins Gefängnis, aber wir taten es trotzdem.

In Den Haag waren wir bald auf Schritt und Tritt von Deutschen umgeben. Sie waren überall, marschierten auf und ab und standen an den Straßenecken herum. Sogar am Arbeitsplatz mußte man aufpassen, was man sagte. Es gab eine Menge Holländer, die deutschfreundlich waren, sogar einige, von denen man das nie erwartet hätte.

Es tat mir sehr weh, daß meine beiden Freundinnen Betty und Annie, mit denen ich über *sloten* gesprungen und auf Bäume geklettert war und mit denen ich so viel gemeinsam hatte, nicht einen Augenblick an Widerstand dachten. Mein Bruder Albert war mit Annie befreundet, und die Mädchen gingen bei uns ein und aus. Bettys Freund Paul wohnte in unserer Straße, und auch dessen Schwester Jopie war oft bei uns. Wir waren alle im selben Alter und bildeten eine Art Clique, den »Malakka Klub«. Unsere Straße hieß nämlich nach einer Stadt in Malaysia Malakkastraße. Wir trafen uns jeden Samstag, und wir waren ein ziemlich bunter Haufen. Annie, Betty und Daniel waren Mitglieder der Reformierten Kirche, ebenso wie Albert (ein weiterer Freund) und ich. Alle anderen gehörten verschiedenen Glaubensrichtungen an. Es gab sogar zwei Brüder, die konfessionslos waren, Stan und Henk van Eekelen.

Einer der beiden wurde später ein fanatischer Kommunist, der andere ausgerechnet ein fanatischer Nazi. Zwei Brüder im selben Haus mit zwei völlig entgegengesetzten Weltanschauungen!

Schon vor dem Krieg hatten meine Eltern sonntags oft holländische Soldaten zu Besuch. Wir lebten in der Nähe einer Kaserne, und es gab immer Soldaten, die zu uns kamen, um bei uns zu essen, Harmonium zu spielen und zu singen. Meine Eltern hielten das für eine gute Möglichkeit, »unsere Jungs« zu unterstützen.

Annies Eltern luden nie jemanden aus der Kaserne in ihr Haus ein. Sie gehörten derselben Kirche an wie wir, aber sie hatten sechs Kinder, und sie sagten immer: »Wir haben einfach zu viel zu tun. Wir können das nicht auch noch.« Wir akzeptierten ihre Entscheidung. Abgesehen davon war diese Familie unserer sehr ähnlich. Annies Vater hatte sogar denselben Beruf wie meiner, sie waren sozusagen Kollegen und Konkurrenten. Sonntags nach dem Gottesdienst kamen die Mädchen zu uns nach Hause, und wir vertrieben uns die Zeit mit Tischtennis und *sjoelbak* (einer Art Billard), oder wir spielten vierhändig Klavier.

Aber als ich einige Wochen nach Kriegsbeginn an einem Sonntag in ihr Haus kam, hing ein Porträt von Hitler über dem Klavier. Außerdem waren deutsche Soldaten zu Besuch. Annies Familie tat für die Deutschen dasselbe, was wir vor dem Krieg für unsere holländischen Soldaten getan hatten. Jetzt, nach der Besetzung, konnten sie es plötzlich – für den Feind!

Damals hatte ich an meinem Fahrrad eine kleine blau-weiß-rote Fahne angebracht. Jeden Abend, wenn ich von der Bank nach Hause fuhr, flatterte dieses patriotische Fähnchen hinter mir her. Eines Tages riß Annies Bruder Daniel es von meinem Fahrrad. Ich war so verletzt, daß ich der Familie einen Brief schrieb. »Solange dieses Bild da hängt ...« (ich meinte das Hitler-Porträt) »... setze ich keinen Fuß mehr in Euer Haus.« Ich schrieb ihnen, wie enttäuscht ich von ihnen war. »Ihr hattet keinen Platz für die holländischen Soldaten, die ihr Leben für unser Land gegeben haben. Aber diese Eindringlinge nehmt ihr mit offenen Armen auf.«

Juli 1941

Liebe Betty, liebe Annie,

manchmal möchte ich so gerne wissen, wie es Euch geht. Manchmal habe ich solche Sehnsucht nach Euch beiden. Vor allem, wenn ich mir unsere Urlaubsfotos ansehe. Dann kann ich es kaum ertragen, daß jetzt alles so anders geworden ist zwischen uns. Ihr wart so wichtig für mich, und ich hatte Euch alle beide so lieb, sogar lieber als Fanny. Annie, Du spielst wahrscheinlich immer noch viel Klavier, oder? Und was macht Betty? Es kommt mir so vor, als wären wir uns völlig fremd geworden. Nel, Brams Freundin, lacht und bewegt sich manchmal auf eine Weise, daß ich denke: »An wen erinnert sie mich bloß? Irgend jemand macht das genauso wie sie.« Jetzt weiß ich es, Betty. Sie erinnert mich an Dich. Wenn Du jemanden geneckt hast, hast Du genauso gelacht wie Nel.

War es falsch von mir, den Kontakt zu Euch abzubrechen? Wäre es meine Aufgabe gewesen, unsere Freundschaft aufrechtzuerhalten? War es falsch, daß ich Euer Haus nicht mehr betreten habe – auch deswegen, weil ich nicht als Verräterin gelten wollte? Ich habe darüber mit meinem Beichtvater gesprochen (einem Mann mit dem Decknamen Taverne, der später zu meinen Schützlingen gehörte), und er hat gesagt: »Das Licht soll keine Gemeinschaft mit der Finsternis haben.«

Ich wünschte, ich wäre ein Licht, aber ich bin nur ein kleines flackerndes Flämmchen. Ich bin so froh, daß Nel jetzt in mein

Leben gekommen ist. Ich kenne sie noch gar nicht richtig, aber ich habe das Gefühl, daß sie mir etwas ersetzen kann, das ich verloren habe, als ich Euch verlor.

aus Diet Emans Tagebuch

Bis heute verstehe ich nicht, was eigentlich in ihren Köpfen vorging. Diese Familie war unserer so ähnlich – derselbe Glaube, derselbe Beruf, derselbe Lebensstil. Vielleicht habe ich diese Menschen nie wirklich gekannt. Im Grunde hatte unsere Beziehung nur darin bestanden, daß wir gemeinsam etwas unternahmen, was uns Spaß machte. Wir sprachen nie über etwas Wichtiges, wie zum Beispiel Politik. Wir sprachen überhaupt nicht über irgendein ernstes Thema. Wahrscheinlich kannte ich sie nur oberflächlich. Aber vielleicht gab es noch andere Gründe dafür, daß wir uns so weit voneinander entfernt hatten. Diese Mädchen waren meine besten Freundinnen gewesen, und es machte mich sehr traurig, daß jetzt alles so anders war.

Hein, ich und die anderen, die sich bei Platteel trafen, waren davon überzeugt, daß das, was wir taten, richtig war – sowohl vor unserem Gewissen als auch vor Gott. Wir hatten keinen Zweifel daran, daß die Dinge, die in unserem Land geschahen, nicht in Ordnung waren. Aber es war schwer für uns herauszufinden, was wir tun konnten. Und womit sollten wir anfangen? Damals hatten die Deutschen in Holland noch nicht mit der systematischen Judenverfolgung begonnen. Wir waren nur aufgebracht über die zahllosen neuen Gesetze und Vorschriften – daß man kein Radio mehr haben durfte, dies und jenes nicht mehr hören sollte, Kupfer, Messing und andere Metalle abzuliefern hatte . . . Regeln ohne Ende. Wir Holländer waren so etwas nicht gewöhnt.

7. Juli 1941

Ich habe lange nichts mehr in mein Tagebuch geschrieben. Inzwischen ist viel passiert. Vor zwei Wochen ist Rußland in den Krieg eingetreten. Wir müssen alles abliefern, was aus Metall ist. Die politischen Parteien werden aufgelöst, und ihr gesamtes Vermögen wird eingezogen. Viele von der A. R. sind verhaftet worden, und was das Schlimmste ist, WIR GEWÖHNEN UNS SCHON DARAN.*

Außerdem vergesse ich immer, daß all dies mit Gottes Erlaubnis geschieht. Ich starre auf das Unrecht, unter dem unser Volk jetzt leidet, aber ich vergesse, daß du deine Gerichte über diese Erde bringst, weil das in deinen Augen notwendig ist – sonst wäre es nicht geschehen.

Hilf mir zu sehen, daß du derjenige bist, der alles in seiner starken Hand hält und der seine Pläne ausführt. Laß mich in dieser Gewißheit wieder fröhlich werden, und bewahre mich davor, so viele Dinge zu sagen, die dir nicht gefallen.

»Herr, behüte meinen Mund
und bewahre meine Lippen!«
(Psalm 141,3)

aus Diet Emans Tagebuch

Die Deutschen gaben ihre Vorschriften in den Zeitungen und im Rundfunk bekannt. In den Zügen brachten sie Schilder an mit der Aufschrift: »Vorsicht bei Gesprächen! Feind hört mit!« Der Feind waren natürlich wir, und sie erinnerten ihre Soldaten daran, in Anwesenheit von Holländern nicht über militärische Dinge zu reden. Dann begannen sie damit, ganze Zugwaggons

* A. R. steht für »Anti Revolutionaire Partei«, eine politische Partei, die im Parlament vertreten war und deren Mitglieder vor allem der Reformierten Kirche angehörten. Später ging die Partei in den heutigen CDA (Christelijk Demokratisch Appel) auf (Anm. d. Übers.).

für sich in Anspruch zu nehmen. Damals hatten in Holland nur die ganz Reichen ein Auto, und Benzin war sehr schwer zu bekommen. Daher war die Eisenbahn das Haupttransportmittel. Natürlich hatten wir alle Fahrräder, aber für größere Entfernungen waren wir doch auf Züge angewiesen. Wenn nun ein Zug zum Beispiel aus sechs Waggons bestand, wurden zwei davon für die Deutschen reserviert. Sie hängten große Schilder auf, auf denen stand: »Nur für Wehrmacht«. Die reservierten Waggons waren meist so gut wie leer, und die Holländer mußten sich dann in die restlichen Wagen quetschen.

Einmal wurde ich in einem Zug ohnmächtig, aber ich fiel nicht hin, weil zu viele Leute um mich herum standen. Ich blieb einfach zwischen ihnen hängen. Hein sah, wie ich ohnmächtig wurde, aber er stand so weit von mir entfernt, daß er nicht durch die Menge hindurchkam. Man war damals froh, wenn man überhaupt einen Zug bekam, egal ob man im selben Abteil fahren konnte oder nicht. Wir arbeiteten zu der Zeit schon im Untergrund und waren auf dem Weg nach Nijkerk. Der Zug hielt für zwei Minuten in Voorburg. Ich war kurz nach unserer Abfahrt aus Den Haag ohnmächtig geworden, und als jetzt die Türen aufgingen, schoben mich die Leute einfach nach draußen auf den Bahnsteig. Die Türen schlossen sich wieder, und der Zug fuhr ohne mich weiter. Hein konnte nicht zu mir hinkommen. Er sah mich auf dem Bahnsteig liegen, aber er konnte nicht aussteigen, weil er zwischen all den Leuten eingekeilt war. Er mußte bis nach Utrecht mitfahren, und ich blieb in Voorburg auf dem Bahnhof liegen.

Es machte mich richtig wütend, daß die Deutschen so viel Platz in unseren Zügen beanspruchten, vor allem später, als ich viel für den Widerstand unterwegs war und in diesen vollgestopften Zügen reisen mußte. Einmal marschierte ich einfach schnurstracks in so einen leeren Waggon. Die Aufschrift »Nur für Wehrmacht« war von innen auf ein Fenster geklebt. Ich stellte mich mit dem Rücken zum Fenster und riß das Papier einfach ab. Sofort füllte sich der Waggon mit Holländern. Wenigstens dieses eine Mal hatten wir einen Extra-Waggon.

Einer meiner Kollegen, Herr Gitz, ein leitender Angestellter in unserer Bank, ließ mir gegenüber öfters Bemerkungen über die politische Entwicklung fallen. »Ich habe gehört, daß es Leute gibt, die diese Juden aufnehmen und verstecken«, sagte er mir eines Tages in einem entrüsteten Ton. Damals passierte so etwas aber noch nicht sehr oft. Es gab zwar schon *onderduikers*, Leute, die untertauchten und einen falschen Namen annahmen. Aber solche *onderduikers* zu verstecken war noch etwas ziemlich Neues. Gitz und ich hatten bei der Bank viel miteinander zu tun. »Wissen Sie, daß es Leute gibt, die für den Widerstand arbeiten und dann irgendwann untertauchen müssen?« fragte er mich einmal, scheinbar ganz nebenbei.

»Ja, hab' ich auch schon gehört«, antwortete ich in demselben gleichgültigen Tonfall.

Immer wieder versuchte er auf diese Weise herauszufinden, welche Einstellung ich zur aktuellen Situation hatte. Ich war ihm gegenüber immer sehr vorsichtig, obwohl er mir später Informationen über Leute gab, die im Untergrund und anderen Organisationen arbeiteten. Gitz half mir in einer sehr unauffälligen Art, in die Untergrundarbeit einzusteigen. Es war nicht einfach, mit Leuten zu sprechen, die man nicht wirklich gut kannte. Dem Falschen zu vertrauen konnte unter Umständen einen sehr hohen Preis kosten.

Wenn unsere Bewegung wachsen und effektiv sein sollte, war es unbedingt erforderlich, mit anderen Hand in Hand zu arbeiten. Ein Onkel von mir, ein Bruder meiner Mutter, arbeitete in Den Haag für den Widerstand und nahm Verbindung mit uns auf. Er war Drucker, und das war ein Glück für uns, denn er konnte heimlich Dinge für uns drucken, die wir dringend brauchten.

Als wir mit der wirklich gefährlichen Arbeit anfingen – das heißt, als wir anfingen, Juden zu verstecken –, erzählte mir Herman, ein Jude, der auch in unserer Bank arbeitete, von seinem Onkel Frits. Er setzte sich sehr für den Widerstand ein und hatte viele verschiedene Aufgaben übernommen. »Möchtest du ihn kennenlernen?« fragte Herman mich. Dieser Onkel Frits war selbst kein Jude, aber er war mit einer Jüdin verheiratet, mit Lena, der Schwester von Hermans Mutter. Weil seine Frau, seine Kinder und alle Verwandten seiner Frau als Juden in Gefahr waren, engagierte er sich sehr im Widerstand. Er hatte ein starkes Empfinden für Recht und Unrecht.

Frits begann, viel mit uns zusammen zu machen, und besuchte auch die Treffen bei Platteel. Durch ihn lernten wir unter anderem auch einen Buchhalter und seine Frau Jenny kennen. Sie war Hausfrau und setzte sich sehr in der Untergrundarbeit ein. Die Widerstandsbewegung in Den Haag wuchs schnell, und bald gab es sehr viel für uns zu tun.

Als offensichtlich wurde, daß die Nazis begannen, Juden zu verfolgen, wußten wir, was unsere Aufgabe war. Bis dahin hatten wir mehr oder weniger im dunkeln getappt und uns immer wieder gefragt, was wir eigentlich tun sollten. Nun war es uns klar. Wir mußten Verstecke für die verfolgten Juden suchen – so viele wie möglich.

Wir nannten uns »Gruppe HEIN«; dieser Name hatte aber nichts mit meinem Verlobten zu tun. Er war aus den Anfangsbuchstaben des Satzes *Help Elkander in Nood* (Helft einander in Not) zusammengesetzt. Hein war einer der beiden Leiter. Der andere war Ab van Meerveld, ein alter Freund aus seinem Heimatdorf.

Bis dahin hatten wir überhaupt noch nicht über einen Namen nachgedacht; unsere Aktivitäten waren zu begrenzt. Wir verbreiteten anfänglich nur die Nachrichten der BBC und versuchten, Leute nach England zu bringen. Kleine Dinge, wie es schien, durch unscheinbare Menschen getan. Aber dann begann unsere Arbeit zu wachsen, und andere kleine Gruppen entstanden. Der Widerstand – das waren einfach Menschen, die nicht mit dem einverstanden waren, was während der Besatzung durch die Deutschen geschah.

Das Klima um uns herum war von Angst und Mißtrauen geprägt. Junge Männer konnten jederzeit auf der Straße angehalten und zur Arbeit nach Deutschland abkommandiert werden. Die deutschen Männer waren als Besatzungssoldaten über ganz Europa verstreut, in ihrer Heimat waren fast nur noch Jungen unter vierzehn und alte Männer zurückgeblieben. Zum Ausgleich wurden leistungsfähige Männer aus den von Hitler besetzten Ländern als Arbeitskräfte nach Deutschland geschickt. Zuerst war das ein Angebot, das man nutzen konnte – später wurde Zwangsarbeit daraus. Die Männer arbeiteten in Fabriken, und das wurde sehr gefährlich, als die Alliierten in den Krieg eingriffen, denn gerade Fabriken waren oft das Ziel ihrer Bombenangriffe. Es gab nur wenige Holländer, die nach Deutschland gehen wollten, um dem Feind zu helfen. Daher mußten wir bald auch für holländische *onderduikers* nach geeigneten Verstecken suchen.

Königin Wilhelmina gab in dieser Situation per Rundfunk holländischen Männern den dringenden Rat, auf keinen Fall nach Deutschland zu gehen. Wieder einmal, so wie damals, als es um die Konfiszierung der Radios ging, mußten wir eine schwierige Entscheidung treffen. Heute weiß ich, daß viel mehr Menschen, als ich annahm, einfach große Angst hatten. Deshalb befolgten sie selbst die absurdesten Vorschriften der Deutschen.

Ein Teil der Männer ging nach Deutschland, aber viele tauchten in Holland unter. Sie arbeiteten auf Bauernhöfen oder taten, was ihnen in ihrer Situation sonst noch möglich war; manche arbeiteten im Untergrund. Keiner von ihnen hätte im entferntesten daran gedacht, daß der Krieg fünf Jahre dauern würde. Zu Anfang konnten wir uns nicht einmal vorstellen, daß er länger als ein Jahr dauern könnte. In unserer modernen Zeit wird man mit einem solchen Rückschritt in die Barbarei schnell fertig werden, glaubten wir. Wir waren davon überzeugt, daß Amerika in den Krieg eingreifen und uns befreien würde. Aber wir waren nicht sehr gut über die internationale politische Situation informiert und hatten keine Ahnung, daß es in Amerika eine starke Antikriegsbewegung gab. Amerika war in unseren Augen das große Land der Freiheit und Gerechtigkeit, und wir waren überzeugt, Roosevelt würde es einfach nicht zulassen, daß dieser hergelaufene kleine Kunstmaler aus Österreich mit Europa machte, was er wollte.

Zu diesem Zeitpunkt kämpften die Engländer bereits ums Überleben. Jede Nacht ging ein Bombenhagel über London nieder – Hitlers Blitzkrieg. Die Bewohner schickten ihre Kinder, die sie sicherlich am liebsten ganz nah bei sich gehabt hätten, mit der Eisenbahn aufs Land, wo sie von Bauern aufgenommen wurden. Alle britischen Frauen machten Erste-Hilfe-Kurse und lernten, Brände zu bekämpfen. Nach den Angriffen gingen sie mit Schutzmasken ins Freie, um bei den Bergungs- und Aufräumungsarbeiten zu helfen. Noch heute bewundere ich die Briten.

Wenn wir nicht an die Amerikaner geglaubt hätten, wären wir wahrscheinlich verzweifelt. Wir waren ganz sicher, daß sie eingreifen würden, denn das, was wir bis 1941 erlebt hatten, schien uns schon unvorstellbar schrecklich. In unseren Köpfen gab es für all das nur eine einzige Antwort – den totalen Krieg gegen Deutschland. Aber wir Holländer waren militärisch überhaupt nicht ausgerüstet; unsere Soldaten fuhren mit dem Rad herum und trugen Gewehre, mit denen man kaum einen geraden Schuß abfeuern konnte.

Immerhin hatten wir, die Mitglieder der Gruppe HEIN, jetzt eine Antwort auf die Frage gefunden, die uns seit Beginn der Besatzung bewegt hatte. Wir wußten, was wir persönlich tun konnten. Wir hatten keine andere Wahl, als Widerstand zu leisten, auch wenn das Risiko hoch war.

28. September 1941

Pastor Bosch im Gottesdienst in der Grote Kerk: Laßt uns nicht so beten wie im Alten Testament: »Herr, zerschmettere die Kinder unserer Verfolger an den Felswänden.« Wir wollen so beten wie Paulus: »Ich wünschte, ihr wäret wie ich, ausgenommen diese Ketten.«

Manchmal befürchte ich, daß wir Holländer innerlich immer verbittert und hart bleiben werden. Für das, was ich inzwischen ausspreche, ohne rot zu werden, und für meine wütenden Rachegedanken hätte ich mich früher in Grund und Boden geschämt. Herr, nur dein Geist kann uns davor bewahren, zu wilden Tieren zu werden. Gieße deinen Geist in unsere Herzen aus, und leite uns auf deinem ewigen Weg.

aus Diet Emans Tagebuch

Ein Versteck für Hein

Als unsere Königin nach England geflohen war, hatte ich gedacht: »Was ist das für eine Mutter, die ihre Kinder im Stich läßt, wenn sie in Not sind?« Hein und auch die meisten anderen Holländer empfanden ebenso wie ich. Wir waren wütend und verletzt, und viele Menschen weinten. Unsere Königin denkt nur daran, sich selbst in Sicherheit zu bringen, alles andere zählt für sie nicht, dachten wir verbittert. Wir hörten, daß König Leopold von Belgien im Gegensatz zu ihr bei seinem Volk geblieben war. Das schien zu beweisen, daß er ein guter Landesvater war, dem sein Volk wirklich etwas bedeutete. Aber nach dem Krieg erfuhren wir, daß die Deutschen ihn während des ganzen Krieges in einer Festung gefangengehalten hatten. Es war ihm nicht möglich gewesen, die Regierungsgeschäfte zu führen oder auch nur zu seinem Volk zu sprechen.

Königin Wilhelmina hatte nicht nur die gesamte Regierung, sondern auch den Staatsschatz mit nach England genommen. Hitler hatte darauf spekuliert, Holland in einem Tag zu erobern und den gesamten Staatsschatz zu beschlagnahmen, um damit seine riesige Kriegsmaschinerie zu finanzieren. Es war ein herber Verlust für ihn, daß daraus nichts wurde.

Wir entdeckten glücklicherweise bald, daß es sehr weise von unserer Königin gewesen war, nach England zu gehen. Über die BBC konnte sie dem Untergrund und überhaupt allen Holländern, die dem Königshaus treu geblieben waren, viele Hinweise geben. Als wir begriffen, daß sie uns gar nicht im Stich gelassen, sondern im Gegenteil sehr klug gehandelt hatte, wollten viele es ihr gleichtun und nach England gehen. Wir dachten, von dort aus könnten wir am besten gegen Hitler kämpfen. Auch General de Gaulle war schließlich in London und bereitete die Franzosen auf den Einsatz vor. Viele Freunde von mir wurden so zu *Engelandvaarders* – sie setzten sich über die Nordsee nach England ab.

Auch Hein und sein Bruder Henk hatten das vor. Henk suchte unabhängig von uns nach Möglichkeiten, um nach England zu kommen. Hein und ich hatten Verbindung zu einem Juden, Matthijsen, der wahrscheinlich Kommunist war und sich sehr stark in der Untergrundbewegung engagierte. Der Kreis, den Platteel gegründet hatte, arbeitete mit Matthijsen zusammen, und wir lernten viel von ihm.

Matthijsen lebte damals in Scheveningen. Die Gegend um Scheveningen wurde später zum Sperrgebiet erklärt, zu Beginn der Besatzungszeit war sie aber noch zugänglich. Matthijsen kannte einen Mann, der heimlich in Funkkontakt mit England stand. Wenn wir irgend etwas hörten, das wir für wichtig hielten, ließen wir es Matthijsen wissen. Er sorgte dann dafür, daß diese Nachricht nach England weitergegeben wurde. Eines Tages erfuhren wir, daß Hitler vorhatte, nach Holland zu kommen. Er wollte sich mit den Führungskräften treffen, die er in unserem Land eingesetzt hatte. Die Konferenz sollte im *Kasteel Oud Wassenaar* stattfinden, einem malerischen Schloß in der Nähe von Den Haag, das in ein Hotel umfunktioniert worden war. Ich bekam die Information von jemandem, der in diesem Hotel beschäftigt war. Wir hielten sie geheim und gaben sie nur an Matthijsen weiter, der sie nach England funkte. Wir stellten uns vor, daß wir Hitler und sein ganzes Führungskader los wären, wenn die Engländer im richtigen Moment nur eine einzige Bombe auf dieses Schloß fallen ließen.

In der betreffenden Nacht hörten wir, daß Flugzeuge der Alliierten über Holland im Einsatz waren, und warteten gespannt auf eine Nachricht von der Bombardierung des Schlosses. Es tat sich aber nichts – der Plan war fehlgeschlagen. Trotzdem wußten wir von da an, daß es sinnvoll war, Informationen nach England weiterzuleiten.

Heins Bruder Henk arbeitete damals in Amsterdam und wohnte in einer Pension, die einer sehr netten Familie gehörte. Ein Mann, mit dem er Kontakt aufgenommen hatte, sagte ihm, wenn er nach England gehen wolle, könne er in einem kleinen Café in Hilversum jemanden treffen, der ihm dabei helfen würde. Er solle in dem Café ein Bier bestellen und dann einen bestimmten Satz sagen. Dann würde ihm der betreffende Verbindungsmann mit einem anderen Satz antworten, worauf Henk wiederum etwas Bestimmtes sagen solle, und nach vier oder fünf solchen Sätzen, die zusammenpaßten wie ein Puzzle, würde der Mann wissen, daß Henk gekommen war, weil er sich nach England absetzen wollte, und daß er vertrauenswürdig war.

Henk erzählte uns nichts von alledem. Er fuhr einfach nach Hilversum, bestellte sich ein Bier in dem Café und sagte die vereinbarten Sätze. Der Mann, den er dort traf, war sofort sehr freundlich. Er nahm ihn beiseite. »Sie wollen also nach England. Sie haben Glück; es geht bald ein U-Boot, und es ist noch ein Platz frei. Genauer gesagt, sogar mehrere. Haben Sie vielleicht noch irgendwelche Freunde, die gerne mitfahren würden?«

Henk gab ihm den Namen und die Adresse von Hein und einigen weiteren Personen, und der Mann schrieb sich alles genau auf.

Kurz darauf wurde Henk verhaftet. Der Mann, mit dem er in dem kleinen Café gesprochen hatte, war von der Gestapo. Der richtige Verbindungsmann war kurz vorher verhaftet worden, und die Deutschen hatten die Code-Sätze in Erfahrung gebracht – wahrscheinlich, indem sie ihn gefoltert hatten. Sie benutzten das Café von da an als Falle und verhafteten jeden, der kam und die verabredeten Sätze sagte.

Wir, die Mitglieder der Gruppe HEIN, konnten uns überhaupt nicht erklären, wieso Henk seit dem 14. oder 15. November 1940 plötzlich verschwunden war. Auch alle anderen Menschen, mit denen er zu tun gehabt hatte, standen vor einem Rätsel. Niemand wußte, wo er war. Seine Bekannten riefen in Den Haag an, in Heins Wohnung und im Haus meiner Eltern, weil Henk auch oft bei uns gewesen war. Aber er war nicht da. Später stellte Heins Onkel Kees, der bekannte Amsterdamer Prediger Dominee Kornelius Sietsma, Nachforschungen über Henks Verschwinden an. Er war es auch, der herausfand, was in dem Café in Hilversum geschehen war.

Als wir kurz nach Henks Verschwinden von einem Treffen in Platteels Haus zurückkamen, empfing meine Mutter uns mit den Worten: »Hein, du mußt hier weg. Die Gestapo war heute abend da und hat dich gesucht.« Sie war sehr aufgeregt.

Wir riefen sofort in Heins Pension an, und es stellte sich heraus, daß die Gestapo auch dort gewesen war. Also konnte Hein nicht mehr in die Pension zurück. Wir wußten damals noch nicht, warum sie hinter Hein her waren – wir hatten keine Ahnung, daß Henk in Hilversum seinen Namen genannt hatte. Die Gestapo suchte an diesem Abend auch noch nach einem anderen Freund, der aber glücklicherweise ebenfalls nicht zu Hause war.

Das Ganze bedeutete natürlich, daß im November 1940, nur sechs Monate nach dem Einmarsch der Deutschen, alle Männer, deren Namen Henk erwähnt hatte, untertauchen mußten. Das, was ich an diesem Abend erlebte, gehört zu den schlimmsten Erfahrungen meines Lebens, obwohl später noch so viel mehr passieren sollte. Ich klingelte an einer Tür nach der anderen, bei Freunden und Verwandten, um zu fragen, ob jemand Hein aufnehmen könne. Ich fuhr mit dem Rad, und um elf war Sperrstunde, das heißt, ich mußte Hein vor elf Uhr irgendwo untergebracht haben, denn danach durfte man sich auf der Straße nicht mehr blicken lassen. Erst recht nicht, wenn man von der Gestapo gesucht wurde. Aber überall, wo ich hinkam, hörte ich nichts als Entschuldigungen und faule Ausreden.

Damals spielte die Gestapo noch keine sehr bedeutende Rolle, und dennoch wollten viele meiner besten Freunde – und es waren alle Christen – Hein nicht aufnehmen. Auch meine Großmutter nicht. Sie war alt und hatte ein großes Haus, und in meiner jugendlichen Einfalt dachte ich, daß sie ruhig etwas riskieren könne. Außerdem mochte sie Hein sehr, genau wie alle anderen Mitglieder meiner Familie. Er brauchte unbedingt einen Platz, wo er bleiben konnte, selbst wenn es nur für eine einzige Nacht wäre. Aber sie hatte zuviel Angst, genauso wie die anderen, die ich gefragt hatte. Ich war sehr verletzt; ich konnte sie einfach nicht verstehen. Selbst wenn es gefährlich ist – was macht das denn schon? dachte ich. Du hast ein erfülltes und glückliches Leben hinter dir, und du liebst Hein doch! Wir alle liebten ihn.

Ich erinnere mich heute noch daran, wie ich durch eine große Straße fuhr, die von einem Ende der Stadt zum anderen führt, die *Laan van Meerdervoort.* Unaufhörlich liefen mir Tränen übers Gesicht. Ich hatte keine Bleibe für meinen geliebten Hein gefunden. Alle möglichen Antworten hatte ich bekommen. »Schließlich haben wir kleine Kinder.« »Wer weiß, was die Gestapo macht, wenn sie ihn hier findet.« Und alle hatten sie so viel zu tun, oder sie hatten schon andere Gäste im Haus . . . Es waren alles faule Ausreden, erbärmliche, faule Ausreden!

Damals, als ich diese Straße entlangfuhr, schwor ich mir, daß ich helfen würde, wann immer Menschen verfolgt wurden und ein Versteck und etwas zu essen brauchten. Ich war erschüttert und enttäuscht von dem, was ich in dieser Nacht mit sogenannten Christen erlebt hatte.

Was bedeuten schon Worte? dachte ich. Was nützt der Glaube, der nicht in die Tat umgesetzt wird? Ich war wütend, unglaublich wütend. Ich suchte doch für Hein nur einen Unterschlupf für eine Nacht, nicht für ein ganzes Jahr. Eine einzige Nacht, damit er von der Straße war.

Zum Schluß gingen wir zu Platteel. Auch er hatte zwei kleine Kinder. Aber obwohl Hein eigentlich nur eine Nacht bleiben sollte, wurden zwei Wochen daraus. Dann erst fand ich ein neues Versteck für ihn. An seine Arbeitsstelle konnte er natürlich auch nicht mehr, denn die Gestapo hatte auch dort nach ihm gefragt. Es begann die Zeit, in der Hein und ich uns nur hin und wieder sehen konnten.

25. Dezember 1940

Weihnachten im besetzten Holland. Hein auf der Flucht vor der Gestapo.

Hilf mir, o mein Gott, denn ich bin am Ende. Ich habe das Gefühl, daß das Kreuz, das du mir auferlegt hast, mir die Haut in Fetzen von den Schultern reißt. Ich kann es nicht mehr länger tragen. Ich weiß, daß ich es nicht allein tragen muß, und ich weiß, daß das alles zu unserem Besten dienen soll und uns näher zu dir zieht.

Was auch immer geschieht, was auch immer uns genommen wird – Friede, Freiheit –, du, Gott, wirst in alle Ewigkeit bei uns bleiben.

Führe uns nach deinem Ratschluß, und wenn möglich, laß uns hier auf Erden wieder zusammenkommen. Sei ihm nah, Herr, und laß ihn allezeit deine Gegenwart spüren. Himmlischer Vater, lasse dein Angesicht über ihm leuchten und gib ihm Frieden.

aus Diet Emans Tagebuch

Eine Zeitlang wußte nur eine Person, Matthijsen, wo Hein sich versteckt hielt: im Haus einer Mutter und ihrer Tochter. Die Tochter war mit einem Italiener verlobt. Die beiden Frauen waren beunruhigt darüber, daß Hein bei ihnen war, also beschloß er, nicht lange bei ihnen zu bleiben. Der Italiener war sehr freundlich zu Hein und sagte ihm, daß er eine bessere Bleibe für ihn hätte. Aber zur gleichen Zeit hatte auch Matthijsen, der Jude aus Scheveningen, mit dem wir zusammenarbeiteten, ein neues Versteck für Hein gefunden. Er konnte zu den Versteegs ziehen, einer Familie, die zu einer Pfingstgemeinde gehörte. Als Hein schon dort war, fand Matthijsen heraus, daß der Italiener zum SD (Sicherheitsdienst) gehörte. Der Sicherheitsdienst war eine Art Geheimpolizei, wenn auch nicht so gewalttätig wie die SS.*

Als Hein das erfuhr, wußte er sofort, daß er in Gefahr war. Er war zwar noch auf freiem Fuß, aber der SD war darüber informiert, daß er bei den beiden Frauen gewohnt hatte und jetzt bei den Versteegs war. Auch Matthijsen war im höchsten Grade alarmiert. Weil er in der Eile keinen anderen finden konnte, schickte er einen heruntergekommen wirkenden Mann, der wie ein Krimineller aus der Unterwelt aussah, zu den Versteegs. Er sollte Hein um jeden Preis und so schnell wie möglich aus ihrem Haus herausholen und zu seiner, Matthijsens, Wohnung bringen.

Also klingelte der finster aussehende Bote bei diesen Pfingstlern. Die Mutter, eine wirklich unerschrockene Christin, öffnete die Tür und sagte nach einem kurzen Blick auf den abstoßenden Kerl, der vor ihr stand: »Ich gebe Ihnen Hein nicht mit.

* Der SD wurde 1931 als Nachrichtendienst und Teil der SS unter Himmler gegründet; er übernahm ab 1934 den gesamten Nachrichten- und Abwehrdienst der NSDAP und hatte die politische Kontrolle der Bevölkerung zum Ziel (Anm. d. Übers.).

Ich traue Ihnen nicht, und außerdem ist er gerade erst hierhergebracht worden.«

Aber der Mann hatte von Matthijsen die Anweisung erhalten, daß er unbedingt darauf bestehen müsse, Hein mitzunehmen. »Er muß mit mir kommen«, beharrte er und stellte einen Fuß in die Tür.

Frau Versteeg war in heller Aufregung. Sie drehte sich um und rief alle ihre Kinder zur Tür. »Kommt sofort her und kniet euch nieder. Du kniest auch, Hein!« Dann betete sie: »Herr, wir wollen nicht, daß Hein irgend etwas zustößt. Wenn dieser Mann hier ein schlechter Mensch ist und uns betrügt, dann bestrafe ihn dafür.«

Nach diesem Gebet ging Hein mit. Der Mann muß sehr verwundert über all das gewesen sein, denn er war Kommunist und daher wahrscheinlich auch Atheist. Jedenfalls hatte er erreicht, daß Hein mit ihm kam, und sie waren kaum aus der Tür, als der Italiener auftauchte. Hein war nur um Haaresbreite entkommen. Matthijsen und sein finsterer Bote hatten ihm das Leben gerettet.

Später versteckten wir einen Juden bei den Versteegs. Immer, wenn sie jemanden aufgenommen hatte, war Frau Versteeg äußerst wachsam. Eines Tages sah ein Nachbar ein fremdes Gesicht am Fenster. Er verriet es der Gestapo, die sofort kam, um den Mann zu verhaften. Glücklicherweise hatte das Haus mehrere Räume mit zwei Türen. Als die Gestapo an der Haustür stand, schob Frau Versteeg ihren Gast durch die Schiebetüren auf die andere Seite des Hauses. Und als sie ihn dann dort suchten, schob sie ihn einfach auf die Straße. Er rannte weg, so schnell er konnte, denn er begriff, was auf dem Spiel stand. Wir wußten nicht, wohin er geflohen war, und suchten ihn überall. Da er die Adresse meiner Eltern kannte, brachte er sich schließlich bei ihnen in Sicherheit.

Frau Versteeg wurde verhaftet, weil sie einem Juden zur Flucht verholfen hatte, und die Sache kam vor Gericht. Die Versteegs waren eine sehr fromme Familie und lehnten es – genau wie Corrie ten Boom – ganz und gar ab zu lügen. Aber das war nicht nur für uns gefährlich, denn Hein hatte diesen Juden zu ihnen gebracht, sondern auch für sie selbst. Es war gut möglich, daß diese armen und rechtschaffenen Menschen dafür eingesperrt wurden, daß sie einen Juden versteckt hatten.

»Wenn der Richter uns fragt, ob wir wußten, daß er Jude ist, werden wir ja sagen müssen«, sagte Frau Versteeg zu Hein. »Aber wir werden nicht sagen, daß du ihn zu uns gebracht hast.«

Hein erklärte ihr, daß er auf keinen Fall wolle, daß sie ins Gefängnis kämen, nur weil sie uns geholfen hatten. »Wenn sie dich fragen, wer ihn zu euch gebracht hat, und wenn du dann nicht lügen oder sagen kannst, daß du es nicht weißt, dann stehe ich auf und gehe für euch ins Gefängnis.«

Wir hatten alle Angst vor dieser Verhandlung, weil niemand von uns wußte, was geschehen würde.

Der beste Freund meines Vaters, wir nannten ihn Onkel Piet, bekleidete einen hohen Rang bei der Den Haager Polizei. Er gehörte zur *recherche* (Kriminalpolizei). Wir fragten ihn, ob er irgendwie Einfluß nehmen könne. Falls die Versteegs wegen ihres Glaubens die Wahrheit sagen und zugeben würden, daß sie wußten, daß der Mann, den sie aufgenommen hatten, Jude war und daß Hein ihn zu ihnen gebracht hatte, dann war unsere ganze Arbeit in Gefahr. Wir wollten auch nicht, daß Hein einfach aufstand und sich selbst auslieferte. Wir waren in einer verzwickten und bedrückenden Lage – das eine schien genauso schlimm zu sein wie das andere. Es würde alles davon abhängen, was der genaue Wortlaut der Fragen war, die gestellt wurden, und wie die Mitglieder der Familie Versteeg darauf antworten konnten, ohne mit ihrem Gewissen in Konflikt zu geraten.

Mein Vater saß während der Verhandlung im Gerichtssaal und hörte zu, während ich zu Hause betete. Der Richter, der an diesem Tag die Verhandlung leitete, war offenbar ein königstreuer Holländer, vielleicht sogar ein Bekannter von Onkel Piet. Er stellte keine Fragen, durch die die Versteegs in die peinliche Situation gebracht worden wären, entweder die Wahrheit zu sagen und dadurch uns und sich selbst in Schwierigkeiten zu bringen oder zu lügen und dadurch mit ihrem Gewissen in Konflikt zu geraten. Es war einfach göttliche Führung. Sie bekamen nur eine Ermahnung mit auf den Weg, so etwas in Zukunft nicht mehr zu tun. Eine Art Klaps auf die Finger, mehr nicht.

Für manche Polizeibeamten wurde es sehr schwer, ihren Beruf auszuüben. Auch Onkel Piet ging es so. Sie arbeiteten unter starkem Druck, da sie fast ständig von den Deutschen überwacht wurden. Aber wenn alle aufrechten Menschen, die im Öffentlichen Dienst beschäftigt waren, ihre Stellung aufgegeben hätten, wäre das Leben für uns noch viel schwieriger geworden.

Diejenigen, die blieben, hatten es wirklich nicht leicht. Ihr Leben war ein ständiger Balanceakt, nicht nur zwischen ihrem eigenen Leben und Tod. Sie mußten auch immer wieder einen Weg finden zwischen dem, was sie für die Deutschen tun mußten, und dem, was sie ihren Landsleuten nicht antun wollten. Sie ertrugen diese Zerreißprobe, um denen zu helfen, die der Königin treu geblieben waren. Dennoch wurden sie von vielen nicht verstanden, oft sogar verachtet und für Kollaborateure gehalten.

Der Ruf nach England

Niemand konnte oder wollte Hein in Den Haag noch Unterschlupf gewähren, und so zog er nach einigen Wochen zu Verwandten nach Friesland. Dort wußte die Gestapo über Henk und die Sache mit dem Hilversumer Café noch nicht Bescheid. Sie hatten noch nicht alle Ecken und Winkel durchsucht und auch noch nicht alle Verwandten befragt. Daher war es für Hein relativ sicher, bei seiner unverheirateten Tante und seinem *pake*, dem Großvater, in Tijne zu wohnen, einer sehr kleinen Ortschaft nördlich von Heereveen. Natürlich war er auch früher schon oft bei seinen Verwandten zu Besuch gewesen, und so dachten sich die Nachbarn nichts dabei, als sie ihn dort sahen. Einen falschen Namen mußte er trotzdem annehmen.

Januar 1941

Ich sehne mich so sehr danach, daß Du Deine starken Arme um mich legst und mich festhältst. Wenn ich in der Kirche all die Paare sehe, die zusammensein können, werde ich ganz neidisch. Trotzdem möchte ich nicht mit ihnen tauschen, denn ich weiß, zum Schluß wird auch für uns noch alles gut werden.

aus Diet Emans Tagebuch

Kurz nachdem er nach Friesland gezogen war, traf Hein einen gewissen Louis Chaillet. Wie Henks Erfahrung gezeigt hatte, mußte man sehr gut überlegen, wem man vertraute, aber diesem Mann vertraute Hein sehr schnell. Chaillet leitete das Holländische Luftfahrtlaboratorium in Amsterdam. Er besorgte Hein dort eine Stelle, obwohl er wußte, daß Hein falsche Papiere hatte. Eines Tages sagte Hein zu mir: »Diet, ich habe jemanden kennengelernt, der entweder ein wunderbarer Mensch ist oder aber sehr, sehr gefährlich. Wenn mir etwas passiert, dann sorge bitte dafür, daß dieser Louis Chaillet unschädlich gemacht wird.«

Chaillet hatte vorher eine Führungsposition bei Shell in Den Haag bekleidet, und Shell hatte ihn für das Amsterdamer Laboratorium freigestellt, in dem viele wissenschaftliche Versuche durchgeführt wurden. Er verschaffte Hein nicht nur die Stelle in Amsterdam, sondern auch neue falsche Papiere auf den Namen Jan Sybrandy.

Das Labor verfügte über einen großen Vorrat an Benzin, das für Versuchszwecke benötigt wurde. Und der Untergrund brauchte für viele illegale Operationen dringend Benzin. In dem Laboratorium lernte Hein einen jungen Friesen kennen, Gosse van Berg, dessen Freundin Corrie ebenfalls für den Untergrund arbeitete. Die beiden Männer wurden gute Freunde, und zusammen stahlen sie große Mengen Benzin. Weder die Forschungsabteilung noch das Personal stellte jemals irgendwelche Fragen, obwohl Heins Abrechnungen gefälscht waren. Und wenn Hein irgendwo hingehen mußte, um für den Widerstand zu arbeiten, konnte er das jederzeit tun. Dank Louis Chaillet hatten die Mitarbeiter des Laboratoriums sehr viel Freiheit; später fanden wir heraus, daß er selbst im Widerstand engagiert war und großen Einfluß hatte.

Dadurch, daß Hein jetzt in Amsterdam lebte und arbeitete, konnten wir uns ab und zu am Wochenende sehen. Manchmal fuhr ich mit dem Rad nach Amsterdam, und manchmal kam Hein nach Den Haag; allerdings trafen wir uns nie bei mir zu Hause. Die Gestapo hatte von den Eigentümern der Pension, in der er früher gewohnt hatte, erfahren, daß er oft bei uns gewesen sei. Es waren ältere Leute, und sie hatten wahrscheinlich Angst bekommen, obwohl die Gestapo zu dieser Zeit noch längst nicht so gut durchorganisiert war wie in den späteren

Kriegsjahren. Sie führte damals auch noch keine Razzien durch, um Juden aufzuspüren, und sie konnte noch nicht jede verdächtige Wohnung überwachen. Es gab so viele Leute, die irgend etwas Verbotenes taten, wie zum Beispiel heimlich Radio hören, daß die Gestapo unmöglich alle Spuren verfolgen konnte.

Mit der Zeit fuhr ich immer öfter am Wochenende nach Amsterdam. Ein Arbeitskollege aus der Bank hatte eine Freundin in Amsterdam, und so fuhren wir oft samstags zusammen mit dem Rad dorthin. Übernachten konnte ich in der Pension, in der Hein jetzt wohnte. Die Inhaber, ein älteres Ehepaar, hatten viele Zimmer an junge Männer vermietet, die in Amsterdam arbeiteten, und kochten auch für sie. Am Wochenende fuhren viele von ihnen nach Hause, und es war so ausgemacht, daß ich in einem der Zimmer schlafen konnte, die am Wochenende leer standen.

Henk war nach fast fünf Monaten Haft aus dem Gefängnis gekommen. Die Bemühungen seines Onkels Kees, des Pastors, hatten sich bezahlt gemacht. Eines Tages war Henk einfach entlassen worden. Er hieß natürlich immer noch Henk Sietsma, denn er war ja im Gefängnis gewesen und brauchte seinen Namen nicht zu verheimlichen. Aber Hein hieß nicht mehr Hein und auch nicht mehr Sietsma. Das Problem war, daß die beiden sich so ähnlich sahen. Henk wohnte schon in der Pension, als Hein unter dem falschen Namen Henk de Jong dort einzog. Die anderen Männer, die in der Pension wohnten, sagten immer wieder kopfschüttelnd: »Also nein, kaum zu glauben, wie ihr euch ähnelt.« Hein antwortete dann in der Regel, daß sie selbst erstaunt darüber seien.

Einmal kam der Vater von Henk und Hein für ein Wochenende nach Amsterdam, um seine beiden Söhne und seinen Bruder Kees zu besuchen. Auch er übernachtete in derselben Pension, und es war für uns alle eine sehr komische Situation. Zum Abendessen waren wir alle miteinander an dem großen Tisch versammelt: Henk Sietsma, Vater Sietsma, Henk de Jong und Henk de Jongs Freundin. Ich war natürlich früher oft bei den Sietsmas zu Besuch gewesen, aber an diesem Tag wurde ich Henk und Vater Sietsma offiziell vorgestellt. »Das ist Diet Eman – sie ist die Freundin von Henk de Jong.« Es war alles sehr förmlich, und wir mußten so tun, als hätten wir uns nie zuvor gesehen.

Bevor die Deutschen mit der systematischen Verfolgung von Juden begannen, hatten viele von uns den Wunsch, nach England zu gehen. Unsere Arbeit im Widerstand hatte bis dahin ja hauptsächlich darin bestanden, Nachrichten zu drucken und zu verbreiten und Funkern Botschaften zu übermitteln. Das war im allgemeinen nicht besonders zeitaufwendig oder gefährlich. Aber für Hein sah die Sache anders aus, da er von der Gestapo gesucht wurde und unter falschem Namen leben mußte. Deshalb wollte er Holland unbedingt verlassen.

Eines Tages lernte er einen Mann kennen, der »der General« genannt wurde und in der Widerstandsbewegung eine wichtige Rolle spielte – so kam es Hein jedenfalls vor. Hein nannte ihn immer *grieskop*; das ist friesisch und bedeutet »Graukopf«. Hein hatte gehört, daß der *grieskop* früher in Frankreich im Untergrund gearbeitet hatte. Jetzt lebte er in Holland und leitete dort viele Operationen des Widerstands. Anfang 1941 versprach er, dafür zu sorgen, daß Hein und Gosse sicher nach England kämen.

Heins Name hatte schon auf mehreren Listen gestanden, aber jedesmal war irgend etwas dazwischengekommen. Dann verschwand unser Bekannter Matthijsen, der auch versucht hatte, Hein nach England zu bringen, plötzlich spurlos. Niemand fand je heraus, was mit ihm passierte. Das geschah im Krieg sehr oft – Menschen verschwanden einfach. Und jedesmal, wenn jemand plötzlich nicht mehr da war, wußten wir, daß es für uns sehr gefährlich wurde. War die betreffende Person verhaftet worden? Würde sie gefoltert werden und möglicherweise wichtige Informationen preisgeben?

Hein hatte plötzlich das Gefühl, seine Abreise nach England stünde kurz bevor. »Diet«, sagte er eines Abends, »bevor ich nach England gehe, möchte ich mich mit dir verloben. Ich fände es schön, wenn ich deinen Ring tragen würde und du meinen. Komm doch nächste Woche nach Amsterdam. Dann können wir uns Verlobungsringe aussuchen und unsere Namen in sie eingravieren lassen.«

Also radelte ich am nächsten Samstag, dem 29. März 1941, zusammen mit meinem Freund von der Bank nach Amsterdam. Hein und ich gingen in ein Juweliergeschäft, suchten uns Ringe aus und sagten dem Juwelier, daß er den lateinischen Satz *Omnia vincit amor* (Die Liebe überwindet alles) in sie eingravieren solle. Wir sahen so viele Schwierigkeiten vor uns, aber wir waren davon überzeugt, daß unsere Liebe alle Hindernisse überwinden würde. Außerdem sollte er noch unsere Namen in die Ringe eingravieren.

Wir zahlten, und der Juwelier sagte uns, daß wir die Ringe in ein paar Tagen abholen könnten.

Als wir zu Heins Pension zurückkamen, überreichte ihm die Inhaberin einen großen braunen Umschlag, der für ihn abgegeben worden war. Er öffnete ihn und sah mich an. »Das sind meine Anweisungen«, sagte er. »Ich muß sofort nach England.«

Ich war froh, daß ich gerade bei ihm war, als er diesen Brief erhielt, aber ich sagte: »Was wird jetzt mit den Ringen?«

»Kannst du dich noch erinnern, wo das Geschäft ist?« fragte er.

Ich kannte mich in Amsterdam nicht sehr gut aus, aber Hein erklärte mir den Weg. Er selbst mußte noch ein paar Sachen packen.

»Geh zurück zu dem Juwelier, gib ihm die Quittung und nimm die Ringe mit. Die Gravuren kann er später machen. Dann nimm die Straßenbahn Linie zwei und bleib auf dem hinteren *balkon* des letzten Wagens stehen.«

Jede Straßenbahn hatte zwei *balkons.* Das waren die offenen Plattformen, wo man ein- und ausstieg und auf denen der Schaffner stand. Wenn in der Straßenbahn kein Platz mehr war, konnte man dort draußen stehenbleiben. Die meisten Leute gingen aber lieber nach drinnen.

»Die Linie zwei kommt auch hier bei der Pension vorbei. Zwei Haltestellen, nachdem du eingestiegen bist, hält sie hier«, erklärte Hein. »Dann steige ich auch ein, und wir können uns wenigstens noch verabschieden.«

Also rannte ich zurück zu dem Juweliergeschäft. Der Besitzer war sehr erstaunt, daß ich schon wieder da war, aber ich sagte: »Die Gravur ist nicht so wichtig. Ich muß die Ringe gleich mitnehmen.«

Er händigte sie mir aus, und ich nahm wie verabredet die Straßenbahn Linie zwei und blieb auf dem *balkon* stehen. Zwei Haltestellen weiter sprang Hein auf, genau wie er gesagt hatte, und dann steckten wir unsere Ringe an die Finger. Das war unsere Verlobung – ein paar Minuten auf dem *balkon* einer Straßenbahn, die krachend und quietschend durch die Amsterdamer Innenstadt fuhr.

Hein mußte zur *Central Station*, dem Hauptbahnhof; ich durfte ihn nicht mehr weiter begleiten, da ich nichts darüber wissen sollte, auf welche Weise er nach England gelangen würde. Bevor er verschwand, sagte er noch zu mir: »Laß du deinen Ring in Den Haag gravieren. Ich gehe in London zum Juwelier.«

Dann küßten wir uns, und Hein verschwand im Bahnhof. Da stand ich nun am Bahnhof, und die Tränen liefen mir übers Gesicht, genau wie an dem Abend in Den Haag, als ich niemanden fand, der ihn aufnehmen wollte. Jetzt ging er also nach England, wo er in Sicherheit sein würde. Aber der Weg dorthin war gefährlich, vielleicht lebensgefährlich. Ich starrte auf den leeren Platz an meiner Seite, an dem er eben noch gestanden hatte.

Schließlich fuhr ich mit der Straßenbahn zurück zur Pension, holte meinen kleinen Koffer und mein Fahrrad und machte mich wieder auf den Weg nach Den Haag.

Das war das Wochenende, das wir eigentlich zusammen verbringen wollten – das Wochenende, an dem wir uns verlobten. Ich war voller Angst, Hein könnte etwas zustoßen.

30. März 1941

Vater, heute muß ich davon schreiben, welche Wunder du tust und wie groß deine Liebe ist. Wir vergessen dich so oft und jammern herum und machen uns Sorgen, aber du hörst unsere Gebete und beantwortest sie auf eine Weise, die wir uns nie hätten träumen lassen.

Ich habe gebetet: »Wenn du wirklich Gott bist, dann bring Hein in Sicherheit. Wenn du mein Gebet erhörst, werde ich dich lieben und ehren.« Das war falsch, denn aus eigener Kraft schaffe ich es gar nicht, dich zu lieben. Ich hätte nicht so beten sollen – als würde ich dich mit meiner Liebe belohnen, wenn du tust, was ich will. Aber statt mich zu bestrafen, überschüttest du mich mit Wohltaten. Ich durfte dabeisein, als Hein den Brief bekam, und wir haben unsere Verlobungsringe noch rechtzeitig holen können. Wenn ich nicht wüßte, daß das alles Gnade ist, würde es mir direkt angst machen, so sehr gesegnet zu werden.

Herr, wir legen unsere Zukunft ganz in deine Hände. Du hast uns zusammengeführt, und nun hast du uns wieder vonein-

ander getrennt. Du wirst auch dafür sorgen, daß wir wieder zusammenkommen – und du weißt jetzt schon, wann und wo das sein wird. Hilf uns nun durch deinen Geist, der in uns lebt, damit wir das tun, was du von uns möchtest, und bewahre uns davor zu sündigen.

Die ons behoedt waar wij ook gaan,
Al schijnt geen zon, al licht geen maan.
(Er wird uns bewahren, wohin wir auch geh'n,
Auch wenn wir kein Licht am Himmel mehr seh'n.)

aus Diet Emans Tagebuch

Die Deutschen suchten Hein immer noch in Den Haag. Sie kamen sogar zu mir in die Bank. Man wußte nie, wer ein Spion war. In so einer großen Bank gab es natürlich Angestellte, die deutschfreundlich waren, genau wie überall sonst in Holland. Ich wollte nicht, daß die Leute über Hein redeten oder nach ihm fragten. Schon einige Wochen vor seiner Abreise nach England wußte ich, daß es zu gefährlich für ihn war, wieder nach Den Haag zu kommen. Vielen meiner Kollegen konnte ich nicht trauen, und das Risiko, daß er gesehen wurde, war zu hoch. Zur Sicherheit verbreitete ich meinen Freunden gegenüber das Gerücht, Hein sei bereits in England. Es waren ja schon viele nach England gegangen, und sobald jemand dort war, gaben die Verfolger die Suche auf.

Jetzt hatte ich plötzlich einen Ring. Das war etwas ganz Neues. Es war ein einfacher Ring ohne Stein, rund und glatt, ohne scharfe Kanten – so wie eine gute Ehe sein soll. Natürlich wollte ich meinen Ring unbedingt tragen, und ich tat es auch. Aber sobald die Kollegen in der Bank den Ring sahen, begann das Gerede. »Was hab' ich gehört?« fragte mich einer. »Du hast dich verlobt, aber dein Verlobter ist in England?«

»Ja, ich hatte wirklich Glück«, antwortete ich. Ich erfand einfach eine Geschichte. »Manchmal klappt es ja, daß über das Rote Kreuz ein Brief durchkommt. Ich habe einen bekommen, und stellt euch vor, was ich darin fand ... Diesen Ring hier!« Ich weiß bis heute nicht, ob mir irgend jemand geglaubt hat.

Als Hein und ich uns damals am Bahnhof trennten, dachte ich, ich würde ihn erst wiedersehen, wenn Hitler besiegt wäre. Aber schon zwei oder drei Tage später bekam ich einen Brief von ihm, in dem er mich bat, nach Amsterdam zu kommen. Er wollte mir unbedingt erzählen, was ihm inzwischen alles passiert war.

Gosse van Berg, Heins Freund vom Luftfahrtlaboratorium, hatte ebenfalls die Nachricht bekommen, er solle sich auf den Weg nach England machen. Die Anweisungen lauteten folgendermaßen: Sie sollten mit dem Zug von Amsterdam nach IJmuiden an die Küste fahren. Der Schiffahrtskanal, der Amsterdam mit der Nordsee verbindet, mündet bei IJmuiden in die Nordsee. In der Gegend gab es viele *hoogovens*, Gießereien, in denen Waffen hergestellt wurden.

Zu dem Zeitpunkt waren bereits alle Häuser in Küstennähe evakuiert worden. Die Deutschen hatten sie einfach in Besitz genommen. Die Alliierten gingen davon aus, daß dort Waffen und Munition für den Krieg hergestellt wurden, und bombardierten das Gebiet häufig. Manchmal verfehlten die Bomben ihr Ziel und fielen auf Privathäuser; viele Häuser in dieser Gegend waren bereits schwer beschädigt. Hein und Gosse sollten bei Dunkelheit zu einem bestimmten dieser ausgebombten Häuser im Sperrgebiet kommen. Dort sollten sie noch andere Männer treffen und sich gemeinsam mit ihnen im Keller des Hauses verstecken. Daß sie unterwegs nicht verfolgt wurden, mußten sie immer wieder kontrollieren.

Sie kamen bei Einbruch der Dunkelheit dort an und trafen auf etwa dreißig weitere Personen, die ebenfalls nach England wollten. Das Haus lag am Rand der Dünen in der Nähe des Strandes. Die Deutschen waren dabei, überall Festungsanlagen zu errichten; teils waren sie schon fertig, teils noch im Bau.

Man hatte den Männern gesagt, daß am Strand ein Motorboot für sie bereitliegen würde, das sie für ihre Flucht nach England benutzen sollten. Sie sollten im Schutz der Dunkelheit über die Dünen zum Strand laufen. Dort würden sie an einer bestimmten Stelle auf einen einzelnen Wachposten treffen. Sie sollten diesen Mann töten, bevor er einen Laut von sich geben konnte, und dann mit dem Boot nach England fliehen.

Im Gespräch stellten die Männer fest, daß niemandem von ihnen eine bestimmte Aufgabe zugeteilt worden war. Hein und Gosse hatten angenommen, daß sie nur Passagiere auf einem Boot sein würden, mehr nicht. Sie zogen sich dennoch die Schuhe aus und krochen über die Dünen und an den Festungsanlagen vorbei. An einigen Stellen war noch an diesem Tag frisch betoniert worden – tiefe Löcher waren mit Beton ausgegossen, der noch feucht war. Als sie schließlich den Strand erreichten, fanden sie dort nicht ein Motorboot, sondern zwei. Und was noch schlimmer war, sie sahen nicht einen einzelnen Wachposten, sondern zwei Männer, die hin- und hermarschierten. Sie kamen aufeinander zu, trafen sich in der Mitte und gingen dann wieder in entgegengesetzter Richtung zu ihrem Ausgangspunkt zurück. Die Situation war ganz anders, als sie erwartet hatten.

»In der Nähe ist ein Wachhäuschen«, hieß es in den Anweisungen. »Dort halten sich weitere Deutsche auf, die wahrscheinlich Karten spielen. Daher müßt ihr den Wachposten töten, ohne daß er schreien kann. Wenn er tot ist, steigt in das Boot und flieht.«

Bei den Dünen stand eine Art Schuppen, in den die Männer hineingingen, um zu beratschlagen, was sie angesichts der unvorhergesehenen Schwierigkeiten tun sollten. Aber kurz darauf kam auch eine der beiden Wachen herein. Der Mann hatte versucht, sich am Strand eine Zigarette anzuzünden, es im Wind aber nicht geschafft. Deshalb kam er jetzt in den Schuppen. Hein erzählte mir später, daß er vor Schreck wie versteinert gewesen sei. Die dreißig Männer standen in zwei Reihen eng an die Wand gedrückt, aber im Schein seines Streichholzes sah der Deutsche einen von ihnen. Dieser Mann besaß die unglaubliche Geistesgegenwart, vorzutreten und auf deutsch zu sagen: »Ich bin obdachlos, und ich wußte nicht, wo ich hin sollte . . .«

Er führte den Wachposten weg von den anderen neunundzwanzig Männern. Die schlichen zitternd aus dem Schuppen, der an der Vorderseite offen war, bogen um die Ecke und rannten weg. Sie hatten alle keine Schuhe an, und es war stockdunkel. So liefen sie zurück durch die Dünen – erst zwei, dann wieder zwei und immer so weiter. Der weiche Sand dämpfte ihre Schritte. Sie hatten keine Taschenlampen bei sich, und Gosse fiel in einen tiefen Betonschacht. Er holte sich schlimme Prellungen und Schürfwunden, zum Glück aber keine Knochenbrüche. So konnte er weiterhumpeln. Die ganze Gruppe kehrte zu dem Haus zurück, in dem sie sich zu Anfang getroffen hatten. Wie gut, daß ihre Flucht gescheitert war! Es stellte sich nämlich heraus, daß keiner von ihnen irgendwelche navigatorischen Fähigkeiten besaß. Jeder hatte gedacht, die anderen wüßten Bescheid. Es hatte auch niemand die Anweisung erhalten, den Wachposten zu töten. Und unsere Gruppe – einschließlich Hein – lehnte es damals ab zu töten.

Die ganze Geschichte war sehr schlecht geplant gewesen. Nur durch Gottes Hand waren sie alle vor dem Tod bewahrt worden.

31. März 1941

Allmächtiger Gott, vergib mir, was ich in meiner bitteren Enttäuschung zu dir gesagt habe: Das Schlimmste ist für mich nicht die Sorge, ob Hein in Sicherheit ist, sondern daß mein Vertrauen zu Gott erschüttert ist. – Das ist so lächerlich! Daß ich es wage, ihn anzuklagen, der so treu ist, obwohl ich so untreu bin, und der uns so sehr gesegnet hat.

Vater, vergib mir meine Gedanken um Jesu willen. Meine Haltung ist völlig falsch. Als ob ich dich damit erpressen könnte, daß ich dir danken werde, wenn du dieses oder jenes Wunder für mich tust. Dabei kann ich aus eigener Kraft noch nicht einmal dankbar sein. Ich Dummkopf!

Heute morgen, als ich darüber nachdachte, summte ich die ganze Zeit ein Lied vor mich hin, eine Vertonung von Psalm 46:

De Heer, de God der legerscharen
Is met ons, hoed ons in gevaren.
Wij werden steeds Zijn hulp gewaar
In zielsbenauwdheid, in gevaar,
Dies zal geen vrees ons doen bezwijken,
Schoon d'aard uit haren stand mocht wijken
Schon t'hoogst gebergte uit zijnen stee
Verzet wierd in het hart der zee.

(Der Herr, der Gott der Heeresscharen,
Ist mit uns, schützt uns in Gefahren.
Wir werden stets sein' Hilf' gewahr,
In Seelennot und in Gefahr.
Und diesen festen Gottesglauben,
Den soll kein Furcht' uns jemals rauben,
Ob auch die Erd' erschüttert wär',
Der höchste Berg versänk' im Meer.)

aus Diet Emans Tagebuch

»Wir hatten furchtbare Angst«, erzählte Hein mir. »Selbst wenn wir die zwei Wachposten getötet hätten, wären wir nicht weit gekommen, weil keiner von uns mit einem Motorboot umgehen konnte. Wenn wir nur ein Boot genommen hätten, wie man uns gesagt hatte, und wenn die Soldaten in dem Wachhäuschen irgend etwas gehört hätten, was sehr gut möglich gewesen wäre, dann hätten sie uns wahrscheinlich mit dem anderen Boot verfolgt und uns alle getötet.«

Sie wären sicher nie in England angekommen. Hein war mit dem Schrecken davongekommen, aber er lernte durch diese Erfahrung, daß solche Unternehmungen perfekt organisiert sein mußten – bis in alle Einzelheiten. Wenigstens dazu war dieses Mißgeschick gut: Von da an versuchten wir, wenn wir in unserer Gruppe etwas planten, an alles zu denken, was eventuell schiefgehen könnte.

Die Geschichte ging übrigens noch weiter, nachdem die Männer den Deutschen entkommen waren. Sie waren immer noch im Sperrgebiet, ohne Schuhe, und es war inzwischen Morgen geworden. Sie mußten versuchen, sich in Sicherheit zu bringen. Hein und Gosse machten sich barfuß auf den Weg nach Haarlem. Dort stolperten sie übernächtigt und unterkühlt in ein kleines Restaurant, um einen Kaffee zu trinken. Was dann geschah, war ein weiteres Wunder Gottes: Der Inhaber des Restaurants begriff, daß sie in einer seltsamen und schwierigen Lage waren. Es war ein Sonntagmorgen, und in der Stadt war alles noch ganz still. Also ging er zu ihnen hinüber und sprach sie an.

»Ich sehe, Sie haben Probleme«, meinte er mit einem Blick auf ihre nackten Füße. »Kommen Sie doch mit mir ins Nebenzimmer ...«

Was blieb ihnen anderes übrig?

Sie gingen mit dem Mann in einen Nebenraum, wo er sie

eine Zeitlang allein ließ. Dann kam er mit zwei Paar Schuhen zurück. Den Kaffee brauchten sie auch nicht zu bezahlen. Der Gastwirt – der zufällig ein Verwandter von Gosses zukünftiger Frau war, wie sich später herausstellte – hatte sich entschlossen, den beiden Männern zu helfen, weil ihm klar war, daß das, was sie vorhatten, etwas war, das er unterstützen wollte.

Kurz danach begann die organisierte Judenverfolgung, und wir erkannten klar, daß unsere Aufgabe in Holland war. Wir hörten später von Leuten, die nach England gegangen waren, daß sie endlose Stunden damit zubrachten, Wache zu stehen und zu exerzieren. Weiter hatten sie nichts zu tun. In England zu sein war ganz anders, als Hein und alle anderen es sich vorgestellt hatten. Wir dachten alle, daß die Besatzung und überhaupt der ganze Krieg höchstens ein Jahr dauern würde und daß unsere neue Armee in England trainiert würde, um dann zurückzukommen und uns zu befreien. Wir ahnten nicht, daß alles so lange dauern und so viel Leid mit sich bringen würde. Wenn wir gewußt hätten, daß bis zu unserer Befreiung fünf Jahre vergehen sollten, hätten wir wahrscheinlich die Hoffnung aufgegeben.

2. April 1941

Herr, ich danke dir, daß du in deiner großen Weisheit mein Gebet nicht erhört hast. Jetzt weiß ich, wovor du sie bewahrt hast, und meine Seele ist still vor dir; du hast sein Leben gerettet!

Wir geben uns ganz in deine Hand, o Herr.

Wir wissen, daß du alles recht führst. Vergib uns, daß wir einen Moment lang rebelliert haben gegen das, was du in deiner großen Liebe für uns getan hast.

Hilf mir, niemals zu vergessen, daß deine Wege mit uns lauter Liebe sind!

Wie tapfer Du bist, Hein. Ich bin so stolz auf Dich – ich glaube, kaum jemand hätte gewagt, was Du gewagt hast. Trotzdem danke ich Gott, daß diese schreckliche Tat (die Ermordung des Wachpostens) nicht notwendig war. Und daß Er seine Engel gesandt hat, um Dich zu beschützen.

Warum segnet Er uns so sehr, mehr als viele andere? Und das, obwohl wir oft unzufrieden sind und uns darüber beschweren, daß nicht das passiert, was wir uns in unserer Dummheit und Kurzsichtigkeit vorstellen ...

Hein, ich bin so stolz auf Deinen Ring an meinem Finger, aber was für eine seltsame Verlobung hatten wir!

Nun ja, wir sind eben ein seltsames Paar. Und ich bin neugierig auf unsere Hochzeit, denn ich habe das Gefühl, die wird auch recht ungewöhnlich!

Jetzt gehe ich schlafen, mein Liebling, und beim Einschlafen werde ich an Dich und an Ihn denken, der aufs neue Dein Leben bewahrt hat und der mit uns ist.

aus Diet Emans Tagebuch

Herman

Herman

Jood

Juli 1941

Gestern abend gingen wir an der Synagoge vorbei. Schrecklich: An den Türen stand mit großen Buchstaben »Jud Süss«. An den Pfeilern Hakenkreuze und ein großes V und häßliche Karikaturen von jüdischen Gesichtern. In den Straßen zugenagelte Schaufenster mit Aufschriften wie »Jude« und »Pestjude«.

Wie lange noch, o Herr?

16. September 1941

Gestern in der Zeitung eine »kleine« Auflistung der Orte, an denen sich Juden nicht mehr aufhalten dürfen. Es wäre einfacher, aufzuzählen, wo sie noch sein dürfen – in ihren Wohnungen und auf der Straße. Gott, bestrafe diejenigen, die das Volk verfolgen, das du auserwählt hast und zu dem Jesus gehörte.

aus Diet Emans Tagebuch

Auch mein Freund Herman, der mit mir in der Bank arbeitete, begriff eines Tages, daß für ihn als Juden das Leben nicht mehr so weitergehen konnte wie bisher. Er war der erste Jude, dem wir halfen.

Zuerst durften die Juden nicht mehr mit der Straßenbahn und mit dem Bus fahren und auch nicht mehr in Parks und Geschäfte gehen. Diese Vorschriften wurden in den Zeitungen abgedruckt und in den Schaufenstern ausgehängt. Die Juden wurden in ihrer Bewegungsfreiheit immer mehr eingeschränkt. Bald darauf wurde angeordnet, daß sie sich fast nirgends in der Stadt mehr aufhalten durften – nur noch in ihren eigenen jüdischen Wohngebieten und Läden. Und obwohl Herman und seine Familie nicht im jüdischen Viertel wohnten, durften sie wie alle anderen Juden keine Nicht-Juden mehr besuchen. Es war schrecklich.

6. Mai 1942

Es ist wieder einige Zeit vergangen, seit ich die letzte Eintragung gemacht habe, und inzwischen ist viel passiert. Die Juden müssen jetzt einen gelben Stern mit der Aufschrift »Jude« tragen. Zweiundsiebzig Holländer sind erschossen worden, und vom letzten Samstag bis zum Dienstag wurden 6000 Leute verhaftet. Ehemalige Soldaten, Pastoren, alle Mitglieder der ersten und zweiten Kammer (des holländischen Parlaments) usw. usw. . . .

Das Schlimmste ist, ich bleibe eiskalt bei alldem. Macht dieser Krieg uns zu lebenden Wachsfiguren? Ist es in diesem Chaos nicht möglich, man selbst zu bleiben?

Wie lange noch?????

Werden wir jemals wieder fühlende Menschen werden? Die ganzen Schimpfwörter, die wir jetzt für die Deutschen benutzen und die wir völlig normal finden . . . wird das jemals wieder anders werden?

Und werde ich mir vielleicht später, wenn alles vorüber ist, vorwerfen müssen, daß ich nicht näher zu dir gekommen bin, sondern immer weiter weg von dir? So weit, daß ich innerlich völlig abgestorben bin? Anscheinend ist Leid das einzige, was mich näher zu dir hin zieht. Wenn das stimmt, dann möchte ich dich fast darum bitten, daß du mich leiden läßt, denn nahe bei dir zu bleiben, das ist das Allerwichtigste.

aus Diet Emans Tagebuch

Bevor die neuen Anordnungen galten, war Herman oft zum Musizieren zu uns gekommen. Wir spielten Trios zusammen – ich konnte leidlich Klavier spielen, Albert spielte sehr gut Cello und Herman Geige. Für mich waren es wunderbare Stunden, denn die beiden waren sehr gute Musiker. Trotz der neuen Bestimmungen kam Herman manchmal noch heimlich zu uns.

Die nächste Vorschrift, die erlassen wurde, war, daß Nicht-Juden überhaupt nichts mehr mit Juden zu tun haben durften. Meine Eltern hätten auch jetzt noch nichts dagegen gehabt, wenn Herman uns besucht hätte, aber er wollte sie nicht in Schwierigkeiten bringen. Dabei wären wir, wenn die Deutschen Herman bei uns erwischt hätten, wahrscheinlich mit einer kleineren Strafe davongekommen, aber Herman wäre in ernste Schwierigkeiten geraten. Also kam er nicht mehr zu uns, obwohl meine Eltern ihn sehr mochten.

Vieles von dem, was vor dem Beginn der Judenverfolgung geschah – daß wir zum Beispiel die Farben des Königshauses nicht mehr zeigen und keine BBC hören durften –, hatte uns zwar geärgert, aber wir hatten uns mehr oder weniger damit abgefunden. Als es jedoch plötzlich hieß, die Juden müßten ihre Häuser verlassen und dürften nicht mehr in unserer Nähe wohnen, weil sie »ansteckend« wären (die Deutschen nannten sie Läuse und Ratten), als es sogar hieß, sie müßten ganz aus Holland verschwinden, da wußten wir, daß wir uns damit nicht abfinden durften.

Man erklärte uns, daß alle Juden, die in Europa lebten, nach Ostdeutschland umgesiedelt werden sollten. Dort würden sie nur mit ihresgleichen zusammenleben und sich nur noch gegenseitig schaden können. Als die Deutschen begannen, diesen schrecklichen Plan in die Tat umzusetzen, war uns klar, daß wir etwas unternehmen mußten.

Hitler war der Ansicht, daß wir, die sogenannte arische Rasse (blonde, blauäugige Menschen), den anderen überlegen seien. Der jüdische Abschaum, wie er es nannte, sollte isoliert und ausgerottet werden. Das erfuhren wir teils durch deutsche Juden, die nach Holland geflohen waren, teils auch durch die offizielle Propaganda.

Wir konnten beobachten, wie die Deutschen damit begannen, diesen Ideen entsprechend zu handeln. Zunächst erhielten die Juden meist einen Brief, in dem sie aufgefordert wurden, sich an einem bestimmten Tag nach der Sperrstunde bei einer angegebenen Adresse zu melden. Sie mußten zum Beispiel zu einer Schule kommen, von wo aus sie dann mit Lastwagen abtransportiert wurden. Das geschah absichtlich immer erst nach der Sperrstunde, damit der Rest der Bevölkerung es nicht sah. Viele wurden auch direkt an Bahnhöfe bestellt, wo sie voller Angst warten mußten. Die meisten Leute wußten, welche ihrer Nachbarn jüdischer Abstammung waren, auch wenn diese ihren Glauben gar nicht praktizierten. Ich wußte zum Beispiel von Anfang an, daß Herman Jude war; er hatte keinen Grund gehabt, das vor mir zu verheimlichen. Auch die Deutschen hatten ihre Informanten, etwa die Mitglieder der NSB (*National Socialistische Beweging*, die holländischen Nazis). Da sie die Macht im Staat übernommen hatten, hatten sie auch Zugang zu allen wichtigen Akten. Holland ist klein, und jede Stadt und jedes Dorf – sogar eine so winzige Ortschaft wie Holk – hatte eine Gemeindeverwaltung, wo alle Einwohner gemeldet waren. Über jeden Mann, jede Frau und jedes Kind existierten Karteikarten, die viele wichtige Informationen enthielten.

Wenn man umziehen wollte, mußte man auf die Gemeindeverwaltung gehen und seine neue Adresse angeben. Dann wurden die Karteikarten aller Familienmitglieder an die Behörde weitergeleitet, die für den neuen Wohnort zuständig war. Auf den Karten stand, wo man geboren worden war, mit wem man verheiratet war, wo man arbeitete, und neben weiteren Angaben auch, welcher Konfession man angehörte. Die meisten Juden waren stolz auf ihren Glauben, ob sie ihn praktizierten oder nicht. An der Stelle, wo auf meiner Karte und der meiner Eltern »evangelisch-reformiert« vermerkt war, stand bei ihnen »jüdisch«.

Die Deutschen konnten es nicht allein schaffen, alle Karteikarten zu überprüfen. Aber es gab genügend holländische Verräter, die ihnen dabei halfen, wenn sie überhaupt die Karten brauchten, um zu wissen, daß jemand Jude war. Die Deutschen zahlten gut für diese Informationen; es war leicht verdientes Geld.

Es kam der Tag, an dem auch mein Freund Herman die Aufforderung erhielt, zu einem angegebenen Termin mit seiner Familie an einem bestimmten Ort zu erscheinen. Wie alle anderen sollte er nur einen kleinen Koffer mitbringen, so klein, daß er ihn allein tragen konnte. Wie schwer muß diesen Menschen damals die Entscheidung gefallen sein, welche Dinge sie mitnehmen sollten ... Was würden wir in einer solchen Lage tun? Vielleicht würden wir ein paar Fotos einpacken, und natürlich Kleider zum Wechseln. Die Juden mußten fast alles, das eine emotionale Bedeutung für sie hatte, zurücklassen – von Dingen, die einen materiellen Wert besaßen, ganz zu schweigen. Und wenn sie eine Aufforderung erhalten hatten, blieb ihnen nichts anderes übrig, als zu erscheinen, es gab keine Möglichkeit, so einen Brief einfach zu ignorieren und wegzuwerfen.

21. Juli 1942

Inzwischen ist wieder viel passiert:

Die Juden laufen mit ihren goldenen Sternen herum, dürfen nach 20 Uhr nicht mehr aus dem Haus, dürfen keine Nicht-Juden mehr besuchen, dürfen bestimmte Straßen nicht mehr betreten, und so weiter und so weiter ...

Viele wurden von Amsterdam nach ...? geschickt ... Und viele bringen sich um!

O Gott, siehst du nicht, daß sie Hand an deinen Augapfel legen? Ist es immer noch nicht genug?

Laß uns doch trotz all dieser Ereignisse, die uns um den Verstand zu bringen drohen, daran denken, daß du alles in deiner Hand hast. Die Strafe, die du ihnen geben wirst, wird gerechter sein als alle Rachepläne, die wir uns jetzt ausdenken.

Es ist irgendwie absurd, daß diese Menschen (wenn man sie überhaupt noch als Menschen bezeichnen kann), die jetzt die Juden quälen, ausgerechnet einen Juden brauchen werden, wenn sie in den Himmel kommen wollen. Und es ist kaum vorstellbar, daß sie nach dem Bildnis Gottes geschaffen sind ...

Bitte lehre uns, Herr, wie wir unseren Glauben in die Tat umsetzen können, besonders den Juden gegenüber. Mach all diesen schrecklichen Dingen ein Ende – nur du allein kannst das tun. Wir wissen, daß du uns die Kraft gibst, unser Kreuz zu tragen, aber ... es wird für immer mehr Menschen unsagbar schwer.

aus Diet Emans Tagebuch

Meine Kollegen von der Bank wußten zwar, daß ich unserer Königsfamilie treu war, aber ich mußte trotzdem aufpassen, was ich sagte. Ich kannte die Einstellung der meisten Kollegen, mit denen ich eng zusammenarbeitete, aber wenn jemand anders in der Nähe war, hielt ich den Mund. Ich verspritzte mein Gift nur in Gegenwart von Personen, denen ich trauen konnte.

Herman arbeitete inzwischen nicht mehr in der Bank, denn er durfte keine öffentlichen Verkehrsmittel mehr benutzen und die Innenstadt nicht mehr betreten. Als er das Schreiben erhielt, bat er mich, ein Treffen mit ihm zu arrangieren, da er als Jude keine Nicht-Juden mehr besuchen durfte.

»Wenn du an meiner Stelle wärst, würdest du hingehen?« fragte er mich.

»Ich glaube nicht«, antwortete ich. »Aber ich sehe Hein

heute abend, und ich werde ihn fragen, wie er darüber denkt.«

Wir hatten gehört, daß viele Juden mit dem Zug nach Westerbork in ein Sammellager gebracht wurden und daß von Westerbork auch wieder viele Züge voller Juden abfuhren – aber wohin, das wußte niemand von uns. Die Deutschen hielten alles streng geheim. In den deutschen Zeitungen stand, daß die Juden für alles Schlechte in der Welt verantwortlich seien, weil sie das ganze Geld und die Banken besäßen und so weiter. Man müsse ihnen alles Geld abnehmen, da sie es sowieso gestohlen oder auf dem Schwarzmarkt verdient hätten.

Hermans Eltern gehörten zur Mittelschicht; sein Vater war Beamter. Sie waren davon überzeugt, daß dieser ganze Spuk höchstens ein Jahr dauern könne, die Deutschen würden sie eine Zeitlang irgendwo in Osteuropa unterbringen, wo sie vielleicht mit etwas weniger Komfort leben müßten als zu Hause, aber dann, wenn alles vorüber wäre, würden sie wieder zurückkommen. So dachten damals viele Leute, Juden und Nicht-Juden. Niemand ahnte, daß sie in Gaskammern umgebracht werden sollten. Darum gehorchten so viele widerstandslos und ließen sich wie Schafe zur Schlachtbank führen.

Viele deutsche Juden, die beobachtet hatten, wie sich der NS-Staat zwischen 1933 und 1938 entwickelte, und die die »Kristallnacht« miterlebt hatten, flohen gegen Ende der dreißiger Jahre nach Holland. Als Hitler dann Holland besetzte, begingen viele von ihnen Selbstmord. Sie konnten nirgends mehr hin: Belgien war bereits unter deutscher Herrschaft, und Spanien hielt zu Hitler. Die einzige Möglichkeit, die noch bestand, war, über die Nordsee zu fliehen.

Ich bin sicher, daß die ältere Generation in Holland damals nicht ahnte, wie unheilvoll die Lage wirklich war. Mein Vater dachte ebenso wie Hermans Eltern, daß es nicht nötig sei, Widerstand zu leisten. Die Deutschen seien immerhin ein zivilisiertes und gebildetes Volk. Aber die meisten jüngeren Leute sahen die Dinge anders, auch Herman, der nur ein Jahr älter war als ich. Wir hielten es für möglich, daß das, was in Wirklichkeit geschah, noch viel schlimmer war, als irgend jemand ahnte. Wir dachten an die Selbstmorde, und wir glaubten, daß Hitler zu allem fähig sei.

»Was meinst du, soll Herman gehen?« fragte ich Hein an diesem Abend.

»Du weißt doch, was die deutschen Juden gemacht haben«, sagte er. »Sie haben sich umgebracht.«

Ich war ratlos. »Aber was soll er denn sonst machen? Hat er irgendeine andere Möglichkeit?«

In diesem Moment begann unsere eigentliche Untergrundarbeit. Hein antwortete sofort, daß er in der Gegend um Holk und Nijkerk viele Bauern kenne, die Christen seien.

»Jeder dieser Bauern, die ich in der Veluwe* kenne, würde Herman aufnehmen, wenn ich ihn darum bäte. Er kann auf einem Hof helfen. Das ist gar kein Problem.«

Das war vielleicht etwas zu idealistisch gedacht, aber wir waren jung. Wir glaubten beide, Herman wäre in der Veluwe sicher. In einem Jahr würde er nach Den Haag zurückkommen und seine Arbeit in der Bank wieder aufnehmen können. Das Leben würde ganz normal weitergehen.

Ich ging zu Herman und sagte ihm, was Hein vorgeschlagen hatte. »Hein glaubt, es ist kein Problem. Sein Vater ist dort Rektor an einer Schule, und außerdem würde jeder Bauer dort dich aufnehmen, bis der Krieg zu Ende ist.«

»Das hört sich gut an«, meinte Herman. »Ich werde es mir überlegen.« Er hatte eine Freundin, Ada, und es blieb ihnen

* Die Veluwe ist ein dünn besiedeltes, hügeliges Gebiet im Norden der Provinz Gelderland (Anm. d. Übers.).

noch etwas Bedenkzeit bis zu dem Termin, an dem sie sich melden sollten.

Als wir uns das nächste Mal trafen, stimmte er zu.

Ich weiß nicht mehr, wo wir miteinander sprachen. Wir waren sicher nicht bei ihm zu Hause, denn es gab all diese blödsinnigen Vorschriften, und ich wollte seine Eltern nicht in Schwierigkeiten bringen. Herman fragte, ob wir auch einen Platz für Ada und ihre Mutter finden könnten. Adas Mutter war Witwe, und sie hatte große Angst. Hein meinte, daß er sie auch unterbringen könne, und so begann unsere ganze Arbeit damit, daß wir diese drei Personen versteckten.

Dann kam Hermans Schwester Rosa dazu, und nach zwei oder drei Wochen hatten wir eine Liste mit den Namen von mehr als sechzig Leuten, die einen Platz auf dem Land suchten. Und das war nur der Anfang. Hein fuhr nach Holk, und es gelang ihm tatsächlich, viele der Juden auf den umliegenden Bauernhöfen unterzubringen. Aber die Zahl der Hilfesuchenden wuchs von Tag zu Tag.

In Holk traf Hein sich oft mit seinem Freund Ab van Meerveld. Und auch immer, wenn ich Hein besuchte, nahmen wir unsere Räder und fuhren zu Ab, der inzwischen mit Riek verheiratet war, oder die beiden kamen zu uns. Ab wußte, daß wir Juden versteckten, und als wir einmal über neue Vorschriften sprachen, sagte er: »Ich kann euch auch ein paar Adressen besorgen.«

Hermans Onkel Frits, der bereits mit uns zusammenarbeitete und auch zu den Treffen bei Platteel gekommen war, fügte unserer wachsenden Liste noch ein paar Namen hinzu. Manchmal fanden unsere Treffen auch bei ihm zu Hause statt. Er war Geschäftsmann und ein prächtiger Kerl, einfach ein Menschenfreund. Seine Frau war Jüdin, aber das wußte fast niemand, da sie es geheimzuhalten versuchten. Onkel Frits kannte viele Juden, und als er erfuhr, daß wir Herman helfen wollten unterzutauchen, kam er mit einer Liste zu Hein und fragte ihn: »Kannst du auch diesen Leuten hier helfen? Und noch dem . . . und dem?« So kamen wir zu unserer Liste von über sechzig Personen.

Einer von ihnen war ein Mann, der für uns sehr wichtig werden sollte: Onkel Ben. Er war ein sehr begabter Mensch, konnte hervorragend zeichnen und drucken und erledigte später Unmengen von Arbeit für uns. Er fälschte Ausweise und Lebensmittelkarten und konnte auch sehr gut Unterschriften nachmachen.

Eines Morgens wurden Onkel Ben und seine Frau bei einer Razzia buchstäblich aus dem Bett geholt und zum Bahnhof gebracht, um deportiert zu werden. Als sie mit ihren kleinen Koffern am Bahnhof standen, in einer Schlange von lauter Juden, sagte Onkel Ben zu seiner Frau: »Laß uns ganz hinten stehenbleiben.«

Die Schlange bewegte sich langsam auf den Zug zu. Onkel Ben und seine Frau waren die allerletzten. Sechs oder sieben Angler kamen auf den Bahnsteig. Es muß noch sehr früh am Morgen gewesen sein, vielleicht fünf Uhr, und es war noch ziemlich dunkel. Weil es damals schon wenig zu essen gab, wollten diese Männer mit dem Zug in eine Stadt fahren, die in der Nähe eines Sees lag, vielleicht nach Leiden oder Utrecht oder Gouda, um dort zu fischen. Als sie die vielen Leute sahen, die in der Schlange standen, stellten sie sich einfach hinten an. Sie wußten nicht, daß es Juden waren, die deportiert werden sollten, und nahmen an, daß diese Leute genau wie sie auf den regulären Zug warteten.

Plötzlich kamen deutsche Soldaten auf sie zu und fragten: »Was haben Sie hier zu suchen?«

»Wir fahren zum Fischen«, antworteten die Männer.

»Sie sind hier verkehrt, verschwinden Sie!« forderten die Deutschen sie auf.

Da sagte Onkel Ben: »Wir sind hier auch verkehrt.« Und dann ging er einfach mit seiner Frau hinter den Anglern her, als wäre es das Selbstverständlichste von der Welt.

Wie die Geschichte weiterging, ist noch unglaublicher. Wer mit dem Zug fahren wollte, brauchte natürlich eine Fahrkarte. Wegen Personalmangels wurden die Karten aber nicht im Zug kontrolliert, sondern beim Verlassen des Bahnsteigs einem Beamten ausgehändigt. Als die Männer durch die Sperre gingen, um den Bahnsteig zu wechseln, zeigten sie dem Kontrolleur ihre Fahrkarten und erklärten, daß sie auf dem falschen Bahnsteig gewesen seien. Aber Onkel Ben hatte natürlich keine Fahrkarten, die er vorzeigen konnte.

Ich weiß nicht, ob Onkel Ben und seine Frau ein Stoßgebet zum Himmel schickten, auf jeden Fall sagte Onkel Ben, als sie bei dem Bahnbeamten vorbeimußten, einfach die Wahrheit. Er versuchte gar nicht, irgendeine Ausrede zu erfinden. »Wir haben keine Karten«, gestand er. Der Mann an der Schranke sah ihn nur kurz an und sagte dann: »Weitergehen – aber schnell!«

Dieser gute Mensch hat uns mehr geholfen, als er je ahnen konnte. Wer weiß, was in diesem Moment in seinem Kopf vorging? Onkel Ben und seine Frau gingen einfach weg, und so blieb ihnen die Deportation und wahrscheinlich auch der Tod erspart. Kurz darauf konnten wir sie bei einer sehr freundlichen Familie auf dem Land unterbringen, bei Aalt und Alie Lozeman.

Zuerst dachten wir, unsere Aufgabe bestünde einfach darin, Unterkünfte für die Juden zu finden, die Hilfe suchten. Aber wir merkten bald, daß das nicht reichte. Sie brauchten auch falsche Ausweise. Es war viel zu gefährlich, sie im Zug fahren zu lassen, wenn sie Ausweise mit einem großen »J« bei sich hatten.

Die Bauern halfen den Juden gern, aber die Deutschen begannen inzwischen auch auf dem Land mit Razzien. Außerdem gab es immer neugierige Nachbarn. Oft wurden Juden von Leuten verraten, die eigentlich gar keine Kollaborateure waren, sondern nur neugierige und geschwätzige Nachbarn.

Die Bauern, die Juden bei sich versteckten, baten uns, ihnen Ausweise ohne dieses dicke »J« zu besorgen. Das war für uns ein großes Problem, besonders zu Anfang, als uns noch Erfahrung fehlte. Aber Widerstand beginnt im eigenen Haus, könnte man sagen, und ein großes Familienfest bot uns eine gute Gelegenheit. Mein Vater hatte eine Zwillingsschwester, und die beiden feierten ihren Geburtstag immer gemeinsam. In einem Jahr fand die Feier bei uns statt und im nächsten Jahr bei meiner Tante. Diesmal waren wir an der Reihe. Mindestens vierzig Familienmitglieder und Freunde erschienen zu der großen Geburtstagsfeier im November.

Alle saßen im Wohnzimmer, und im Ofen brannte ein kräftiges Feuer. Die Gäste begannen zu schwitzen und hängten ihre Jacken und Mäntel im Flur an der Garderobe auf. Überall lagen und standen die Handtaschen der Damen. Was sollten wir tun? Wir brauchten dringend nicht-jüdische Ausweise ... Wir sahen uns an und lachten. Sollen wir, oder sollen wir nicht? Wir mußten sie haben!

»Sollen wir es ihnen sagen?« fragte ich Hein.

Wir waren uns einig, daß es besser sei, wenn sie nichts davon wüßten. Sie würden einfach in den nächsten Tagen bei der zuständigen Behörde neue Papiere beantragen und sagen, sie hätten ihren Ausweis verloren. Wenn sie wüßten, daß wir ihre Ausweise an Juden weitergegeben hatten, wäre das vielleicht für einige schwierig geworden. Nicht jeder kann gut lügen. »Ich habe meinen Ausweis verloren«, hätten sie vielleicht mit einem roten Kopf gestammelt. Das wäre viel zu gefährlich geworden.

Also nahmen wir einfach so viele Ausweise, wie wir konnten – etwa ein Dutzend –, und beschlossen, es den Verwandten zu gestehen, wenn der Krieg vorbei wäre. Wir mußten natürlich aufpassen, daß wir nicht Ausweise von Leuten nahmen, die nah beieinander wohnten. Sie hätten sich vielleicht gegenseitig vom Verlust erzählt und Verdacht geschöpft. Mit den Ausweisen, die wir an diesem Abend stahlen, konnten wir einer Anzahl Juden helfen, die plötzlich auf wunderbare Weise zu meinen Onkeln und Tanten wurden.

Für den Augenblick half uns das ein Stückchen weiter, aber bald wurde unsere Arbeit noch schwieriger, weil wir auch Lebensmittelkarten brauchten. Wir mußten nun mit den *knokploegs* zusammenarbeiten, die die deutschen Büros ausraubten. (*Knok* bedeutet »kämpfen« und *ploeg* »kleine Gruppe«.) Sie hatten in der Untergrundbewegung die Aufgabe, Überfälle durchzuführen. Jeden Monat nahmen sie sich ein Büro vor und beschafften sich einen Plan des betreffenden Gebäudes. Sie hatten immer irgendwelche Freunde unter den Angestellten, die sich auskannten und ihnen Informationen zukommen ließen. Jede Gemeindeverwaltung erhielt einmal im Monat die Lebensmittelkarten für die gesamte Bevölkerung ihres Einzugsbereiches. Die *knokploegs* beobachteten das Gebäude und warteten, bis die neuen Lebensmittelkarten und Ausweise geliefert worden waren. Da sie auf ihren Plänen sahen, wo sie aufbewahrt wurden, konnten sie dann bei nächster Gelegenheit zuschlagen. Sie überfielen nur kleinere Dienststellen, in denen jemand arbeitete, den sie kannten und der ihnen alle notwendigen Informationen verschaffte und den Lageplan zeichnete.

Im Jahr 1943 benötigte unsere Gruppe schon über 800 Lebensmittelkarten im Monat. Die *knokploegs* besorgten sie für uns, und das war eine gefährliche Arbeit, die bestimmt nicht aus Abenteuerlust geschah. Ich besuchte einige der Planungstreffen und sah, wie die Männer sich jedesmal zuerst niederknieten und Gott baten, ihnen zu helfen und sie zu beschützen. »Herr, wir müssen das tun. Wir brauchen diese Karten. Bitte beschütze uns und sorge dafür, daß es keine Schießerei gibt und daß niemand verletzt wird«, beteten sie. Dann standen sie auf, nahmen ihre Waffen und überfielen ein Büro. Zuerst ein Gebet und dann ein Raubüberfall – heute, so viele Jahre später, klingt es befremdlich.

Nachdem wir die ersten Juden untergebracht hatten, wurde uns klar, daß wir noch viel mehr Häuser als Unterschlupf brauchten. Hein fuhr mit dem Zug zu Ab van Meerveld, um ihn zu bitten, weitere Adressen zu besorgen. Und Ab fand in der Gegend von Barneveld, Terschuur und Zwartebroek viele Bauern, die bereit waren, Juden aufzunehmen. Ab arbeitete im Außendienst für eine Firma, die Saatgut vertrieb. Jedes Frühjahr war er in ganz Gelderland unterwegs, besuchte einen Bauernhof nach dem anderen und war daher überall bekannt. Vor allem aber war er ein wunderbarer Christ mit einem großen Einfluß auf Hein.

Herman blieb während des ganzen Krieges auf einem Hof in der Nähe von Holk, ebenso wie Ada, seine Verlobte, und seine Schwester Rosa. Sie schafften es – sie überlebten.

Von Rosa gibt es noch eine besondere Geschichte zu erzählen. Eines Tages mußten wir für sie eine neue Unterkunft suchen und fragten bei einem Bekannten in Zwijndrecht an, Adriaan Schouten. Er lebte mit seiner Frau in einem riesigen Haus, in dessen unteren Teil sich ein Theater befand. Sie hatten keine Kinder und waren gleich einverstanden. »Natürlich, Rosa kann zu uns kommen. Wir haben doch so viel Platz.« Also zog Rosa unter dem falschen Namen Nettie bei ihnen ein.

Nun waren die Deutschen immer auf der Suche nach großen Häusern, die sie für ihre Zwecke gebrauchen konnten. Eines Tages stürmten sie einfach ohne Vorwarnung in Adriaans Haus und nahmen einen großen Teil davon für sich in Anspruch. Für Adriaan, seine Frau und das »Dienstmädchen Nettie« ließen sie nur ein paar Zimmer übrig.

Adriaan steckte damals über beide Ohren in der Untergrundarbeit, und wir mußten oft Dinge mit ihm besprechen. Leider hatte er kein Telefon, weil es damals für uns Holländer nahezu unmöglich war, einen Anschluß zu bekommen. Aber die Deutschen, die in dem Haus eine Art Kommandozentrale einrichteten, installierten ein Telefon für ihre Zwecke.

Adriaan war immer sehr höflich und nett zu den Deutschen, die in seiner Wohnung telefonierten, und bald baten sie, Nettie solle ans Telefon gehen, wenn sie nicht da seien. Schließlich fragte Adriaan, ob er selbst das Telefon ab und zu für sein Geschäft benutzen dürfe, und sie hatten nichts dagegen.

Nicht im entferntesten ahnten die Deutschen, daß der Untergrund dieses wunderbare Telefon benutzte. Und daß die junge Frau, die für sie Telefongespräche entgegennahm und Botschaften ausrichtete, eine Jüdin war, wußten sie auch nicht. Für uns war das eine unglaublich praktische Situation, an der sich auch sehr lange Zeit nichts änderte.

Darüber hinaus war es ein deutsches Telefon – es wurde nie konfisziert, und es war nie kaputt.

3. Dezember 1942

Gerade habe ich gelesen, was ich bei meiner letzten Eintragung am 21. Juli geschrieben habe. Damals war ich schon so entsetzt, und dabei ist das, was danach passiert ist, noch viel, viel schlimmer!

Damals mußten die Juden einen Stern tragen. Jetzt sind sie in Polen. »Die Juden werden so vor der barbarischen Art und Weise geschützt, mit der sie von den Holländern behandelt werden«, so steht es in einer deutschen Zeitung. Und: »Aus

Dankbarkeit stellten die Juden all ihren Besitz zur Verfügung, damit den Deutschen in den bombardierten Gebieten großzügig geholfen werden kann.«

Gab es unter Gottes Himmel jemals eine größere Lüge??? Sie schleppen Frauen aus ihren Häusern, weg von ihren Kindern, und schicken alte Leute nach Polen, jetzt, wo der Winter anfängt – ohne Gepäck!

RACHE!!! RACHE!!!

Ich weiß, daß ich das nicht sagen sollte, aber ich denke nur noch: »Elende Barbaren!« Ich will auch nichts anderes mehr denken.

Die Juden werden aus ihren Häusern auf die Straße geworfen – ohne Obdach, ohne alles.

12. März 1942

Ganz Scheveningen wird evakuiert.

All die schönen Häuser werden abgerissen! Die Kohle darf man nicht aus dem Keller holen, und wenn sie die Häuser abreißen, wird sie von den Trümmern zugeschüttet, während Tausende von Menschen im Kalten sitzen müssen.

Alle Mitarbeiter der Ministerien müssen gehen.

Ich glaube, Hitler ist dabei, seine Prophezeiung zu erfüllen. Er hat gesagt, wenn er untergeht, reißt er ganz Europa mit in den Abgrund. Nun, wenn es dazu dient, dann verlassen wir unsere Häuser mit Freuden, du elender Verbrecher!

Vielleicht haben es die Holländer sogar verdient. Sie sitzen am Kachelofen, trinken Tee und bedauern die Juden, »diese armen Schweine«. Aber nur wenige haben eine Vorstellung davon, was es heißt, nach Polen geschickt zu werden.

»Seid gastfreundlich«, so lautet der Befehl Jesu, aber davon sieht man wenig. Und was sind schon schöne Worte und Gebete? Wir brauchen Taten! Und zwar jetzt!!!

Aber nein, es ist immer dasselbe: »Laß mich zuerst meinen Vater begraben.« Sie finden alle möglichen Entschuldigungen. Und selbst wenn die Juden untertauchen können, ist es immer noch schrecklich für sie. Sie können nichts mitnehmen, und wenn sie die Tür hinter sich zumachen, müssen sie ein ganz neues Leben anfangen. Selbst wenn sie durchkommen, wird es schwer für sie sein, noch einmal ganz von vorne anzufangen.

aus Diet Emans Tagebuch

Vater Abraham und Pietje

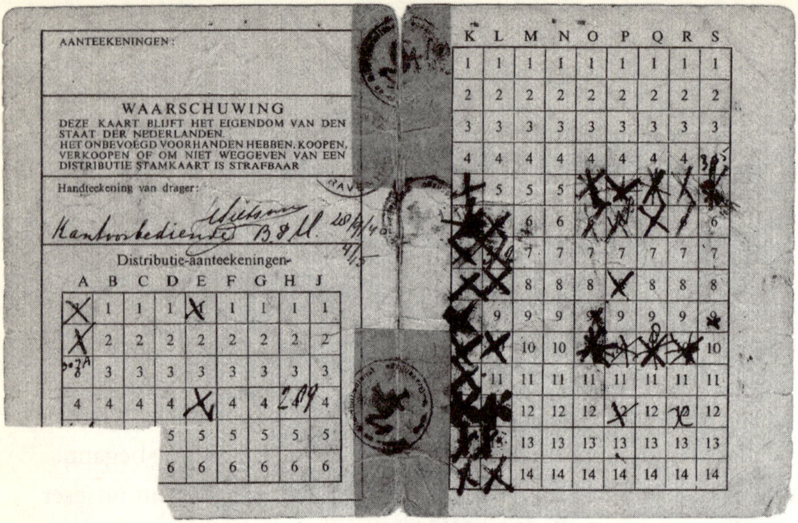

AANTEEKENINGEN:

WAARSCHUWING
DEZE KAART BLIJFT HET EIGENDOM VAN DEN STAAT DER NEDERLANDEN.
HET ONBEVOEGD VOORHANDEN HEBBEN, KOOPEN, VERKOOPEN OF OM NIET WEGGEVEN VAN EEN DISTRIBUTIE STAMKAART IS STRAFBAAR

Handteekening van drager:

Distributie-aanteekeningen

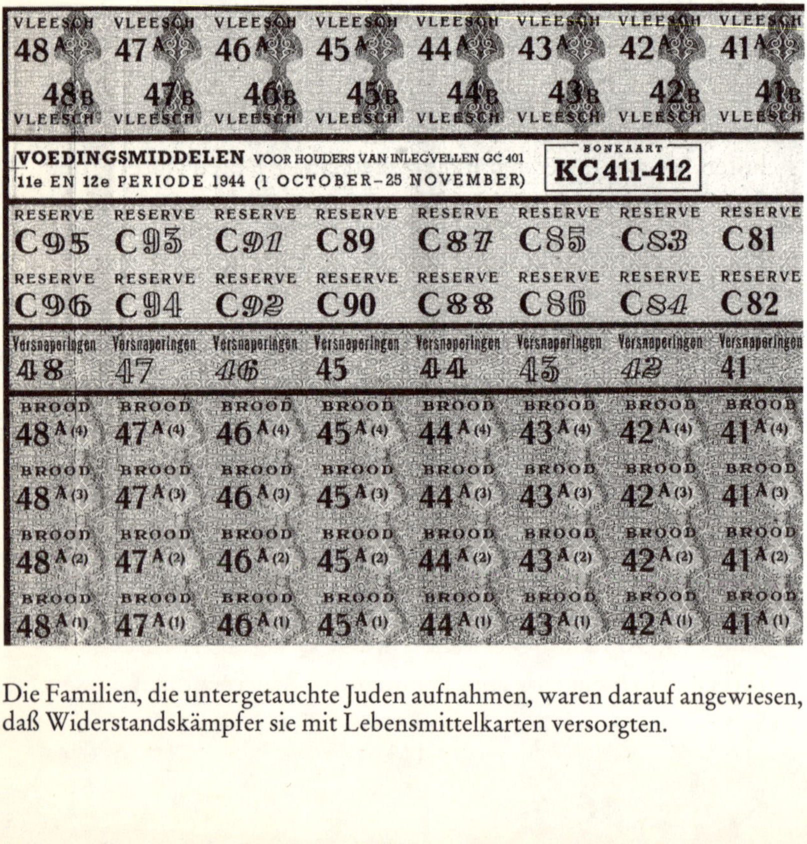

VOEDINGSMIDDELEN VOOR HOUDERS VAN INLEGVELLEN GC 401
11e EN 12e PERIODE 1944 (1 OCTOBER–25 NOVEMBER)

BONKAART
KC 411-412

Die Familien, die untergetauchte Juden aufnahmen, waren darauf angewiesen, daß Widerstandskämpfer sie mit Lebensmittelkarten versorgten.

Voller Begeisterung hörte ich in der Volksschule die Geschichten von den heldenhaften holländischen Widerstandskämpfern im Achtzigjährigen Krieg gegen Spanien. Wenn ich mit meinem Bruder und seinen Freunden spielte, taten wir oft so, als seien wir Spione im Krieg. Eigentlich spielten wir ja nur Verstecken, aber ich steigerte mich manchmal so hinein, daß ich den Atem anhielt, damit mich der Feind nicht hören konnte. Für mich war wirklich Krieg, und mein Leben war in Gefahr. Ich glaube, diese Kinderspiele halfen uns später, als die Besatzung begann.

Das bewahrte uns natürlich nicht davor, zu Beginn unserer Aktivität eine Reihe von Fehlern zu machen. Wir hatten zu wenig Erfahrung, und das meiste mußten wir uns selbst beibringen. Außerdem waren seit der Zeit, als wir im Spiel in der Nachbarschaft herumspionierten, nur wenige Jahre vergangen.

Eines unserer ersten Probleme war die Post. Auf den Bauernhöfen, wo wir die ersten Juden versteckten, lebten lauter große Familien – alle hatten mehrere Töchter und Söhne, und oft lebten auch die Großeltern auf dem Hof. Es war so üblich, daß alle zu Hause wohnen blieben: der älteste Sohn, der meist den Hof erbte, andere Söhne, die auch Bauern geworden waren, und oft auch einige Töchter und angeheiratete Verwandte, die ein Stück Land geerbt hatten oder ein Grundstück in der Nähe besaßen. Und wenn alle Familienangehörigen in der Nähe wohnen, dann braucht man keine Briefe zu schreiben und bekommt auch keine. Außerdem gab es damals noch keine Reklamesendungen. Es war eine ganz andere Welt.

Wenn nun Juden zu diesen Bauern zogen, dann bekamen sie bald Post von ihren Verwandten. Die Briefträger wurden natürlich sehr neugierig. Sie kannten die Bauern oft schon seit

Jahren, und diese hatten nie etwas anderes als die Kontoauszüge von der Bank und noch ein oder zwei andere Briefe im Jahr erhalten. Und jetzt kam plötzlich bündelweise Post an.

So etwas spricht sich in einem kleinen Ort schnell herum. Es konnte leicht passieren, daß ein Briefträger, ohne sich etwas Böses dabei zu denken, im Gespräch mit anderen die Bemerkung fallen ließ, daß ein Bauer, der nie einen Brief bekommen hatte, komischerweise seit neuestem regelmäßig Post erhielt. Da mußte wohl jemand für längere Zeit zu Besuch sein, oder vielleicht war jemand dort eingezogen? Viele Menschen, vor allem auf dem Land, wurden während des Krieges nur deswegen verhaftet, weil ihre Nachbarn neugierig waren. Jemand hatte vielleicht zufällig mitbekommen, daß irgendwelche Leute Besuch hatten, und dann machte er einer anderen Person gegenüber eine Bemerkung, und schon war die Anwesenheit eines Fremden in einem Haus kein Geheimnis mehr.

»Sie bekommen ja ziemlich viel Post in der letzten Zeit« – dieser Satz reichte. Und dann kam der Bauer sofort zu uns, weil er Angst hatte. »Holt diese Leute aus meinem Haus! Das kommt bestimmt raus.«

Wir mußten also strenge Regeln aufstellen. Ich war dafür zuständig, den Juden, die wir auf dem Land versteckt hatten, deutlich zu machen, daß sie alles vermeiden mußten, wodurch sie ihre Gastgeber in Schwierigkeiten bringen konnten. Dazu gehörte auch das Verschicken und Empfangen von Briefen und Paketen durch die Post.

Ich wurde die neue Untergrund-Postbotin; Hein oder wer sonst noch konnte half mit bei diesem neuen Zustelldienst. Wir sagten allen Juden, die wir bei Bauern untergebracht hatten, daß wir ihre Briefe befördern (aber natürlich nicht lesen) würden, und bestanden darauf, daß sie nichts mehr auf dem normalen Postweg verschickten.

Trotzdem entdeckten wir, daß zwei Eheleute sich zum Passahfest gegenseitig Päckchen schickten – mit jüdischen Matzen! Wie sie an die Matzen überhaupt gekommen waren, werde ich wohl nie erfahren, aber der Mann, auf dessen Hof das Päckchen ankam, war so wütend, daß wir die Juden sofort abholen und woanders unterbringen mußten.

Heute kommt einem diese Geschichte lustig vor, damals war sie es nicht. Sie war äußerst gefährlich. Hein und ich waren nicht viel älter als zwanzig und versuchten alles, um diesen Menschen zu helfen. Und dann mußten wir uns mit Leuten herumärgern, die aus religiösen Gründen ihre Matzen haben wollten. Sie hatten anscheinend keine Ahnung, daß sie damit das Leben dieses Bauern und seiner ganzen Familie aufs Spiel setzten. Innerhalb ganz kurzer Zeit war die Untergrundarbeit sehr aufreibend und schwierig geworden. Oft hatten Hein und ich das Gefühl, daß wir nicht mehr weitermachen konnten. Und zu allen anderen Problemen kam noch hinzu, daß wir fast ständig getrennt waren.

Sonntag, 23. Januar 1943

Liebling,

gestern hab' ich nach Dir geschrien, ohne daß jemand mich hörte und ohne daß ich mich selber hörte. Ich hätte Dich so sehr gebraucht, Diet, und jetzt noch sehne ich mich so wahnsinnig nach Dir. Ich tue diese Arbeit, weil ich sie tun MUSS, aber in unserer Gruppe sind Leute, die allem eine andere Richtung geben wollen. Ich weiß nicht, wo die Lösung liegt, und ich möchte niemanden verletzen, aber ich meine, daß es Leute gibt, die die Sache weder beurteilen können noch wissen, was auf dem Spiel steht.

Diet, es geht mir wirklich nicht darum, daß ich alles selber tun will, aber ich habe das Recht und die Pflicht, etwas, für das ich die Verantwortung übernommen habe, nur von solchen Menschen tun zu lassen, die, SOWOHL was ihre Person ALS AUCH was die ihnen zur Verfügung stehende Zeit anbetrifft, hundertprozentige Verantwortung übernehmen können. Sag mir Deine Meinung, Diet, denn wenn ich die Arbeit nicht mehr tun kann, ziehe ich mich zurück und fange selbständig an, nur mit Ab und Piet, ohne mich um gewisse Leute weiter zu kümmern. Diet, manchmal frage ich mich, warum ich dies alles angefangen habe, und Du auch. Dürfen andere Leute, die andere Ansichten vertreten, einfach herkommen und uns beiseite schieben?

Bei der nächsten Versammlung, am kommenden Mittwoch, werde ich mich wie ein Mann neben Ab stellen und sagen, daß Ab und ich die volle Verantwortung für die grundsätzliche Ausrichtung unsrer Arbeit tragen und daß ich außerdem die praktische Abwicklung verantworte. Diet, verstehst Du, was und wie ich es meine? Kannst Du nachempfinden, daß es für mich wichtig ist zu wissen, ob ich zu egoistisch bin, mich selbst lobend hervorheben möchte oder ob sich mein gekränkter Stolz meldet. Diet, sag mir offen und ehrlich Deine Meinung. Sage sie laut und deutlich, auch wenn es mir noch so weh tut.

Gestern war ich mit meiner Kraft fast am Ende. Ich wußte nur noch eine einzige Lösung, aber die habe ich selber nicht in der Hand: das Ende des Krieges. Diet, Du kennst und verstehst mich doch? Mach Dir bitte gründlich Gedanken über die Sache, und sag mir, wie ich handeln soll. Es ist jetzt so schwer. Du weißt, wie sehr mir Zögern und Zaudern verhaßt ist und daß ich mich immer für einen Weg entscheide, aber jetzt weiß ich nicht mehr, in welche Richtung ich gehen soll.

Diet, ich kann dieses Leben nicht allein bewältigen. Ich brauche eine Bremse, und ich brauche Unterstützung. Diet, Du kannst mir das doch sein, oder? Ich möchte auf diese Frage nur ein Ja hören, denn, Diet, Du bist so oft diejenige, die mich handeln läßt. Übst Du dabei aber nicht um meinetwillen zuviel Verzicht? Oh, ich weiß noch genau, was Du mir in Deinem letzten Brief geschrieben hast. Das werde ich niemals vergessen. Und auch den Hochzeitsspruch von Bram und Nel nicht: »Daß ihr aufeinander achthabt!« Diet, Du kannst doch auf mich achthaben, auch wenn ich es im Blick auf Dich nicht tue? Könntest Du mich heiraten, Diet? Jetzt? Ich suche immer noch nach einer Antwort und finde sie nicht, und wenn ich dann am Abend bei Dir bin, dann gibt es keine Gelegenheit, darüber zu sprechen. Der Austausch zwischen uns beiden ist es, den ich mir vor allem in unserer Ehe wünsche, Diet. Das ist es, was uns außer der körperlichen Einheit und den Kindern zusammenhalten wird: das tiefe Wissen, daß wir einander täglich brauchen. Diet, danach sehne ich mich so sehr. Ich weiß, daß ich in den vergangenen Jahren oft schwach war, aber ich kann mir nichts Schöneres denken, als durch Deine Worte, Deinen Rat, Deine Vision und Deinen Blick gestärkt zu werden!

Diet, wirst Du mir gleich antworten? Dann kann ich Deine Antwort am Mittwoch erhalten.

Sag mir doch, daß Du es auch willst und daß Du mir helfen kannst und daß Du mir immer wieder den richtigen Weg zeigen wirst.

Gott segne uns, mein Liebes.

Viele Küsse, Hein

Brief von Hein an Diet

Eines der Probleme, mit denen wir konfrontiert wurden, war das Geld der Juden. Die Nazis beschlossen eines Tages, dem Schwarzmarkt, auf dem knappe Lebensmittel und Rohmaterialien gehandelt wurden, das Wasser abzugraben. Auf diesem Schwarzmarkt wurden Unsummen von Bargeld umgeschlagen, dessen Spuren sich schwer verfolgen ließen. Also setzten die Nazis einen Tag fest, an dem alle Tausend- und Fünfhundertguldenscheine ungültig werden sollten. Man mußte sie zum Finanzamt bringen, wo die Angestellten nachprüften, ob man ein Einkommen hatte, das die Anzahl der Geldscheine, die man umtauschen wollte, rechtfertigte. Das brachte die jüdischen Familien, die untergetaucht waren, in große Schwierigkeiten. Viele hatten alle Wertsachen mitgenommen, die sie tragen konnten: Gold, Schmuck und Bargeld in großen Scheinen.

Wenn nun so ein jüdisches Ehepaar bei einer einfachen Bauernfamilie lebte, in einem kleinen Dorf, wo niemand viel Geld hatte, und diese Familie dann mit zehn Tausendguldenscheinen bei der Bank erschien, dann fragten die Angestellten natürlich: »Wo haben Sie das denn her?« Und schon war klar, daß es hier nicht mit rechten Dingen zugehen konnte.

Uns ging es in erster Linie darum, das Leben der Juden zu retten, und damit dies gelingen konnte, mußten sie uns vertrauen. Das galt auch in bezug auf ihr Geld. Viele baten uns, jemanden zu suchen, der ihre großen Scheine für sie umtauschen konnte.

Mein Vater hatte ein Geschäft, und er war bereit, eine Anzahl großer Scheine zu tauschen. Er konnte natürlich nicht Hunderte von Scheinen auf einmal nehmen, weil er sonst selbst in Schwierigkeiten gekommen wäre. Auch meine Tante Truus, eine Geschäftsfrau in der Modebranche, war bereit, einen Teil des Geldes zu übernehmen. Ich ging zu jedem aus unserem Bekanntenkreis, der ein Geschäft hatte und dem wir trauen konnten, und bat ihn, für »unsere Juden« Geld zu tauschen – selbst wenn es nur ein paar Tausendguldenscheine waren. Das Ganze mußte auch noch in relativ kurzer Zeit geschehen, denn öfters kam es vor, daß wir für jemanden kurzfristig einen neuen Unterschlupf suchen mußten. Natürlich war der Umtausch auch wegen der Steuergesetze und anderer Vorschriften ein Risiko.

Außer den Bauernhöfen hatten wir auch ein altes Hotel gefunden, »De Cantharel«, dessen Besitzer Juden aufnahmen. Es lag weit draußen in den Wäldern von Ugchelen, in der Nähe des Klosters Caesarea. Damals machte niemand mehr Urlaub, und die Hotelbesitzer waren so gut wie bankrott. Wir hatten gehört, daß dieses Ehepaar bereit war, uns zu helfen, und fragten sie daher, ob sie einige Juden aufnehmen wollten. Wir sagten ihnen, daß wir – oder die Juden selbst, je nachdem, wer das Geld hatte – dafür bezahlen würden, und sie waren einverstanden.

In der Reinkenstraat in Den Haag gab es damals eine Wohnung, in der siebenundzwanzig Juden versteckt waren. Es war eine sehr gefährliche Situation, und wir bemühten uns fieberhaft, diese Leute auf dem Land unterzubringen. Zu ihnen gehörte auch ein sehr reiches Ehepaar; der Mann besaß eine große Färberei und Reinigung in Zutphen. Ihr ältester Sohn war in die Schweiz geflohen, und der jüngste, Martin, lebte mit ihnen in der überfüllten Wohnung.

Dieser Mann bat uns dringend, die Wohnung für einen Tag verlassen zu dürfen, um nach Amsterdam zu fahren, da er dort jemanden geschäftlich treffen müsse. Das war aber nicht ganz unproblematisch, denn er sah aus wie Vater Abraham aus einer Kinderbibel. Gegen Ende des Krieges hatte ich übrigens so viel Erfahrung mit Juden, daß ich sie sogar erkannte, wenn sie blond und blauäugig waren – es war, als hätte ich einen sechsten Sinn dafür entwickelt. Für die Gestapo wäre ich eine sehr wertvolle Mitarbeiterin gewesen. Aber diesen Mann hätte jeder als Juden erkannt, so sehr schien er dem Alten Testament entsprungen zu sein.

Zu etwa derselben Zeit wurde ich in eine ziemlich heruntergekommene Gegend von Den Haag gebeten, in der Arbeiter in einfachen, kleinen Häusern lebten. Ich sollte zu einem Juden gehen, der eine kleine Reinigung besaß. Als ich dort ankam und mich diesem schmächtigen Mann vorstellte, liefen ihm die Tränen übers Gesicht.

»Juffrouw«, sagte er, »ich habe eine Frau und fünf Töchter. Sie arbeiten alle hier im Geschäft mit, aber mein Jüngster ist ein siebenjähriger Junge. Es ist egal, wenn wir anderen getötet werden, nur retten Sie bitte meinen kleinen Sohn.«

Er bat nicht um einen Platz für sich selbst, seine Frau und seine Töchter; er wollte nicht, daß die ganze Familie versteckt würde. Es ging ihm nur darum, daß sein kleiner Sohn in Sicherheit war.

»Wir hatten ein gutgehendes Geschäft«, fuhr er fort, »aber jetzt kann niemand mehr seine Sachen bei uns reinigen lassen. Wir haben keine Arbeit und kein Geld mehr. Ich weiß, daß Sie Geld brauchen, damit mein Sohn Essen bekommen kann.«

»Ich werde einen Platz für ihn finden«, versprach ich ihm. »Und machen Sie sich keine Sorgen ums Geld.«

Ich wußte, daß Vater Abraham genug Geld hatte, um für den Jungen des armen Reinigungsbesitzers aufzukommen, aber als ich ihn darum bat, antwortete er sofort: »Oh, ich habe leider gar kein Geld. Wir kommen selber kaum rum, wissen Sie.«

Ich wußte, daß er log. Mies, die Frau, die ihn und die anderen in ihrer Wohnung versteckte, hatte sein Geld gesehen. Die Türen in dieser Wohnung waren verglast, so daß man kaum etwas voreinander verbergen konnte. Vater Abrahams Frau war sehr dick und trug ein Korsett mit vielen Stangen. Mies hatte mir erzählt, daß sie zufällig vom Korridor aus sah, wie sie sich auszog, aus ihrem Korsett eine Rolle mit Tausendguldenscheinen herausholte und sie zählte. Ein Tausendguldenschein war der größte Geldschein, den es damals gab, und Mies beobachtete, wie die Frau etwa hundert davon zählte.

Vater Abraham wollte unbedingt heraus aus Mies' überfüllter kleiner Wohnung, aber noch dringender war sein Wunsch, für einen Tag nach Amsterdam zu fahren. Ich hatte schon viel für sie getan – Post hin und her gebracht, Ausweise und Lebensmittelkarten besorgt und so weiter – und dachte, sie würden mir vertrauen. Ich wußte, daß der Tag heranrückte, an dem sie ihr ganzes Geld verlieren würden. Immer wieder bat ich Vater Abraham, Pietje zu unterstützen, den einzigen Sohn dieser armen jüdischen Familie. Und er erklärte mir immer wieder, wie arm er sei.

»Ich werde Sie woanders unterbringen«, sagte ich zu ihm, »denn hier ist es viel zu gefährlich.« Ich hatte vor, ihn mit seiner Frau und seinem Sohn in dem kleinen Hotel im Wald einzuquartieren, aber es mußten zuvor noch einige Vorbereitungen getroffen werden.

Ich fragte ihn noch einmal wegen Pietje. »Ich habe nur diese eine Bitte: Sie erinnern sich doch an den kleinen Jungen, dem wir helfen müssen. Sie haben genug Geld, und ich verlange von ihnen nur, daß sie hundert Gulden im Monat für ihn bezahlen.«

Mehr wollte ich gar nicht von ihm, und außerdem waren es schließlich seine eigenen Glaubensgenossen, denen er helfen sollte.

»O nein«, beteuerte er wieder, »das können wir nicht machen. Wir sind zu arm.« Dann zog er mich zu sich hin. Es waren viele Leute in der Wohnung, und er wollte nicht, daß jemand hörte, was er sagte. »Juffrouw«, flüsterte er, »wir sind alle sinkende Schiffe. Sehen Sie, das da ist ein sinkendes Schiff ...« – dabei zeigte er auf einen der Anwesenden – »... und da ist noch eins. Das da ist auch eins, und das da auch.« Er zeigte von einem zum anderen.

»Aber irgendwo gibt es einen sicheren Hafen, und es ist mir egal, ob das da sinkt, oder das da, oder das da.« Wieder deutete er auf verschiedene Personen. »Das einzige, was für mich zählt, ist, daß mein Schiff den sicheren Hafen erreicht.«

Ich war furchtbar wütend, aber weil so viele Leute um uns herum waren, bemühte ich mich, ruhig zu bleiben.

»Nehmen Sie bitte zur Kenntnis, daß mir alle diese sinkenden Schiffe gleich viel bedeuten. Und das von Pietje ist mir genausoviel wert wie Ihr sinkendes Schiff.« Ich starrte ihn zornig an. »Und ich sage Ihnen noch etwas: Wenn Sie nicht bereit sind, für den Jungen zu zahlen, dann kenne ich auch noch genug andere Leute, die aus Den Haag herausgebracht werden müssen. Sie können dann hierbleiben und gucken, was passiert.«

Immerhin hatte er eine Bleibe, wenn die Wohnung auch ein sehr gefährliches Versteck war. Viele Juden hatten überhaupt nichts. Er mußte wenigstens nicht auf der Straße schlafen.

»So, und jetzt können Sie darüber nachdenken«, schloß ich.

»Ich kann es mir nicht leisten«, jammerte er und schüttelte den Kopf. »Ich habe wirklich kein Geld. Sie denken, ich bin reich, aber Sie irren sich. Ich bin nicht reich.«

Er weigerte sich weiterhin, für Pietje zu zahlen. Und der Tag, an dem sein Geld wertlos werden würde, rückte immer näher.

Ich war diejenige aus unserer Gruppe, die dafür zuständig war, daß die Menschen in dieser Wohnung mit allem Notwendigen versorgt wurden. Mies erlaubte ihren Juden nur das, was ich genehmigt hatte. Ich brachten ihnen Papiere und Lebensmittelkarten und durfte deshalb auch einige der Regeln aufstellen. Die wichtigste davon war, daß kein Jude die Wohnung verlassen durfte. Wenn die Nachbarn gesehen hätten, daß dort einund ausgegangen wurde, wäre es mit unserer Arbeit in dieser Wohnung bald ausgewesen.

Als ich eines Morgens dort ankam, lief Vater Abraham in der Wohnung auf und ab wie ein Löwe im Käfig. Natürlich wußte er von dem neuen Gesetz. Mit Tränen in den Augen kam er schon im Flur auf mich zu.

»Bitte, lassen Sie mich nach Amsterdam«, bettelte er. »Ich habe dort einen Freund, und ich muß ihn unbedingt sehen.«

Ich war sicher, daß er seine Tausendguldenscheine loswerden wollte, aber das konnte er mir natürlich nicht sagen, damit ich nicht wieder von Pietje anfing.

»Nein, völlig unmöglich. Sehen Sie mal in den Spiegel«, antwortete ich. »Sie werden eingesperrt, noch ehe Sie um die Straßenecke sind, und dann werden Sie gefragt, wo Sie herkommen, vielleicht unter Folter. Das wäre das Ende für alle, die in diesem Haus leben. Sie dürfen auf keinen Fall hier raus.«

»Sie müssen uns vertrauen«, fuhr ich fort. »Sie haben uns schon ihr Leben anvertraut, jetzt können Sie uns Ihr Geld auch noch anvertrauen.«

Er beteuerte jedoch wieder und immer wieder, daß er keins hätte; trotzdem lagen er und seine Frau mir weiterhin in den Ohren, daß ich ihn nur für einen einzigen Tag nach Amsterdam lassen solle. Sie waren völlig aufgelöst, aber ich blieb hart. Ich sagte zu Hein, daß ich wirklich neugierig sei, was am Ende siegen würde – seine Angst, mir diesen kleinen Betrag für Pietje zahlen zu müssen, oder seine Angst, die vielen Tausender zu verlieren.

Zum Schluß verlor er fast sein ganzes Geld. Er gab mir vier der Tausendguldenscheine, damit ich sie von Geschäftsleuten umwechseln ließ, und er war schließlich sogar damit einverstanden, für Pietje zu zahlen. Vielleicht hatte er das Ausmaß der Gefahr erkannt.

Nun mußte ich diese Familie von Den Haag zu dem kleinen Hotel bringen, das in der Nähe von Ugchelen im Wald lag. Das war ein gefährliches, wenn nicht sogar tollkühnes Unterfangen. Bevor ich mit diesem dickköpfigen alten Mann, seiner Frau und seinem Sohn, die alle drei sehr jüdisch aussahen, in den Zug stieg, gab ich ihnen genaue Anweisungen. »Sie wissen nicht, wo wir hinmüssen, deshalb werde ich immer vorangehen.« Ich gab Vater Abraham eine Tageszeitung und forderte ihn auf, sich im Zug in eine Ecke zu setzen und die Zeitung vor sein Gesicht zu halten.

»Nehmen Sie die Zeitung nie herunter, sonst werden Sie sofort von der Gestapo festgenommen. Wir können nur beten, daß niemand von der Gestapo kommt, um die Ausweise zu kontrollieren, denn sobald Sie die Zeitung herunternehmen, kann jeder erkennen, daß Sie Jude sind.«

»Sie und ich werden im selben Waggon sitzen«, fuhr ich fort. »Ihre Frau in einem anderen, und Ihr Sohn wieder in einem anderen. Sie müssen mir folgen, aber lassen Sie genug Abstand zwischen uns. In Utrecht steigen wir um, aber wir müssen nur zum gegenüberliegenden Gleis am selben Bahnsteig. Ich werde da stehen und auf Sie warten. Noch etwas: Wenn einer verhaftet wird – egal wer –, müssen die anderen weitergehen. Wir können nicht stehenbleiben. Wir können sowieso nicht helfen, und dann haben wenigstens zwei Personen die Chance zu überleben.«

Wir machten es genau so, wie wir es besprochen hatten. Vater Abraham blieb während der ganzen Fahrt hinter seiner Zeitung versteckt. Wir mußten in Utrecht und Amersfoort umsteigen und fuhren dann bis Apeldoorn. Von dort aus waren es bis zu dem Hotel noch zwölf oder vierzehn Kilometer zu Fuß.

Vor ihrer Abreise hatten die drei einen riesigen Koffer gepackt. Die Fahrt war an sich schon gefährlich genug, aber mit einem so großen Gepäckstück würden sie mit Sicherheit auffallen. Ich versuchte, den Koffer hochzuheben, aber ich schaffte es nicht, obwohl ich ziemlich viel Kraft hatte. Er war so schwer, als wäre er voller Goldbarren.

»Sie können unmöglich diesen Koffer tragen, sonst starren alle Leute hinter Ihnen her«, erklärte ich Vater Abraham. Ich weiß gar nicht, ob er ihn überhaupt hätte tragen können, so schwer war er. Seine Frau konnte es bestimmt nicht, und sein Sohn war zu jung.

Ich betete: »Herr, das hier ist alles, was diesen Menschen geblieben ist. Du mußt mir die Kraft geben, dieses Ding zu tragen.«

Und ich schaffte es. Manchmal bekommt man in einer Notlage plötzlich übernatürliche Kräfte, entdeckte ich.

Vater Abraham war ein orthodoxer Jude, und er hatte seinen ledernen Gebetsriemen immer dabei.

»Mein Gebetsriemen ist weg!« sagte er plötzlich zu mir, als wir in Utrecht umstiegen. Er hatte ihn in der Tasche gehabt, und er mußte wohl beim Laufen herausgefallen sein.

»Ich muß ihn wiederfinden«, sagte er. »Ohne ihn reise ich nicht weiter.«

»Gehen Sie schon mal vor und steigen Sie in den Zug«, antwortete ich. »Ich suche ihn.«

Ich rannte zurück und hoffte, daß die Gestapo, falls sie ihn sähen, den Gebetsriemen für eine Hundeleine oder so etwas Ähnliches halten würde, aber natürlich hätten sie gewußt, was das war. Nur ich war damals noch so jung, daß ich von alldem keine Ahnung hatte. Nach einer kurzen, angstvollen Suche fand ich ihn; er lag in der Nähe eines Laternenpfahls auf dem Bahnsteig.

Als wir in Apeldoorn ankamen, ging ich zu meiner Schwester Fanny, die ja dorthin gezogen war, um dem Witwer und seinen Kindern den Haushalt zu führen. Ich lieh mir von ihr ein Fahrrad aus und band den Koffer darauf fest; wir hatten ja noch einen weiten Fußmarsch vor uns. Ich ging voraus und schob das Fahrrad; in weitem Abstand folgte Vater Abraham und in ebenso weitem Abstand zuerst seine Frau und dann sein Sohn. Obwohl wir mit drei Zügen gefahren waren und die Wohnung in der Reinkenstraat längst hinter uns gelassen hatten, machte ich mir immer noch schreckliche Sorgen. Es war ein Sonntagvormittag, und die Leute, die aus der Kirche kamen oder auf der Veranda oder im Wohnzimmer Kaffee tranken, konnten leicht erkennen, daß wir Fremde waren. Es war immer noch sehr gefährlich. Aber auf dem ganzen Weg hielt uns niemand an.

Das Hotel war ein ideales Versteck. Es lag so einsam, daß die drei sogar ab und zu einen Spaziergang im Wald machen konnten, wenn sie wollten. Die meisten Untergetauchten mußten dagegen während des ganzen Krieges im Haus bleiben.

Einen oder zwei Monate lang zahlte Vater Abraham die hundert Gulden für Pietje, aber als ich im Monat darauf zu ihnen kam, um ihnen Lebensmittelkarten und ihre Post zu bringen, erklärte er: »Jetzt bin ich hier draußen, wo ich hin wollte, und ich werde keinen Pfennig mehr für Pietje zahlen.«

Ich war furchtbar wütend, aber was wollte ich machen?

Als ich das nächste Mal zu dem kleinen Hotel im Wald kam, waren Vater Abraham und seine Familie verschwunden. Ihrem Sohn Martin hatte es da draußen in der Einsamkeit nicht gefallen, und er hatte seine Eltern dazu überredet, wieder zu Mies nach Den Haag zurückzugehen. Die Wohnung war zwar ziemlich eng, aber es gab dort mehr Leute und mehr zu erleben. Ich nehme an, sie kehrten genauso zurück, wie sie gekommen waren, mit der Zeitung vor Vater Abrahams Gesicht. Sie schafften es, aber in Mies' Wohnung waren sie genau wie alle anderen nicht sicher.

4. März 1943

Denen fällt immer noch was Neues ein!

Am Dienstag, dem 9. Februar, erhielten wir einen Telefonanruf. Überall in der Stadt sah man Hilfspolizisten in schwarzen

Uniformen mit roten Streifen am Ärmel. Morgens um Viertel vor sechs standen sie schon bei Tante Ida vor der Tür. Sie hatten es besonders auf die Söhne der Mittel- und Oberschicht abgesehen, aber auf der Straße wurden alle jungen Männer dieser Altersgruppe festgenommen. Sie gingen sogar in Büros und nahmen Angestellte mit. Hein und Bram riefen sofort bei ihrer Firma an und meldeten sich krank.

In dieser Nacht schlief kaum ein junger Mann in seiner eigenen Wohnung. Hein und Bram waren eine Woche lang »krank«. Und laufend neue Gerüchte. »Jetzt sind die Mädchen dran«, hieß es schon. Vater stellte eine Leiter in den Garten, damit ich mich notfalls auf dem Dach verstecken konnte, aber das war zum Glück nicht nötig.

»Geht am Sonntag nicht zur Kirche, sonst nehmen sie euch dort fest«, hieß es. Vater sagte, daß kaum jemand im Gottesdienst war. Am Samstagnachmittag feierten wir Brams Geburtstag in Heins Wohnung und spielten Monopoly. Am Abend wollten Mutter und Albert ins Theater gehen, um Hamlet zu sehen, aber sie konnten nicht, weil um acht schon Sperrstunde war.

Es gehen die wildesten Gerüchte um. Hitler hat seit zwei Monaten keine Rede mehr gehalten, »also muß er tot sein«, van Ravenswaay ist wahrscheinlich auch tot . . . usw. usw. Viele junge Männer sind schon wieder aus Vught zurückgekommen. Jedenfalls halten Mussert und Hauptdienstleiter Schmidt laufend großartige Reden, in denen sie durchblicken lassen, daß es ihnen am liebsten wäre, wenn alle jungen Männer nach Deutschland gingen. Am Montag, dem 1. März, mußten sich alle jungen Männer, die sich [vor dem Krieg] für eine Laufbahn als Berufsoffizier gemeldet hatten, in Utrecht erscheinen. Sie wurden als Kriegsgefangene festgenommen!

Die Engländer bombardieren pausenlos militärische Ziele. Das ist der Beginn der Invasion!!!!!

Seit kurzem durchsucht die Grüne Polizei Menschen in Zügen, Straßenbahnen und sogar auf der Straße!*

Und das ist immer noch nicht das Ende . . .

Nur Mut! Jeder Tag bringt uns dem, wonach wir uns sehnen, ein Stück näher.

La Liberté!

Wie gut, daß wir nicht in die Zukunft schauen können. Wie hätten wir es sonst geschafft, so lange durchzuhalten?

5. März 1943

Van Zuylen erzählte mir heute morgen, daß auch Frau van Rantwijk durchsucht wurde, als sie mit dem Zug nach Haarlem fuhr, und daß bei der Kontrolle auch ein junger Mann im Zug war, der eine Waffe bei sich hatte. Wenn ich mir vorstelle, wie er sich gefühlt haben muß, als er merkte, daß sie die Leute durchsuchten und daß das sein sicherer Tod war . . . Und seine Eltern, die wahrscheinlich gar nicht wußten, daß ihr Sohn eine Pistole trug, und die jetzt vergeblich darauf warten, daß er nach Hause kommt . . . O Herr, mach diesem Krieg ein Ende!

Wie muß es erst sein, wenn das Ende der Welt gekommen ist, jene Zeit, von der es heißt: »Wenn diese Tage nicht verkürzt würden, würde kein Mensch gerettet werden«? Schon das hier ist so zermürbend, diese ganze Angst und Ungewißheit.

Jetzt, wo alles um uns herum zusammenbricht und wo wir nichts anderes mehr haben, auf das wir uns verlassen können, sollten wir reich sein, weil unser Haus auf dem Felsen gebaut ist und niemals einstürzen kann. Ganz tief im Innern habe ich vollkommenen Frieden, selbst wenn das Schlimmste passieren

* Die Grüne Polizei war neben dem SD und der SS eine selbständige paramilitärische Einrichtung (Anm. d. Übers.).

sollte. Trotzdem steigt manchmal eine Welle von Angst in mir hoch. Im Augenblick sind Hein und ich doch so vollkommen glücklich. Ich weiß, wenn etwas passieren würde, wäre es sehr schwer, das zu ertragen.

Aber es ist falsch, sich Sorgen zu machen, denn Gott hat uns bisher immer beschützt, manchmal sogar durch ein Wunder. Und außerdem, selbst wenn etwas passiert, dann können wir immer an all das Schöne denken, das wir miteinander erleben durften, und das wird uns trösten. Ich glaube fast, diese Zeit jetzt ist die wertvollste Zeit unseres Lebens. Ich möchte mit niemandem tauschen, auch wenn wir unsere Probleme haben. Aber ich habe jeden Tag Grund, dankbar zu sein – für all das, was Du uns aneinander und füreinander geschenkt hast.

aus Diet Emans Tagebuch

Die Wohnung in der Reinkenstraat

Versteck für eine jüdische Bürgerin

Ein Widerstandskämpfer beim Abhören von Rundfunksendungen, 1944

Im Mai 1943 geschahen in meinem Leben zwei einschneidende Veränderungen. Auf die eine davon hatte ich schon voller Vorfreude gewartet. Es handelte sich um den Tag, an dem Hein und ich beschlossen zu heiraten – den 4. Mai 1943. Wir gingen zum Standesamt, ließen uns eine Heiratserlaubnis geben und füllten die entsprechenden Formulare aus. An diesem Tag wurde auf meiner Karteikarte eingetragen, daß ich Hein Sietsma heiraten durfte, und umgekehrt. Dann mußten wir den Termin festlegen. Die Hochzeit sollte erst mehrere Monate später stattfinden, da wir noch Coupons für die Bettwäsche und die Handtücher sammeln mußten, die wir für unsere neue Wohnung brauchten. Vielleicht würde es im September soweit sein.

Auf dem Weg zum Standesamt hatten wir uns viel zu erzählen. »Weißt du«, sagte ich schließlich zu Hein, »ich kann mir nicht vorstellen, daß wir wirklich heiraten. Ich weiß nicht, warum . . . Vielleicht ist es einfach zu schön, um wahr zu sein.«

»Es muß wahr werden«, antwortete Hein, »denn das einzige, was unsere Hochzeit verhindern könnte, wäre, daß einer von uns beiden stirbt. Vielleicht ist es das, wovor du Angst hast?«

»Nein«, erwiderte ich. »Ich kann es bloß irgendwie nicht glauben.«

Ich wußte genau, daß unsere Beziehung nie zerbrechen würde. Trotzdem wurde ich dieses seltsame Gefühl, daß unsere Hochzeit nie stattfinden würde, nicht los.

Ich weiß noch, wie ich an dem Tag, an dem wir auf dem Stadthaus die Formulare ausfüllten, einen großen Strauß mit roten Rosen im rechten Arm hielt. Mit dem linken Arm hatte ich mich bei Hein eingehakt, der in seiner anderen Hand die Papiere und die Heiratserlaubnis hielt. So gingen wir die Freitreppe herunter. Hein tippte mir mit der Heiratserlaubnis auf die Nase und meinte lächelnd: »Na, glaubst du immer noch nicht, daß wir heiraten werden?«

Er sah mich an, und er war so glücklich, aber eine innere Stimme, die sich nicht übertönen ließ, sagte mir immer noch, daß unsere Hochzeit nie stattfinden würde. Es machte mir große Angst, daß ich dieses starke Empfinden hatte. Aber das konnte ich ihm nicht sagen, und als er mich noch einmal fragte, ob wir heiraten würden, erwiderte ich schnell: »Ja, natürlich.« Mein Hochzeitskleid hing schon zu Hause im Schrank.

Eigentlich hätte ich in diesem Moment überglücklich sein müssen, denn ich hatte mich so sehr danach gesehnt, Hein zu heiraten. Aber in mir war die seltsame Ahnung, daß es wahrscheinlich – sehr wahrscheinlich – nie dazu kommen würde, so sehr ich es mir auch wünschte.

Das war der 4. Mai 1943, ein Tag, auf den ich mich schon lange gefreut hatte, an den ich mich aber auch heute noch nur mit Wehmut erinnere. Ich konnte mit Hein lange Zeit nicht über meine Gefühle sprechen, aber er sagte mir in einem Brief, was er empfand.

Irgendwo, 13. Juli 1943

Mein Liebling,

bevor ich meine Reise antrete, möchte ich Dir noch einige Zeilen schreiben. Werde ich nicht fertig, schicke ich das Geschriebene schon einmal ab. Ich habe vergessen, Dir eine Pakkung Briefpapier und Umschläge mitzugeben. Ich werde sie Dir schicken! Liebling, ich freue mich so sehr über Deine Worte von gestern. Du darfst nichts verschweigen, denn das würde dazu führen, daß wir irgendwann aneinander vorbeileben, und wir sind doch jetzt fast verheiratet, also muß es so sein, daß wir eins im Geiste sind. Oder besser gesagt: Weil wir eins im Geist sind, haben wir das Aufgebot bestellt, nicht wahr?

Ich hoffe, daß es nicht stimmt, was Du gestern gesagt hast; ich meine, daß Deine Vermutung falsch ist. Ich bete jeden Tag für Dich, und ich weiß, daß Du das für mich tust, und außer für den Frieden werde ich dafür beten, daß Du bald meine Frau und ich Dein Mann sein darf. Du mußt nicht so zu leben versuchen, daß Du nicht mehr denkst, denn dann bist Du eine Maschine, aber kein Mensch mehr. Auch wenn Du oft an etwas Trauriges denken mußt, durchdenke es, durchlebe es und schreibe oder sage es mir, denn nur wenn wir unser Denken und Fühlen ganz zulassen, leben wir wirklich. Ich weiß, daß Du gestern abend im Bett geweint hast, aber Du hast auch Gott um Kraft gebeten, und ER gibt sie Dir ganz bestimmt.

Schreibe mir immer, mein Liebling, was Du denkst, und auch was Du über unsere Ehe denkst.

Du weißt, daß ich immer optimistisch war.

Sei nicht traurig, denn ER wird auf wunderbare Weise Befreiung schenken, auch wenn diese noch drei Jahre auf sich warten ließe. Und sollten wir niemals die Freude schmecken, eine eigene Familie zu gründen, dann werden wir dennoch nicht verzweifeln, denn unser Leben – unser beider Leben und unser gemeinsames Leben – war nicht vergebens. ER hat immer für uns gesorgt, und wer unter dem Schirm des Höchsten sitzt, bleibt unter dem Schatten des Allmächtigen. Das ist unsere Kraft und unsere Freude im Krieg und im Frieden, im Leben und im Tod! Vertraue IHM zu jeder Zeit, bete jeden Tag zu IHM, dann kannst Du immer frohen Mutes sein, Dineke.

Jetzt gehe ich zum Zug, und ich lasse bald wieder von mir hören. Einen dicken Kuß,

Dein Jongen

NB: Ich hatte auch gesagt, daß, wenn alles so weh tut, ich mich absichtlich »hart« machen wollte.

Brief von Hein Sietsma an Diet Eman

Im Frühjahr 1943 geschah noch etwas anderes, das ich ebenfalls in gewisser Weise hatte kommen sehen und wodurch ich gezwungen wurde, von zu Hause auszuziehen. Sogar ein kurzer Besuch bei meinen Eltern war von da an so gut wie unmöglich. Der Grund dafür war das, was in Mies' Wohnung in der Reinkenstraat geschah.

Ich wußte nicht, wer die vielen Juden dort untergebracht hatte; unsere Gruppe war es jedenfalls nicht gewesen. Ein Mann namens Bram, den wir nicht kannten, schien für sie zuständig zu sein – zumindest war er derjenige, der sie mit Lebensmitteln versorgte.

Als ich zum ersten Mal dorthin kam, mußte ich einige Code-Sätze sagen, damit Mies wußte, daß sie mir vertrauen konnte. Daraufhin bat sie mich herein. Ihre Wohnung war sehr klein – ein Zweizimmer-Appartment im zweiten Stock. Ich traute meinen Augen kaum: ein kleines Wohnzimmer, ein winziges Schlafzimmer, eine Kochnische, eine Dusche, ein WC. Gerade richtig für eine alleinstehende Person.

Und dort hatte sie siebenundzwanzig Juden versteckt, mitten in der Stadt! Auf den Bauernhöfen auf dem Land, wo es viel sicherer war, brachten wir nie so viele Leute auf einmal unter.

Als ich die vielen Menschen sah, spürte ich, wie sich mein Herz vor Angst zusammenkrampfte. Diese Juden redeten die ganze Zeit unbekümmert und nicht gerade leise. Mies hatte die Matratzen an den Wänden entlang übereinandergestapelt, so daß man darauf sitzen konnte wie auf einem Sofa, und am Abend legte sie sie auf den Boden, damit ihre Gäste darauf schlafen konnten.

Da war Vater Abraham mit seiner Familie, da war ein älteres Ehepaar, da war ein junges Ehepaar, das ein Baby erwartete. Ich traute meinen Augen nicht.

»Wie lange wohnen Sie hier schon?« fragte ich Mies.

»Seit etwa acht Jahren«, antwortete sie.

»Und immer allein?« fragte ich weiter.

Sie nickte.

Ich hörte, wie in der Nachbarwohnung gesprochen wurde, und mir war sofort klar, daß die Wände alles andere als gut isoliert waren.

»Kennen Sie Ihre Nachbarn?« wollte ich wissen. »Wissen Sie nicht, ob sie Nazis oder NSBler sind?«

Sie hatte keine Ahnung.

»Können Sie sie reden hören?« fragte ich.

»Ja, sicher!«

»Sie meinen, Sie haben hier acht Jahre lang allein gelebt, und jetzt haben Sie diese ganzen Leute hier – siebenundzwanzig Personen?« Ich konnte es einfach nicht glauben.

Während wir miteinander redeten, hörte ich, wie in der Nachbarwohnung die Toilettenspülung betätigt wurde und das Wasser durch die Abflußrohre rauschte. »Wissen Sie eigentlich, wie gefährlich das ist? Wenn Sie hören können, wenn Ihre Nachbarn zur Toilette gehen, dann hören die Sie genauso. Wenn Sie hier allein sind, dann betätigen Sie die Spülung – wie oft? – vielleicht viermal am Tag? Und wenn hier noch weitere siebenundzwanzig Menschen wohnen, dann wird die Toilette bestimmt achtzig- oder neunzigmal am Tag benutzt! Verstehen Sie, was das bedeutet? Sie wollen helfen, und das ist großartig. Aber so kann das hier nicht weitergehen!«

Sie schwieg bedrückt.

»Sie leben auf einem Pulverfaß, das jederzeit explodieren kann«, sagte ich. Obwohl ich bloß in der Wohnung stand und mit ihr redete, war ich furchtbar nervös.

Ich bot ihr an, so viele dieser Juden wie möglich auf dem Land unterzubringen.

»Sie können zwei oder drei behalten und für sie sorgen, solange der Krieg dauert.«

Mies meinte es gut, aber wahrscheinlich begriff sie gar nicht, in welcher Gefahr sie alle schwebten.

»Wie kann ich Sie erreichen?« fragte sie.

Ich wollte gar nicht, daß sie versuchte, mich zu erreichen. Das wäre viel zu gefährlich gewesen. Außerdem war es im Untergrund so üblich, daß man nie seinen eigenen Namen gebrauchte. Man wollte den Namen eines anderen auch gar nicht wissen, denn je mehr man wußte, um so gefährlicher war es für die anderen und auch für einen selbst. Es war allgemein bekannt, daß sie einem, wenn man verhaftet wurde, zuerst einen Fingernagel herausrissen, dann noch einen und dann noch einen, so lange, bis man redete. Je weniger jemand wußte, desto weniger konnten sie aus ihm herausholen, wenn sie ihn folterten.

»Sie können mich Toos nennen«, sagte ich. »Ich werde dreimal am Tag hier anrufen. Jeden Morgen, bevor ich zur Arbeit gehe, das zweite Mal eine Stunde vor meiner Mittagspause und das dritte Mal zwei Stunden vor der Sperrstunde. Wenn Sie mir dann sagen, daß sie mich brauchen, komme ich.«

Drei- oder viermal in der Woche ging ich nun in diese Wohnung. Ich holte Juden ab und brachte sie aufs Land, und ich brachte Lebensmittelkarten und Ausweise ohne »J«.

Eines Tages, als ich wieder einige Juden abholen wollte, stellte ich fest, daß Mies sechs neue Juden aufgenommen hatte. Sie hatte wirklich ein weites Herz, aber für mich wurde das Ganze immer beängstigender.

»Mies, ich habe richtig Angst hierherzukommen«, sagte ich zu ihr. »In Zukunft werde ich immer vorher von der Telefonzelle an der Ecke aus anrufen, und wenn du nicht selbst am Telefon bist, werde ich nicht kommen. Ich habe das ungute Gefühl, daß ich sonst eines Tages hier vor der Tür stehe und die Gestapo mich empfängt.«

Als Hein einmal nach Den Haag kam, bat ich ihn, zu Mies' Wohnung zu gehen, damit er mit eigenen Augen sähe, was dort los war. Er ging an einem Nachmittag dorthin; ich konnte ihn nicht begleiten, weil ich arbeiten mußte. Als er am Abend zurückkam, erzählte er mir, daß er dort einen Mann getroffen habe, der sich Bram nannte und tütenweise Lebensmittel und andere notwendige Dinge brachte. Er fragte mich, ob ich ihn schon einmal bei Mies gesehen hätte.

»Nein, noch nie«, antwortete ich.

»Er muß von einer anderen Widerstandsgruppe sein«, meinte Hein. »Er hat gefragt, wie er dich erreichen kann. Ich habe ihm die Telefonnummer deines Vaters gegeben.«

Hein und ich glaubten, daß man ihm vertrauen konnte, weil er Lebensmittel brachte.

Ich könnte ein ganzes Buch darüber schreiben, was in Mies' Wohnung alles geschah. Sie konnte eigentlich nie aus dem Haus gehen, denn einige der Juden, die sie versteckte, wollten ständig auf die Straße. Manchmal erwischte sie sie gerade noch im letzten Moment und mußte sie buchstäblich am Hemd festhalten. Die meisten dieser Juden waren Nervenbündel, was man ihnen angesichts ihrer Situation auch nicht verübeln konnte. Manchmal gab Mies ihnen Beruhigungsspritzen (sie war Krankenschwester gewesen). Dann schliefen sie ein, und wenn sie aufwachten, waren sie meist ein bißchen ruhiger.

Am 9. Februar 1943 starb in Mies' Wohnung ein Herr van Putten. Wir mußten eine heimliche Beerdigung organisieren, damit die Nachbarn nichts merkten. Es war ziemlich schwierig, den Leichnam wegzuschaffen. Wir rollten ihn in einen Teppich ein, und dann legte Hein ihn auf einen Gemüsekarren und schob ihn weg. Es war fürchterlich. Die Witwe durfte nicht weinen, damit die Nachbarn nichts hörten.

Etwas später nahm Mies eine junge Frau mit einem vier Monate alten Baby auf, das natürlich nicht schreien durfte. Dazu eine schwangere Frau. Mies konnte einfach nicht nein sagen.

Eines Tages, als ich wieder einmal bei Mies anrief, um zu fragen, ob sie etwas brauche, nahm ein fremder Mann das Telefon ab. Ich hängte wieder ein und probierte es ein paar Stunden später noch einmal. Wieder nahm der fremde Mann ab, und auch als ich es später ein drittes Mal versuchte. Ich machte mir große Sorgen.

Gegenüber von Mies' Wohnung war ein kleines Gemüsegeschäft, und ich beschloß, dort hinzugehen und so zu tun, als ob ich etwas einkaufen wollte. Ich dachte, das wäre der beste Weg, um herauszufinden, was vorgefallen war. Also nahm ich meine Lebensmittelkarten und ging in das Geschäft. Und tatsächlich redeten die Kunden alle über die Juden, die in der Wohnung gegenüber verhaftet worden waren, zusammen mit der Frau, der die Wohnung gehörte. Sie wußten es schon alle. Nun war also genau das passiert, was ich befürchtet hatte.

Ich sagte Hein sofort, daß wir verschwinden mußten. Wir gingen an diesem Abend nicht nach Hause, sondern schliefen von da an bei Freunden. Es vergingen jedoch Wochen, ohne daß etwas passierte, und schließlich zog Hein wieder in seine Wohnung, und ich ging zu meinen Eltern zurück.

Kurze Zeit später fanden wir heraus, daß die Gestapo mich suchte. Sie hatten Mies' Tagebuch gefunden, in dem sie alle meine Besuche vermerkt hatte. »Toos heute hier«; »Toos bringt Papiere«; »Toos hat Ausweise gebracht«; »Toos war da und hat Juden abgeholt«. Das Tagebuch bewies, daß ich monatelang jede Woche viermal gekommen war und daß ich die Juden mit

Lebensmittelkarten versorgt hatte, die alle gestohlen waren, wie die Deutschen sehr wohl wußten. Jetzt wußten sie auch, daß wir mit den Leuten, die ihre Büros überfielen, zumindest zu tun hatten.

Eines Tages kam die Gestapo zu meinen Eltern, während ich bei der Arbeit war. Mein Bruder Albert war zu Hause; auch für ihn war es sehr gefährlich, weil er falsche Papiere hatte und zu der Altersgruppe gehörte, die aufgefordert worden war, in Deutschland zu arbeiten. Von dieser Verpflichtung befreit wurde nur, wer in der Lebensmittelversorgung oder einem anderen wichtigen Bereich arbeitete. Auch Tuberkulosekranke sowie Priester und Pastoren waren befreit.

Ein Nachbar von uns, ein junger Mann, der in der Nahrungsmittelbranche beschäftigt war, hatte für Albert falsche Papiere besorgt, in denen stand, daß auch er dort arbeitete. In Wirklichkeit hatte er nie etwas damit zu tun gehabt. Er arbeitete damals für meinen Vater. Aber dieses Stück Papier war alles, was er brauchte, um in Holland bleiben zu können.

Als die beiden Männer vor der Tür standen, ließ Albert sie herein. Sie wollten mich sprechen, weil sie gehört hätten, daß ich Menschen helfen würde, die in Not wären. Sie sagten nicht ausdrücklich »Juden«, aber sie benahmen sich so, als bräuchten sie dringend meine Hilfe. Der eine von ihnen, ein Mann namens Lemke, sprach Holländisch mit einem starken deutschen Akzent; der andere – er hieß Bolland, wie ich später erfuhr – war Holländer.

Albert hatte Angst und fand das alles sehr verdächtig. Er wußte, daß das nicht die Art und Weise war, mit der Juden normalerweise vorgingen. Sobald die Männer weg waren, versuchte er mich in der Bank zu erreichen. Mein Chef sagte ihm, daß ich gerade zur Druckerei gegangen sei.

Meine Freundin Nel, die mit Heins altem Freund Bram verlobt war, arbeitete in der *Landsdrukkerij*, der staatlichen Drukkerei, in die ich gegangen war, an der Rezeption. Das fiel Albert zum Glück sofort ein, und er rief sie gleich an. »Sieh zu, daß du Diet erwischst, und sag ihr, sie soll mich zurückrufen. Ich glaube, wir hatten die Gestapo bei uns zu Hause.«

Nel rief in dem Büro an, in dem ich zu tun hatte, und sagte mir Bescheid. Nachdem ich mit ihr gesprochen hatte, verließ ich die Druckerei und ging zur Bank zurück. Mein Büro dort betrat ich nicht mehr, da ich befürchtete, die Gestapo würde mich auch dort suchen. Ich ging direkt zum Zimmer meines Chefs, klopfte an und streckte den Kopf zur Tür herein. In ähnlichen Fällen sagte ich, ich müßte zum Zahnarzt oder etwas erledigen und ich wäre in einer Stunde wieder da. Aber hier ging es um etwas viel Gefährlicheres als den Zahnarzt, und ich sagte schlicht: »Ich muß jetzt gehen. Wir sehen uns wieder, wenn der Krieg vorbei ist.«

Vor Überraschung blieb ihm der Mund offenstehen; immerhin war ich seine Sekretärin. Ich rief sofort meinen Bruder an, und der sagte: »Diese Männer wollten unbedingt wissen, wo du bist. Es wäre sehr wichtig. Sie haben gefragt, wann du zurückkommst, und ich habe gesagt, um sieben.«

Ich war immer schon um Viertel nach fünf zu Hause; ich hatte also etwas Zeit, um mir zu überlegen, was ich machen wollte, und um zu verschwinden.

Die Männer kamen am Abend zurück, und diesmal zeigten sie meinen Eltern Papiere, die sie als Gestapo-Angehörige auswiesen. Als mein Vater ihnen sagte, daß ich nicht da sei und daß er auch nicht wisse, warum ich mich verspätete, blieben sie bis elf Uhr bei meinen Eltern. Um elf war Sperrstunde, und es war Vorschrift, bis dahin zu Hause zu sein. Aber ich kam nicht.

»Was ist denn mit Ihrer Tochter los? Wo bleibt sie denn?« fragten die Deutschen meine Eltern.

Ich war eigentlich eine gehorsame Tochter, aber mein Vater meinte kopfschüttelnd: »Dieses Kind! Sie haben ja keine Ahnung, was sie uns für Kummer macht. Sie läßt sich einfach nichts mehr sagen.«

Am nächsten Abend kamen die Männer wieder. »Ist sie die ganze Nacht nicht nach Hause gekommen?« fragten sie.

»Nein«, antwortete mein Vater. »Da sehen Sie, was wir mitmachen mit diesem Mädchen. Und es ist nicht das erste Mal, daß so etwas passiert.«

»Wissen Sie, daß sie heiraten will?« fragte der Offizier. »Hat sie Ihnen das nicht gesagt?« Offenbar hatten sie auf dem Stadthaus herausgefunden, daß Hein und ich gerade das Aufgebot bestellt hatten. Meine Eltern wußten das natürlich, aber sie taten völlig schockiert.

»Was will sie?« riefen sie entsetzt.

»Sie will einen Hein Sietsma heiraten – kennen Sie ihn?«

Meine Eltern erzählten den Gestapo-Leuten traurig, daß dieser Hein Sietsma die Ursache ihres ganzen Kummers sei – ein arbeitsscheuer Rohling, der letzte Mensch, von dem sie sich wünschten, daß er mit ihrer Tochter befreundet wäre oder sie gar heiraten würde.

Die Männer ließen nicht locker. »Sie müssen uns unbedingt helfen, sie zu finden!«

Fast eine Woche lang kamen sie jeden Abend, danach jeden zweiten Abend, und dann tauchten sie sogar nachmittags und zu anderen unerwarteten Zeiten auf. Sie wurden immer ärgerlicher.

»Kommt sie denn nie?« fragten sie, und mein Vater zuckte nur mit den Schultern.

Bald darauf stattete die Gestapo auch der Pension, in der Hein gewohnt hatte, einen Besuch ab. Die Besitzerin, eine Frau Overvelde, erzählte ihnen, Hein sei ein richtiger Vagabund, der ihr außerdem immer noch Geld schulde. Mit so einem Taugenichts wolle sie nichts zu tun haben.

Eines Tages fragte einer der Gestapo-Männer meine Eltern, was dieser Mann, den ihre Tochter heiraten wolle, eigentlich für ein Mensch sei. Sie antworteten, daß sie so wenig von ihm hielten, daß sie ihm verboten hätten, jemals ihr Haus zu betreten.

»Er hat so einen schlechten Einfluß auf sie«, erklärte mein Vater. »Manchmal kommt sie tagelang nicht nach Hause, wenn sie mit ihm zusammen ist.«

Der Mann klopfte ihm verständnisvoll auf die Schulter. »Ich weiß genau, was sie da mitmachen. Meine Tochter ist genauso. Wissen Sie was? Hier haben Sie meinen Namen und meine Telefonnummer. Wenn sie nach Hause kommt, sagen Sie ihr nicht, daß wir da waren. Rufen Sie mich einfach an – mein Name ist Lemke.«

Mein Vater versprach ihm, das auf jeden Fall zu tun, und diese Trottel glaubten ihm.

Aber sie gaben nicht auf. Während der nächsten zwei Jahre – bis der Krieg zu Ende war – kamen sie immer wieder zu meinen Eltern. Wir begriffen allmählich, daß die Hartnäckigkeit, mit der sie nach mir suchten, ein Zeichen dafür war, daß sie wegen einer sehr ernsten Sache hinter mir her waren.

Eines Morgens beim Frühstück klingelte das Telefon. Meine Mutter nahm ab. Es war für mich, und sie sagte, ich sei nicht zu Hause. Gleich darauf hielt mit quietschenden Bremsen ein Auto vor unserem Haus, und die zwei Gestapo-Männer stürmten herein. Sie schrien meine Eltern an, daß sie genau wüßten, daß ich da sei. Dann zählten sie die Frühstücksteller, und als sie sahen, daß die Anzahl stimmte, verschwanden sie wieder, auch diesmal ohne Erfolg gehabt zu haben.

Ich fühlte mich in dieser Zeit oft wie König David, der vor Saul fliehen und in Höhlen leben mußte. Immer wieder mußte ich mich verstecken, nie konnte ich lange am selben Ort bleiben. Ich wußte zu dem Zeitpunkt nur, daß ich durch Mies' Wohnung in der Reinkenstraat in diese Schwierigkeiten gekommen war. Bei der Razzia dort mußte irgend etwas durchgesickert sein. Ich hatte von Anfang an gedacht, daß dieser Kontakt mein einziger Schwachpunkt war. Mies war einfach nicht imstande, die Sache in den Griff zu bekommen.

Oft versuchte die Gestapo, wenn sie vermutete, daß jemand Juden versteckte oder ihnen half, ein- oder zweimal, ihn festzunehmen, gab dann aber auf. Sie konnte niemanden endlos verfolgen, zu groß war die Zahl der Leute, die Juden versteckten. Wie groß sie sein mußte, konnten die Nazis schon allein daraus schließen, daß so viele Juden nicht auftauchten, wenn sie zu den Sammelpunkten bestellt wurden – sie verschwanden einfach. Nicht zu fassen schien es den Deutschen, daß diese Holländer so dumm sein konnten und ausgerechnet für Juden ein solches Risiko eingingen.

Ganz grundsätzlich glaube ich, daß es den Deutschen so gut wie unmöglich war, uns Holländer zu verstehen. Obwohl unser Land so klein ist, gibt es dort zum Beispiel sehr viele verschiedene kirchliche und politische Gruppierungen. Seit Hunderten von Jahren gründen Holländer, wenn sie über etwas Grundsätzliches uneins sind, ihre eigene Kirche oder ihre eigene Partei. Man kann diese Aufsplitterung für falsch halten. Aber man kann in ihr auch erkennen, daß wir Holländer immer schon gewöhnt waren, selbständig zu denken, und zu dem, was uns gesagt wird, nie einfach Ja und Amen sagen. Die Deutschen schienen da ganz anders zu sein. Jedenfalls machte unsere Selbständigkeit den deutschen Nazis, die uns jetzt regierten, die größten Schwierigkeiten. Mit unserer »Unzuverlässigkeit«

konnten sie schlecht umgehen. Dabei versuchte Reichskommissar Seyss-Inquart ständig, uns davon zu überzeugen, daß wir zu der großartigen arischen Rasse gehörten und überglücklich sein könnten, daß die Deutschen dies anerkannten. Dennoch befolgten viele Holländer prinzipiell keine Anweisungen und machten den Nazis das Leben schwer.

Es war uns völlig schleierhaft, wie die Gestapo an die Adresse meiner Eltern gekommen war. Wie konnten sie die Verbindung zwischen Mies' Wohnung und Diet Eman hergestellt haben? Ich hatte Mies gegenüber nie meinen richtigen Namen benutzt.

Später erfuhren wir von jemandem, der Verbindung zur SS hatte, daß bei der Razzia auch Bram verhaftet worden war (der Mann, den Hein bei Mies getroffen hatte, als er Lebensmittel brachte). Er hatte sich gerade in der Wohnung aufgehalten. Offensichtlich hatten die Deutschen versprochen, ihn freizulassen, wenn er ihnen verriete, wer hinter den Decknamen Toos und Dick steckte. Aber erst als sie damit drohten, ihn von seiner jungen Frau zu trennen und nach Deutschland zu deportieren, vielleicht auch unter Folter, gab er ihnen die Telefonnummer meiner Eltern.

Diese Zusammenhänge kannten wir also noch nicht, und es war uns dementsprechend auch nicht klar, wie groß die Gefahr war, in der wir schwebten. Immerhin wußte ich genug, um mich sofort auf mein Fahrrad zu schwingen und zu Heins Büro bei Shell zu fahren. Wenn sie mich suchten, dann suchten sie auch ihn, und wenn sie wußten, wo ich arbeitete, dann würden sie auch dorthin kommen, wo er arbeitete.

»Wir verschwinden am besten«, sagte Hein. »Das hört sich nicht gut an.«

Die Razzia in Mies' Wohnung hatte am 23. März 1943 stattgefunden, und es war bereits Ende Mai, als die Gestapo zu unserem Haus kam. Etwa zwei Monate lang hatten wir uns also in falscher Sicherheit gewiegt. Erst als die Gestapo-Leute regelmäßig zu meinen Eltern kamen und wir sahen, daß sie offensichtlich fest entschlossen waren, nicht aufzugeben, wußten wir, daß es noch um etwas anderes als das Verstecken von Juden gehen mußte. Tatsächlich erfuhren wir bald von unserem Informanten aus der SS, daß sie wußten, daß wir Juden mit falschen Ausweisen und Lebensmittelkarten versorgten, die aus bewaffneten Überfällen stammten.

Von da an konnte ich nicht mehr nach Hause kommen, ohne mich in Gefahr zu bringen. Erst nachdem längere Zeit vergangen war, und auch dann nur nachts, im Schutz der Dunkelheit, schlich ich mich manchmal in mein Elternhaus. Bis zum Ende des Krieges sah ich meine Eltern nur noch sehr selten.

Untergetaucht in Eindhoven

Die Zahlen geben die Anzahl der Juden in den holländischen Provinzen im Jahre 1941 wieder.

Irgendwo in Holland, 25. Juni 1943

Wieviel schon wieder geschehen ist, seit ich die letzte Eintragung gemacht habe ... Und wie wunderbar wir wieder bewahrt worden sind. Wenn ich darüber nachdenke, dann kann ich nur sagen: »Meine Seele ist still vor dir, o Herr.«

Hier kann ich ruhig eine Weile bleiben, auch wenn die ersten Tage nicht ganz einfach waren. Morgen bin ich eine Woche hier, und allmählich beginne ich mich zu Hause zu fühlen. Ich kann nicht aufzählen, was alles passiert ist, aber ich will es auch nicht ganz vergessen. Himmelfahrt bei Tante Mien, Freitag bei J., Samstag mit Hein. In Nijkerk haben wir erfahren, daß Jan zehn Jahre bekommen hat, drei andere die Todesstrafe. Danach bei Fanny und an den Pfingsttagen bei Opa und Oma R. Dann wieder bei Fanny, während sie verreist war, kurzer Besuch in Den Haag, und jetzt hier.

Bis jetzt war ich immer mit meiner Familie, meinen Freunden und Hein zusammen, aber nun bin ich allein unter lauter Fremden, und die Arbeiten, die ich verrichte, sind ganz ungewohnt für mich. Ich war zu Anfang ziemlich unruhig, aber jetzt wird es allmählich besser.

Jede Nacht zwischen halb zwei und drei finden schwere Bombenangriffe der Alliierten statt. Wir sind ganz erschöpft, weil wir so wenig Schlaf haben. Ansonsten ist das Leben hier nicht sehr abwechslungsreich, aber nach den Aufregungen der letzten Monate tut es mir bestimmt gut, ein bißchen zur Ruhe zu kommen.

aus Diet Emans Tagebuch

Mein erstes Versteck, in dem ich mehr als nur ein paar Tage blieb, war in Eindhoven. Ich besorgte mir falsche Papiere und wurde als Dineke de Jong Dienstmädchen einer Familie Bakker. Der Herr des Hauses bekleidete eine leitende Stelle in der Stadtverwaltung, seine Frau war die Schwester von Platteels Ehefrau Truus.

»Ich könnte meine Schwester fragen, ob sie dich aufnimmt«, hatte Truus vorgeschlagen, als sie hörte, daß das Dienstmädchen der Bakkers gerade gekündigt hatte. »Aber dann mußt du ihr Dienstmädchen sein.«

Ich war einverstanden, obwohl ich von Hausarbeit eigentlich keine Ahnung hatte. Zu Hause hatte ich nur sehr wenig tun müssen, denn meine Mutter machte alles selbst, und Fanny, die in solchen Dingen perfekt war, sprang ein, wenn Mutter nicht konnte. Ich hatte nie gekocht oder irgendwelche anderen Arbeiten im Haus gemacht. Ich kannte mich noch nicht einmal mit der Wäsche aus. Ich würde also ein Dienstmädchen mit zwei linken Händen sein. Ich sagte zu Truus, daß ich kein Gehalt wolle; es reiche mir, wenn ich dort Unterkunft und Verpflegung bekäme.

Bei den Bakkers ging es sehr vornehm zu – Mevrouw hinten, Mevrouw vorne, und das den ganzen Tag. Dabei hatten beide viel Sinn für Humor und führten eine glückliche Ehe, aber Mevrouw Bakker gab mir wirklich das Gefühl, daß ich nicht mehr als ein Dienstmädchen war.

»Normalerweise müssen unsere Dienstmädchen in der Küche essen«, erklärte sie mir, »aber bei Ihnen ist die Situation ja ein bißchen anders. Deswegen können Sie mit uns am Tisch sitzen.« Ich dankte ihr sehr höflich für ihre außergewöhnliche Großzügigkeit.

Die Bakkers hatten drei Kinder. Das jüngste, Rudy, litt an einer Stoffwechselstörung, die im fortgeschrittenen Stadium zu einer schweren geistigen Behinderung führen konnte. Das ließ sich nur vermeiden, wenn er sehr fettreich ernährt wurde. Vor allem brauchte er viel Öl und Butter. Gerade diese Lebensmittel waren während des Krieges aber schwer zu bekommen. Rudy war erst drei Jahre alt, und er brachte das viele Fett, das er essen mußte, kaum herunter. Aber solange die Ernährungsvorschriften eingehalten wurden, ging es ihm gesundheitlich gut. Damals aß eigentlich niemand Butter, aber nachdem die Bakkers ein ärztliches Attest vorgelegt hatten, bekamen sie von den Deutschen so viel Butter, wie sie brauchten. Rudys Mutter war den ganzen Tag damit beschäftigt, seine Mahlzeiten zuzubereiten, alles aufs Gramm genau abzuwiegen und die strenge Diät zu überwachen. Die ganze Familie tat wirklich ihr Äußerstes, um Rudy gesund zu erhalten. Aber der kleine Bursche fand es schrecklich, so viel Fett essen zu müssen. Er bekam ein kleines Stückchen Brot mit so viel Butter, daß er sich buchstäblich übergeben mußte, und ich mußte ihn dann dazu bringen, dennoch alles aufzuessen. Ich hatte ihn sehr gern, und er tat mir furchtbar leid. Alle Dienstmädchen der Bakkers hatten gekündigt – vielleicht wegen dieser schwierigen Aufgabe, vielleicht auch, weil Mevrouw Bakker manchmal recht launisch war.

Rudy und ich schliefen im zweiten Stock und der Rest der Familie im ersten. Es gab fast jede Nacht Luftangriffe, weil sich in Eindhoven das Philips-Werk befand, das die Deutschen übernommen hatten. Voller Angst hörten wir, wie die Flugzeuge der Alliierten kamen und Bomben abwarfen.

»Wenn es Bombenalarm gibt und wir uns in Sicherheit bringen müssen«, sagten die Bakkers zu mir, »dann schnappen Sie sich Rudy, und wir schnappen uns die anderen beiden Kinder.«

Rudy mochte mich sehr. Jeden Morgen weckte ich ihn mit einem Lied (»Word wakker, het zonnetje is al op«), bei dem ich an einer bestimmten Stelle immer seinen Namen einsetzte. Dann lachte er begeistert – er fand Singen wunderbar. Bald wollte er nicht mehr essen, wenn seine Mutter ihn fütterte; ich mußte es machen. Manchmal tragen Kinder ja einen Machtkampf mit ihren Eltern aus, und ich glaube, Mevrouw Bakker war ein bißchen eifersüchtig, weil ihr kleiner Sohn so an mir hing. Immerhin war ich ja auch verantwortlich für ihn, wenn wir in den Luftschutzkeller mußten oder sonst irgend etwas passierte, und ich gewann ihn immer mehr lieb.

Ich war Ende Juni 1943 nach Eindhoven gekommen, und ich hatte bei den Bakkers nie einen freien Tag. Ich ging sonntags zum Gottesdienst, aber ich wagte es nicht, noch etwas anderes, wie zum Beispiel die Bibelstunde für junge Frauen, zu besuchen. Ich lebte in völliger Isolation. Die Arbeit war mir fremd, und manchmal war es nicht leicht für mich, mit Mevrouw Bakkers Launen zurechtzukommen. Ihr Mann arbeitete den ganzen Tag, und ich fühlte mich sehr einsam. Mit der Zeit litt ich immer mehr unter dieser Situation.

Sonntag, 14. September 1943

Wann ist das alles endlich vorbei? – Es ist gerade elf Uhr nachts.

Wie wird es heute in einem Jahr sein? Werde ich dann mit Hein in unserem neuen Zuhause wohnen? Wird Jan wieder frei sein? Werden wir Nachricht von meinem Bruder haben?

Du kennst die Antwort auf all diese Fragen, Vater, und wir müssen geduldig warten, auch wenn wir so gerne wüßten, wie es weitergeht.

Stil, stil zijn in Uw handen
wil ik Immanuel
daar, slaakt Gij alle banden
maakt alle dingen wel.

(Still will ich sein in deinen Händen, Immanuel.
Da zerbrichst du alle Ketten und machst alles gut.)

Heute abend wäre ich so gern in die St.-Gerardus-Kirche gegangen, um dort still für mich zu beten. Aber hier ist immer ir-

gendwas zu tun; ich komme einfach nicht zur Ruhe. Wenn ich dann abends endlich ins Bett kann, bin ich todmüde – und am nächsten Morgen ist es wieder dieselbe Hetzerei.

Und doch bete ich den ganzen Tag, wenn ich während meiner Arbeit singe.

aus Diet Emans Tagebuch

Während der Monate, die ich in Eindhoven verbrachte, kam Hein mich nie besuchen, weil er sehr viel zu tun hatte und auch, weil er dort nirgends übernachten konnte. Aber er schrieb mir regelmäßig.

Ich hatte bei den Bakkers noch nie einen Tag frei genommen; was hätte ich mit einem freien Tag oder nur einem freien Nachmittag auch anfangen können? Ich hatte so gut wie kein Geld. Ab und zu gaben die Bakkers mir zehn Gulden, damit ich in der Kirche etwas in den Klingelbeutel werfen oder mir Briefmarken kaufen konnte. Abgesehen davon gab es in den Geschäften fast nichts mehr zu kaufen.

Das Haus der Bakkers lag an einem offenen Platz, auf dem eine große katholische Kirche stand. Manchmal war ich so verzweifelt, daß ich einfach dort hineinging und betete, denn die Kirche war immer offen. Niemand kannte mich dort, und ich setzte mich immer ganz nach hinten. Es war eine düstere Zeit für mich: Ich war einsam, verrichtete als Dienstmädchen Arbeiten, die ich eigentlich nicht gelernt hatte und die mir auch nicht besonders gut von der Hand gingen, und lebte in einem Haus, in dem es gelegentlich recht unfreundlich zuging.

Eines Tages bekam ich einen Brief von Hein, in dem er mich bat, mich mit ihm zu treffen. »Bitte komm, Diet«, schrieb er, »wir müssen uns sehen. Fahr mit dem Zug nach Utrecht. Ich werde dort sein und mit Dir zusammen zu Freunden weiterfahren.«

Als ich Mevrouw Bakker sagte, daß ich mir einen Tag frei nehmen wolle, um Hein zu treffen, erwiderte sie: »Sie wollen weg? Das geht nicht. Ich bekomme nach der Kirche Besuch zum Kaffee.«

Ich konnte es nicht fassen! Immerhin zahlten sie mir keinen Lohn, und auch wenn ich ihnen dankbar war, daß sie mich versteckten und sich dadurch selbst strafbar machten – dieses dumme Kaffeetrinken würde nur eine Stunde dauern, und weil ich dabei die Gäste bedienen sollte, konnte ich mich nicht mit Hein treffen! Es war mir unerklärlich, wie sie das von mir verlangen konnte.

Ich erklärte ihr, daß ich Hein noch nicht einmal zu schreiben wage, daß ich nicht kommen könne. Er würde das nie verstehen.

»Ach, ist er so kindisch? Was würde er denn machen – einen Wutanfall kriegen?«

»Er würde sehr ärgerlich sein, und es ist nicht leicht, mit ihm umzugehen, wenn er ärgerlich ist. Er ist Friese!« erklärte ich.

»So, so . . .«

»Ich kann es ihm einfach nicht schreiben, und außerdem würde er die Post sowieso nicht mehr bekommen!«

»Dann fahr meinetwegen am Samstag nach Utrecht, aber komm gleich mit dem nächsten Zug zurück!«

Hein hatte geplant, daß wir uns auf dem Bahnhof treffen und dann zusammen weiter nach Den Haag fahren würden, um dort den Tag über bei Freunden zu bleiben. Er freute sich sehr darauf, und ich mich auch. Wir hatten uns seit Monaten nicht mehr gesehen.

Aber Mevrouw Bakker bestand darauf, daß ich gleich wieder zurückkäme, und so gab ich also nach. Schließlich fühlte ich mich in ihrer Schuld, weil die Bakkers mich aufgenommen hatten und dadurch selbst in Gefahr waren. Immerhin war die Gestapo hinter mir her.

Als ich in Utrecht ankam, war Hein schon da. Ich war so glücklich, ihn zu sehen! Er wollte gleich mit mir in den Zug nach Den Haag einsteigen und lief schon los: »Komm, mach schnell!« rief er.

»Ich kann nicht mitkommen!«

»Jetzt komm doch endlich, der Zug fährt gleich ab!« Hein ergriff meine Hand und zog mich hinter sich her, aber ich riß mich los. Der Zug setzte sich langsam in Bewegung und fuhr ohne uns davon.

»Diet«, fragte er verständnislos, »was ist denn los mit dir?«

Ich erzählte ihm, was Mevrouw Bakker gesagt hatte.

Er war sehr ärgerlich. Genauso hatte ich es mir vorgestellt. Er war wütend auf Mevrouw Bakker – und auf mich, weil ich mich nicht durchgesetzt hatte.

»Wie kann sie es wagen, dir das zu verbieten? Sag jetzt bitte nicht einfach: ›Ich muß wieder zurück.‹ Du gehst von diesen Leuten weg! Du bleibst dort auf keinen Fall mehr!« Für ihn war die Sache klar.

»Ich kann doch nicht einfach da weggehen! Was soll denn aus Rudy werden?«

»Und was soll aus unserer Arbeit werden? Sie wird immer wichtiger und immer schwieriger, und wir brauchen dringend deine Hilfe!«

Ich war hin- und hergerissen. Ich fühlte mich in jedermanns Schuld und ohne eigene Rechte. Und ich hing so an dem kleinen Rudy. Außerdem war ich in Eindhoven relativ sicher; hier suchte mich niemand. Ich war den Bakkers zu Dank verpflichtet, und selbst wenn Mevrouw Bakker schwierig sein konnte, hatte ich Verständnis für sie. Auch sie hatte es nicht gerade leicht, und manchmal ließ sie eben ihre schlechte Laune an mir aus. Das Leben war während des Krieges für uns alle nicht einfach.

»Du mußt dort sehr bald ausziehen«, stellte Hein abschließend fest. »Hör auf mich.« Seine Entschiedenheit ließ mir gar keine andere Wahl.

»Und, wie war's?« fragte Mevrouw Bakker am Abend, als ich zurückkam.

Ich sagte ihr, daß Hein sehr ärgerlich gewesen sei.

»Tja, das ist sein Pech«, meinte sie.

»Er war so ärgerlich, daß er von mir verlangte, von Ihnen wegzugehen.«

»Von uns wegzugehen?« Sie schien erschrocken zu sein. »Sie können doch nicht einfach von uns weggehen!«

»Es tut mir leid«, erklärte ich, »aber er hat mir gesagt, daß in der Untergrundarbeit furchtbar viel zu tun ist und daß ich dringend gebraucht werde. Ich muß meinen Kurierdienst wieder aufnehmen, um die Männer zu entlasten.«

»Und was soll aus Rudy werden?«

Das traf mich sehr.

Einige Zeit darauf hatten wir wieder ein Gespräch. Diesmal war ihr Mann dabei. Ich sagte ihm, daß ich sie in absehbarer Zeit verlassen müsse, um die Arbeit im Untergrund wieder aufzunehmen. Hein hatte mir erklärt, daß es für die Männer immer schwieriger wurde, mit dem Zug, mit dem Fahrrad oder zu Fuß unterwegs zu sein. Die Deutschen zogen alle jungen Männer zur Zwangsarbeit ein, und es war sehr gefährlich für sie, sich draußen zu bewegen. Deswegen war es besser, wenn ein möglichst großer Teil dieser Arbeit von Frauen übernommen wurde. Ich glaube, Herr Bakker verstand das. Aber ich hatte auch das Gefühl, daß er seine Frau gut genug kannte, um zu verstehen, daß es manchmal schwer für mich war, mit ihr zurechtzukommen.

Nachdem ich die Bakkers verlassen hatte, begann ich wieder von Ort zu Ort zu reisen, überall dorthin, wo wir Juden versteckt hatten. Wie zuvor versorgte ich sie mit Lebensmittelkarten und gefälschten Ausweisen.

Im Sommer 1943 gab es bereits so viele Gruppen, die im Widerstand arbeiteten, daß sich ein Teil von ihnen unter dem Namen *Landelijke Organisatie* (Nationale Organisation), kurz LO, zusammenschloß. Viele der Gruppen hatten im Gegensatz zu uns – wir arbeiteten ja mit den *knokploegs* zusammen – niemanden, der für sie Lebensmittelkarten und Ausweise besorgte. Daher waren sie froh, Mitglied der Nationalen Organisation zu werden, die nicht nur ihre eigenen organisierten Überfälle auf Büros durchführte, sondern auch über ein gut funktionierendes Nachrichtennetz verfügte.

Diese Organisation trat mit der Frage an uns heran, ob auch wir uns ihnen anschließen wollten. Wir machten uns die Entscheidung nicht leicht, und nach intensiven Gesprächen beschloß unsere Leitung, daß wir nicht beitreten würden. Wir waren in unserer Arbeit völlig autonom, und daher gab es keine praktischen Gründe, die unseren Beitritt erforderlich gemacht hätten. Außerdem waren wir der Ansicht, daß sich die Gefahr erhöhen würde, wenn wir mit einem größeren Kreis von Menschen zusammenarbeiteten. Dazu kam noch, daß die Mitglieder unserer Gruppe alle zur Reformierten Kirche gehörten. Auch andere arbeiteten natürlich nicht nur aus Abenteuerlust im Untergrund, aber sie töteten auch Kollaborateure und sprengten Bahngleise in die Luft. Eines Tages wurden zum Beispiel alle männlichen Bewohner der kleinen Stadt Putten festgenommen und in ein berüchtigtes Gefangenenlager gebracht. Von den 600 Deportierten kamen nur neunundvierzig lebend zurück. Der Grund für diese Vergeltungsmaßnahme war, daß eine unerfahrene Widerstandsgruppe auf einer Straße am Ortseingang einen deutschen Offizier umgebracht hatte. Wir glaubten, daß einige der Operationen, die solche Vergeltungsschläge nach sich zogen, einfach unnötig und außerdem schlecht geplant waren.

Nachdem ich die Bakkers verlassen hatte, zog ich zu Jo und Dries Klooster. Sie wohnten in Barneveld in der Veluwe und hatten sieben Kinder. Ich arbeitete hauptsächlich für den Widerstand, aber wenn ich nicht unterwegs war, half ich den Kloosters bei ihrer Arbeit. Es gab dort immer genug zu tun. Ich besserte Kleider aus und faßte im Haushalt mit an, natürlich ohne dafür Geld zu bekommen. Aber damals hatte sowieso niemand Geld. Es war erst Dezember 1943, aber es fehlte schon überall an allem.

Und es sollte noch schlimmer werden.

Auf Watergoor

Watergoor, der Hof der Familie Lozemann, wurde für viele, die untertauchen mußten, zur rettenden Zuflucht.

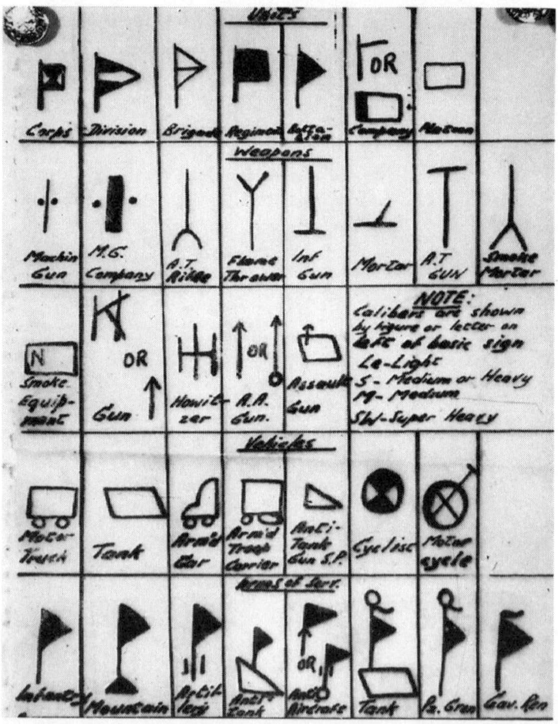

In diesem Geheim-Code notierte Diet auf Landkarten die Lage deutscher Stützpunkte, Truppenbewegungen etc. für Spione der Alliierten.

Im Februar 1944 zog ich unter dem Namen Willie van Daalen (Willie ist die Kurzform von Wilhelmina; so hieß unsere Königin) zu Aalt und Alie Lozeman nach Gelderland. Sie bewohnten ein hübsches kleines Bauernhaus, das westlich von Nijkerk an einer ruhigen Landstraße lag, die nach Bunschoten und Spakenburg führte. Der Hof hieß »Watergoor«; der lange, sandige Zufahrtsweg wurde von einer schönen, dichten Hecke gesäumt, und in der Nähe des Hauses standen hohe Bäume. Watergoor wurde für mich durch seine Schönheit und die besondere Atmosphäre, die dort herrschte, zu einem richtigen Zuhause.

Die Lozemans hatten ihr Heim für alle Menschen geöffnet, die Hilfe und ein Versteck brauchten, egal, ob es Juden, *onderduikers* oder Piloten waren, deren Flugzeuge abgeschossen worden waren. Die Deutschen hatten erklärt, daß jeder, der feindlichen Fliegern half, auf der Stelle erschossen würde. Aber die Lozemans sagten zu mir: »Egal, wen du hierherbringst – wenn du dich für ihn verbürgst, kann er hierbleiben.«

Aalt und Alie brachten ihren Kindern bei, wie sie über ihre Besucher reden sollten. Sie erwähnten den Kindern gegenüber nie die Namen ihrer Gäste. Bauern bezeichnen ihre Nachbarn üblicherweise als die *buurvrouw* und den *buurman* – der Gebrauch der Namen erübrigt sich also. Die Kinder Frits und Rietje (sie waren zwei und drei Jahre alt) hatten gelernt, ihre Besucher ebenfalls einfach als *buurman* oder *buurvrouw* zu bezeichnen. Wenn die Kinder mit anderen Personen zusammenkamen, die nicht wußten, daß Aalt und Alie Leute bei sich versteckten, schöpfte niemand Verdacht, denn die Kinder sprachen ja nur von ihren Nachbarn.

Es war, wie gesagt, besonders gefährlich, den alliierten Piloten zu helfen, aber wir waren der Ansicht, daß wir dazu verpflichtet seien, denn immerhin setzten sie ihr Leben für uns aufs Spiel. Dafür zu sorgen, daß sie nicht dem Feind in die Hände fielen, war das Mindeste, das wir für sie tun konnten.

Piloten, die abgeschossen worden waren, versteckten sich oft in Heuhaufen oder Scheunen und nahmen dann am nächsten Tag mit den Bauern Kontakt auf, wenn diese an ihre Arbeit gingen. Die meisten Leute in der Gegend kannten irgend jemanden, der im Widerstand arbeitete, und wußten, wie sie mit unserer Gruppe Verbindung aufnehmen konnten. Wir gaben den Piloten Zivilkleidung und versteckten sie; dann übergaben wir sie einer anderen Widerstandsgruppe, die dafür sorgte, daß sie nach Portugal kamen. (Portugal war neutral.) Dort wurden sie wieder von einer anderen Gruppe übernommen, die ihnen half, nach England zurückzugelangen. Unsere Aufgabe war beendet, sobald wir sie der anderen Gruppe übergeben hatten. Wir konnten nicht weiter verfolgen, was aus ihnen wurde, aber wir hofften natürlich, daß ihre Flucht gelang.

Eines Abends, als Hein gerade auf Watergoor war, kam sein Bruder Henk vorbei. Wir hatten auch ein paar englische Piloten im Haus; Hein hatte sich ihnen als »Piet« vorgestellt. Als Henk ins Zimmer kam, starrten ihm die Piloten ins Gesicht und trauten ihren Augen nicht. Einer von ihnen sagte: »Also, wenn das hier Piet ist . . .« (dabei zeigte er auf Hein) »,. . . dann ist das da Repeat.«

Aalt und Alie besaßen ein Radio. Wir hörten fast jeden Abend die Nachrichten der BBC; außerdem brachte dieser Sender oft verschlüsselte Botschaften für den Untergrund. Mitten in einer Sendung hörten wir plötzlich so einen seltsamen Satz wie »Die Äpfel sind grün« – das war dann eine Nachricht, die ganz bestimmten Zuhörern irgendwo im besetzen Europa galt.

Drei oder vier Wochen, nachdem die Piloten sich darüber amüsiert hatten, wie sehr Hein und Henk sich ähnelten, hörten wir während einer Radiosendung plötzlich die Worte: »Viele Grüße an Piet und Repeat.« Wir dankten Gott dafür, daß diese beiden Männer es geschafft hatten; sie waren wieder in England.

Die meisten Leute blieben nur für kurze Zeit bei den Lozemans, aber Onkel Ben und seine Frau, die etwa ein Jahr zuvor am Bahnhof sozusagen ihrer eigenen Deportation den Rücken gekehrt hatten, waren Dauergäste. Onkel Ben war unermüdlich damit beschäftigt, für uns Dokumente zu fälschen, und seine Frau hatte spinnen und stricken gelernt, schälte Kartoffeln und machte zur Erntezeit Birnen ein. Auf Watergoor half jeder mit, der dort für kürzere oder längere Zeit untergetaucht war.

Es war gut, daß Onkel Ben und Tante Marie viel zu tun hatten, aber manchmal gingen sie sich dennoch ziemlich auf die Nerven. Natürlich würde es anderen Paaren genauso gehen, wenn sie zwei oder drei Jahre lang miteinander in ein kleines Zimmer eingesperrt wären.

Eines Tages, als Onkel Ben wieder mit seinen Papieren beschäftigt war und Tante Marie Kartoffeln schälte, kam ich zu ihnen, um Onkel Ben neue Dokumente zu bringen. Er war richtig verzweifelt. Er zeigte auf seine Frau und sagte: »Die da ... den ganzen Tag steht ihr Mundwerk nicht still!« Er machte eine entsprechende Handbewegung. »Sie schnattert und schnattert und schnattert. Ich werde noch vollkommen verrückt hier!«

Die beiden konnten nie aus dem Haus, und auch ihr Zimmer durften sie nur verlassen, wenn sie zur Toilette mußten; und selbst das war nur zu bestimmten Zeiten möglich. Auf vielen holländischen Bauernhöfen wurden die Tiere im Winter im hinteren Teil des Hauses, auf der sogenannten *deel*, untergebracht. Damals gab es auf den Höfen noch keine richtigen Toiletten. In der *deel*, die im Winter als Stall benutzt wurde, standen die Kühe in einer langen Reihe an Pfosten gekettet. Der Mist fiel hinter sie in eine Rinne und wurde von Zeit zu Zeit nach draußen in die *grup*, die Jauchegrube, befördert. Am Ende der Rinne befand sich ein kleiner Raum mit einem Plumpsklo. Manchmal, wenn die Natur ihr Recht verlangte, waren aber gerade Nachbarn in der *deel*, wenn Aalt zum Beispiel gerade ein Tier kaufte oder verkaufte. Dann mußten die Gäste ihr Bedürfnis so lange unterdrücken, bis sie gegangen waren, denn sie durften sich auf keinen Fall blicken lassen. Man kann sich leicht vorstellen, wie schwierig das war.

Eines Tages kam ein Nachbar, als Onkel Ben gerade auf der Toilette war. Der Weg zurück zu seinem Zimmer war sehr weit. Er mußte durch die ganze *deel*, einen kleinen Gang und die geräumige Küche, danach noch durch eine Tür in die angrenzende *heerd*, die ebenfalls sehr große »gute Stube«, die nur bei Hochzeiten und Begräbnisfeierlichkeiten benutzt wurde. Von der *heerd* führten zwei Türen zu zwei kleinen Zimmern; in dem linken davon lebten Onkel Ben und Tante Marie, und in dem rechten schlief ich.

Stundenlang wartete Onkel Ben an diesem Tag auf dem Plumpsklo, weil der Nachbar so lange blieb. Zum Schluß konnte er es kaum noch aushalten. Da ich mich frei bewegen durfte, ging ich nach draußen an das kleine Fenster, das den winzigen Raum belüftete.

»Kann ich nicht aus dem Fenster klettern und wegrennen?« fragte er.

»Nein, du mußt da drinbleiben, bis er weg ist«, antwortete ich. Wenn Onkel Ben in dem kleinen Fenster steckengeblieben wäre oder sonstwie Schwierigkeiten bekommen hätte, wäre der Nachbar bestimmt auf ihn aufmerksam geworden.

Hein und Henk hatten im Fußboden von Onkel Bens und

Tante Maries Zimmer eine Falltür angebracht. Wenn man sie öffnete, konnte man ein paar Stufen hinabgehen und kam dann in einen Raum mit Sandboden, der mit einer Matte und einem Stück Linoleum bedeckt war. Darin befanden sich ein paar Stühle und eine Taschenlampe. Holländische Häuser haben normalerweise keinen Keller, und deshalb hätte niemand dort einen Raum vermutet. Wenn es oben gefährlich wurde und die Leute, die gerade auf dem Hof lebten, verschwinden mußten, öffneten sie die Falltür und versteckten sich dort unten.

Manchmal übten wir für den Ernstfall. Da es wichtig war, daß alle schnell verschwanden, sahen wir dabei auf die Uhr und nahmen die Zeit. (Ich brauchte mich nicht zu verstecken, denn es war in der Gegend von Nijkerk allgemein bekannt, daß ich ein Dienstmädchen aus Den Haag war, das Alie bei der Hausarbeit half. Nur sehr wenige Leute wußten, daß ich mit Hein Sietsma befreundet war.)

Onkel Bens Frau hatte sich im Laufe der Zeit angewöhnt, mehr und mehr zu essen, und war immer dicker geworden. Sie tat nichts anderes als essen und sitzen – sie hatte überhaupt keine Bewegung. Solange sie Kartoffeln schälte, überaß sie sich nicht, aber wenn sie Äpfel und Birnen einkochte, stopfte sie sich regelrecht voll. Essen war die einzige Freude, die sie hatte, und man konnte es ihr nicht verübeln. Im Vergleich zu dem, was es sonst in Holland 1944 noch gab, war das Essen auf Watergoor auch sehr gut.

Weil Tante Marie so zugenommen hatte, wurde es immer schwieriger und zeitraubender für sie, die Stufen zu dem kleinen Raum hinunterzuklettern. Und wenn sie schließlich unten war, fand sie es furchtbar dort. Das wäre vermutlich jedem so gegangen. Vielleicht litt sie aber auch an Klaustrophobie. Schon nach zwei oder drei Minuten rief sie jedesmal: »Darf ich jetzt wieder rauskommen?«

»Nein, darfst du nicht, und du darfst auch nicht schreien!« riefen wir zurück. »Eines Tages ist es keine Übung mehr, und wenn du dann so herumschreist, ist alles aus. Du darfst nicht schreien, merk dir das!«

Wir nahmen die Übungen sehr ernst, aber wegen Tante Marie gab es dabei doch immer etwas zu lachen.

Watergoor war ein wunderbarer Ort, obwohl die Juden, die wir versteckten, natürlich darunter litten, daß sie so wenig Bewegungsfreiheit hatten. Es war schwer für sie, aber sie hatten eine gute Chance zu überleben.

Spät am Abend, wenn die Türen des Bauernhauses abgeschlossen waren und die Kinder im Bett lagen, durften Onkel Ben und Tante Marie endlich aus ihrem kleinen Zimmer herauskommen. Dann saßen wir alle in Strümpfen oder Hausschuhen um den großen Küchentisch herum unter der Lampe und aßen Birnen und im Winter Äpfel. Wenn alles ruhig geworden war und wir uns relativ sicher fühlten, las Alie uns dann immer eine kleine Andacht vor. Wir alle – Aalt und Alie, Ben und Marie, ich und wer sonst noch gerade dort versteckt war – genossen diese Stunden sehr.

Jeden Samstagabend badeten wir in der Küche, weil es dort am wärmsten war. Wenn einer badete, blieben die anderen solange draußen, und wenn er fertig war, kam der nächste dran.

Eines Abends, als ich noch nicht lange bei den Lozemans war, sagte Alie zu mir: »Wir sind so viele Leute, und wir müssen sparsam mit dem Feuerholz umgehen. Macht es dir etwas aus, wenn wir nur eine Wanne Wasser heiß machen und zusammen baden?«

Später wurde Alie wie eine Schwester für mich, aber unser erstes gemeinsames Bad werde ich wohl nie vergessen. Wir knieten im Wasser, jede an einem Ende der großen Wanne. Zuerst wuschen wir uns das Gesicht und die Haare, dann die Schultern und so nach und nach den ganzen Körper von oben bis unten, ohne uns anzusehen. Ich muß heute noch lachen, wenn ich daran denke.

Diese junge Frau ging, obwohl sie zwei kleine Kinder hatte und ein drittes erwartete, das Risiko ein, ein jüdisches Ehepaar, mich, andere Mitglieder des Widerstands und einige Leute, die für ein paar Tage untertauchen mußten, aufzunehmen. Außerdem wohnten und arbeiteten noch zwei Brüder von Aalt auf dem Hof.

Ich war damals sehr viel für die Widerstandsarbeit unterwegs, aber wann immer ich auf dem Hof war, half ich Alie bei der Arbeit.

»Sag mir, was du von einem bezahlten Dienstmädchen verlangen würdest«, sagte ich zu Alie. »Ich mach' es gern. Wenn ich es nicht kann, mußt du es mir beibringen.«

»Gut«, meinte sie. »Ich werde darauf zurückkommen. Aber wie wäre es, wenn du mal mit der Wäsche anfingst? Das wäre schon eine große Hilfe.«

Da wie alles andere natürlich auch die Seife knapp war, mußte ich viel schrubben. Die Wäschemengen waren enorm, und es gab selbstverständlich keine Waschmaschine; die Wäsche wurde in riesigen Holzbottichen gewaschen. Alie wartete immer, bis ein richtiger Berg Wäsche zusammengekommen war, um möglichst wenig Seife zu verbrauchen. Heute wechselt man die Kleidung, wenn man geschwitzt hat – wenn es sein muß, jeden Tag. Aber damals hatten wir unsere Kleidung (auch die Socken) eine ganze Woche lang an, egal, wie verschwitzt sie war.

Was die Hausarbeit betraf, war ich immer noch ein Neuling. Ich hatte mir zwar schon in Eindhoven einiges angeeignet, aber hier auf Watergoor lernte ich sozusagen das große Einmaleins der Hauswirtschaft, und die Arbeit begeisterte mich richtig. Wenn ich Waschtag hatte, weckte mich Aalt morgens, wenn er zum Melken ging; das war etwa um halb fünf. Ich pumpte Wasser am Brunnen in der *deel* und trug es mit einem Schulterjoch, an dem ich zwei Eimer balancierte (wie ein holländisches Postkarten-Mädchen), zu einem Ofen vor dem Haus, auf dem das Wasser dann erhitzt wurde. Aalt hatte schon Anmachholz geschnitten und das Feuer angezündet, und ich legte solange Holz nach, bis das Wasser fast kochte. Dann trug ich es zurück in die *deel* und kippte es in die Bottiche.

In der Zwischenzeit hatte ich von den großen braunen Seifenklumpen Seifenflocken abgerieben. Das mußte man machen, da sich die Seife sonst nicht auflöste. Wir hatten immer so viel Wäsche in einem Zuber, daß wir sie mit einem großen hölzernen Paddel umrühren mußten. Alie hatte mir alles Schritt für Schritt beigebracht. Ich mußte mit der Weißwäsche anfangen – ich rührte zweihundertmal um, damit die Seifenflocken sich auflösten und die Wäsche sauber wurde. Dann kam die Wäsche in den nächsten Bottich zum Spülen; inzwischen hatte ich noch mehr Wasser heiß gemacht. Daraufhin wiederholte ich dasselbe Ritual mit der etwas dunkleren Wäsche, dann mit der ganz dunklen, und zum Schluß kamen die stinkenden Socken. Dann war das Wasser endgültig schwarz.

Die Wäsche mußte zweimal gespült werden, und danach kam die Weißwäsche in ein Bleichmittel und dann noch in eine Lösung, durch die sie einen bläulichen Stich bekam – das Mittel hieß *Reckits blauw*. Im März und im April wurde sie zusätzlich noch zum Bleichen auf der Wiese ausgebreitet, weil in diesen Monaten der Ozongehalt der Luft so hoch ist, daß die Wäsche dadurch noch weißer wird. – Ich lernte sehr viel von Alie.

Um acht Uhr gab es Frühstück. Als ich noch in der Stadt gelebt hatte, hatte ich zum Frühstück meist ein paar Scheiben

Brot gegessen. Hier auf dem Bauernhof hatte ich um diese Zeit schon mehrere Stunden gearbeitet und hatte einen Bärenhunger. Wir aßen zum Frühstück oft die Reste vom Vortag, zum Beispiel Sauerkraut mit Kartoffeln. Für die Männer, die ebenfalls schon ein paar Stunden gearbeitet hatten und dieses Essen gewöhnt waren, war das genau das Richtige, aber mir lag solch ein Frühstück oft schwer im Magen. Dennoch: Während der Kriegsjahre mußten viele Menschen in Holland hungern, aber auf Watergoor hatten wir die ganze Zeit genug zu essen.

Im Frühjahr, als die Rinder wieder auf die Weide kamen, waren die Stallwände voller Mist und Spinnweben, und Alie sagte zu mir: »So, Willie, jetzt machen wir uns an die Arbeit.« Wir setzten Kopftücher auf, spritzten die Wände mit dem Schlauch ab und tünchten sie frisch mit weißer Kalkfarbe. Weil Alie schwanger war, versuchte ich ihr soviel wie möglich abzunehmen. Auch ihre Schwester kam, um mitzuhelfen. Es war viel Arbeit, aber es sah wunderbar aus, als alles wieder frisch und sauber war.

Manchmal schlachteten die Männer ein Schwein, und dann halfen wir alle beim Wurstmachen. Auch ich, ein Mädchen aus der Stadt, putzte Därme und füllte sie mit Fleisch.

Ich wohnte zunächst von Februar bis Mai 1944 auf Watergoor, und die ganze Zeit gab es dort sehr, sehr viel zu tun. Wann immer meine Arbeit für den Untergrund das zuließ, half ich Alie und den Männern auf dem Hof, und ich tat es mit Begeisterung.

Einige der Nachbarn fanden es seltsam, daß Aalt und Alie ein Stadtmädchen als Magd beschäftigten. Ich konnte noch nicht einmal ihren Dialekt sprechen. Wahrscheinlich dachten sie, meine Eltern seien arme Leute, die mich in die Veluwe geschickt hatten, weil es dort genug zu essen gab.

In diesem Frühjahr sollte das Pferd, das Alie und Aalt hatten, ein Fohlen bekommen. Eine Kuh kann man beim Kalben allein lassen, wenn keine Komplikationen zu erwarten sind, aber die Männer auf dem Hof sagten mir, daß man bei einer Stute bleiben muß, wenn sie fohlt, weil man darauf achten muß, daß sie die Nabelschnur richtig durchbeißt. Da die Männer gerade viel mit Säen und Pflanzen zu tun hatten, erklärte ich mich bereit, in der Nacht auf die Stute aufzupassen. Ich weiß heute noch, wie ich bei ihr in der Scheune Wache hielt und im Schein einer kleinen Öllampe Wolle spann. Um mich herum war alles dunkel und still, nur die Stute stöhnte leise in ihren Wehen. Es war, als gäbe es gar keinen Krieg. Als die Geburt kurz bevorstand, weckte ich die Männer. Das Fohlen kam gesund zur Welt; es war eine kleine Stute, die sie Kia nannten.

Auch solche ganz alltäglichen Dinge geschahen mitten im Krieg, mitten in der Gefahr, in der ich Tag für Tag lebte, während ich die Familien auf dem Land betreute, die Post hin- und herbrachte und ständig lügen mußte. Manches, was ich auf dem Bauernhof erlebte und empfand, machte mich so glücklich: die Wäsche in den Bottichen, die Dunkelheit auf der *deel*, die Wiese voller weißer Laken. Wenn ich die Wäsche wusch, trug ich eine Schürze, die ich auf dem Rücken zusammenband, und Kia, das Fohlen, machte sich dann immer einen Spaß daraus, am Knoten zu knabbern. Sie zog mir jedesmal die Schürze aus, so als ob sie nicht wollte, daß ich arbeitete.

Einmal hörte ich, wie die Männer über eine *neurende koe* sprachen (das war in ihrem Dialekt eine Kuh, die stierig war). Das Wort *neurien* bedeutete für mich »summen«, und ich wunderte mich natürlich, wie eine Kuh summen konnte. Als die Männer herausfanden, daß ich – natürlich vergeblich – versucht hatte, die Kuh summen zu hören, lachten sie Tränen. Die Landwirtschaft war für mich eine ganz neue, wunderbare Welt.

Wenn ich heute an diese Zeit zurückdenke, dann erscheint es

mir seltsam, daß Hein und ich damals immer mehr und immer entschlossener für den Untergrund arbeiteten. Obwohl wir eigentlich ständig in Gefahr schwebten, gab mir das Leben auf Watergoor ein Gefühl von Sicherheit und Stärke. Es war ein wunderbares Zuhause, und Aalt und Alie waren wunderbare Menschen.

Ich war mehr oder weniger allein dafür verantwortlich, die Juden zu versorgen, die wir in diesem Teil von Gelderland versteckt hatten; es waren sozusagen meine Juden. Diese Aufgabe brachte mit sich, daß ich sehr viel zu Fuß unterwegs war.

Eines Tages erzählte mir Hein von einer Familie in Nijkerk, vorbildlichen Christen, die uns sicher helfen würden. Wir suchten nämlich ein Versteck für zwei Jüdinnen, Schwestern, die bei Mies in der kleinen Wohnung gelebt hatten. Also suchte ich diese Familie auf, und der Vater, der ein bekannter Mann und eine Säule seiner Kirche war, öffnete die Tür. Ich sagte ihm, wer ich sei; er kannte Heins Familie und wußte, daß ich mit ihm verlobt war, aber als ich ihm mein Anliegen vortrug, lehnte er ab.

»Nein, ich will mit so etwas nichts zu tun haben.«

Ich appellierte an sein Gewissen und versuchte ihm klarzumachen, daß er als Christ moralisch dazu verpflichtet sei, diesen Menschen zu helfen. Ich redete mit Engelszungen, aber er ging überhaupt nicht darauf ein.

»Nein, ich nehme keine Juden auf. Geben Sie sich keine Mühe.«

»Bitte, ich flehe Sie an!«

Er schlug mir die Tür vor der Nase zu.

Als ich wegging, war ich furchtbar wütend auf diesen angeblich so guten Menschen, diesen »Gottesmann«, der sich einfach weigerte, uns zu helfen.

Nach dem Krieg erfuhr ich, daß dieser Mann bereits Juden in seinem Haus versteckte. Wahrscheinlich hatte eine andere Widerstandsgruppe sie bei ihm untergebracht. Ich war noch nicht lange in dieser Gegend, und darum wollte er mir wohl nicht sagen, warum er die Schwestern nicht aufnehmen konnte – vielleicht wußte er auch nicht, ob er mir wirklich vertrauen konnte. Ich hatte ihn, ohne es zu wissen, in eine sehr schwierige Lage gebracht. Selbst wenn er mir vertraute, war es besser, wenn er mir nicht sagte, daß er Juden versteckte – je mehr ich wußte, desto gefährlicher war es ja auch für mich. Dieser Mann hatte vielleicht nur gelogen, um mich zu schützen.

Es war dumm von mir gewesen, daß ich gar nicht an diese Möglichkeit gedacht hatte, aber ich war noch sehr jung, auch wenn ich durch die Untergrundarbeit und die damit verbundene Verantwortung schnell erwachsen geworden war.

Immer mehr Juden brauchten unsere Hilfe, und bald reichten die Verstecke auf dem Land nicht mehr aus.

Wir begannen also, viele Juden bei Familien in der Stadt unterzubringen. Keine dieser Familien hatte aber genug zu essen, selbst ohne daß sie Juden beherbergten. Wir mußten sie alle mit Lebensmittelkarten versorgen, damit sie überleben konnten. Es war an sich schon ein Opfer und eine riskante Sache, überhaupt Juden zu verstecken, auch ohne die Sorgen um das Essen.

Außerdem brauchten sie Geld; zu Anfang hatte ein Teil der Juden noch Geld, aber nach einiger Zeit hatten sie alles verbraucht. Daher begannen wir damit, Geld zu sammeln, denn viele Christen hatten uns gesagt: »Es tut uns leid, aber wir haben nicht den Mut, Leute bei uns aufzunehmen. Trotzdem möchten wir gern helfen – hier haben Sie fünfhundert Gulden.«

Ich verteilte nicht nur Lebensmittelkarten und Geld, sondern ich mußte auch die gestohlenen Karten dort abholen, wohin man mich bestellte. Ob die Überfälle in unserer Nähe stattfanden oder nicht, wußten wir nie vorher, da sie nicht von uns organisiert wurden. Manchmal war ich mit dem Zug unterwegs und hatte einen Stapel Lebensmittelkarten dabei, und manchmal kam Hein mit ein paar hundert Karten zu den Lozemans. Oft ging ich zu Fuß. Während des Krieges lief ich so kreuz und quer durch ganz Gelderland.

Jeden Monat mußten neue Karten verteilt werden, und bei dieser Gelegenheit nahm ich immer auch die Post mit. In der Gefahr, in der sie schwebten, und getrennt von ihren Familienmitgliedern, wollten die Juden wenigstens brieflich miteinander in Verbindung stehen, um zu erfahren, wie es ihren Lieben ging.

Normalerweise konnte ich selbst entscheiden, wohin ich gehen und was ich tun wollte, und in der Regel fühlte ich mich relativ sicher, wenn ich unterwegs war. Für Frauen war das viel weniger gefährlich als für Männer. Die Deutschen hielten keine Frauen an, um sie zu durchsuchen, und sie vergewaltigten sie auch nicht; jedenfalls kam so etwas selten vor und wurde sehr streng bestraft. Möglicherweise vergewaltigten Hitlers Soldaten in den Konzentrationslagern jüdische Frauen, aber soweit ich weiß, geschah so etwas in Holland nicht. Vielleicht hatten sie zuviel Respekt vor arischen Frauen, zu denen sie ja auch uns zählten, obwohl wir ihre Feinde waren.

Das Schlimmste, was mir bei meinen Reisen passierte, war, daß mein Fahrrad von deutschen Soldaten beschlagnahmt wurde. Das geschah insgesamt fünfmal. Wenn sie zu Fuß gingen und ein Rad wollten, hielten sie mich einfach an und nahmen es mir weg. Einmal ließ ich es auf eine Auseinandersetzung ankommen; ich hatte gerade nichts bei mir, durch das ich in

Schwierigkeiten gekommen wäre, wenn sie mich durchsucht hätten.

»Nein, das gehört mir«, sagte ich, als einer der Soldaten mir befahl, von meinem Rad abzusteigen. Als Antwort schoß er mit seiner Pistole direkt neben meinem Fuß in den Boden. Ich begriff, daß die nächste Kugel meinen Fuß treffen würde, wenn ich ihm das Rad nicht gab.

Kurz nachdem ich auf diese Weise mein Rad verloren hatte, mußte ich zu Fuß nach Amersfoort gehen, um eine Familie Pon, die wohlhabend war und eine Fahrradfabrik besaß, um Geld zu bitten. Damals war es kaum noch möglich, neue Schuhe zu kaufen, und ich lief mit einem völlig ausgetretenen Paar herum. Bei den weiten Strecken, die ich zurücklegen mußte, wurden die Schuhe sehr strapaziert. Als ich morgens um elf bei dem schönen, gepflegten Haus ankam, bat Frau Pon mich herein und lud mich ein, zum Mittagessen zu bleiben.

Ich kannte diese Leute nicht sehr gut, auch wenn ich ab und zu bei ihnen gewesen war und um finanzielle Unterstützung gebeten hatte. Es waren großzügige, warmherzige Menschen, und die kleinen Kinder waren lebhaft und fröhlich. Ich hörte, wie Herr Pon irgend etwas zu seiner Frau sagte. »Ja, gut«, meinte sie und verschwand. Als sie zurückkam, hatte sie ein Paar wunderbare, lederne Bergstiefel in der Hand – ihre eigenen Wanderstiefel. Sie waren gefüttert und hatten dicke Sohlen.

»Ist das Ihre Größe?« fragte sie mit einem Blick auf meine Füße. »Ich brauche sie nicht mehr. Wir gehen sowieso nirgendwohin. Probieren Sie sie mal an.«

Sie paßten wie angegossen.

»Sie können sie behalten«, meinte sie.

Es war ein ganz neues Gefühl für mich, mit diesen guten Schuhen herumzulaufen. Ich trug sie, bis der Krieg zu Ende war, und sie waren wirklich ein Segen für mich.

Da ich durch meinen Kurierdienst vieles sah und hörte, was in unserem kleinen Land geschah, begann ich, gelegentlich mit einem Mann zusammenzuarbeiten, dessen Deckname Klein Jantje war und der für den Untergrund und die Alliierten spionierte. Ich hatte sehr viel Respekt vor ihm, denn als der Süden Hollands befreit wurde, reiste er mehrere Male zwischen dem freien und dem besetzten Teil Hollands hin und her und überquerte dabei breite, gefährliche Flüsse. Ich fragte mich, ob ich stark genug wäre, um so etwas zu tun. Selbst in meiner Phantasie konnte ich mir kaum vorstellen, ich würde die Kraft aufbringen, wieder in das von Nazis besetzte Holland zurückzukehren, wenn ich einmal im befreiten Teil wäre. Aber Klein Jantje, einer der großartigsten Menschen, die ich je kennenlernte, nahm diese Gefahr nicht nur einmal, sondern mehrmals auf sich.

Manchmal sammelte ich Informationen für ihn. Er gab mir Landkarten mit Beschreibungen und Fotos von militärischen Objekten. Auf meinen Reisen achtete ich dann darauf, welche Befestigungsanlagen die Deutschen bauten, welche Truppenbewegungen sie vornahmen und so weiter. Auf den Karten vermerkte ich genau, was ich beobachtet hatte, und gab sie Klein Jantje dann zurück.

Diese Arbeit war spannend, aber auch sehr gefährlich. Und die Angst forderte ihren Tribut: die ständige Gefahr und die damit verbundene innere Anspannung ließen mein Nervenkostüm dünner werden. Wenn ich mit diesem Kartenmaterial unterwegs war, hatte ich sozusagen mein eigenes Todesurteil in der Tasche.

25. April 1944

Was soll ich schreiben? Daß ich in den letzten Tagen furchtbar unruhig bin und mir so sehr wünsche, daß das alles endlich vor-

bei ist? Ich sehne mich danach, daß der Krieg zu Ende ist, aber eigentlich verdiene ich das gar nicht, denn ich habe in der letzten Zeit nicht mehr dafür gebetet. Trotzdem kann ich nicht ohne dich leben, o Herr. Und wenn ich höre, daß jetzt viel geschieht und daß die Alliierten vorankommen, dann sollte ich dankbar sein für alles, was du tust.

aus Diet Emans Tagebuch

Leeuwarden und Zwijndrecht

Nur für Wehrmacht
Gereserveerd voor
Duitsche Weermacht

Vorsicht
bei Gesprächen!
Feind hört mit!
499407

Inzwischen war es April 1944. Auch Hein reiste in ganz Holland umher, genau wie ich immer im Besitz von gestohlenen Lebensmittelkarten und Unmengen von gefälschten Ausweisen. Wir hatten ein Postfach gemietet, in dem wir unser Material versteckten, wenn wir zuviel davon angesammelt hatten. Wir wollten die Menschen, bei denen wir wohnten, nicht zusätzlich in Gefahr bringen. Wenn man diese Sachen bei uns entdeckt hätte, wären wahrscheinlich nicht nur wir erschossen worden, sondern auch die Leute, die uns aufgenommen hatten.

Schon oft hatten Hein und ich über unsere bevorstehende Hochzeit gesprochen. Der September, in dem wir heiraten wollten, war längst vergangen, und inzwischen gab es ein weiteres Problem: Wir lebten beide unter falschem Namen. Wir kannten den Bürgermeister der Stadt Kamerik bei Utrecht, einen netten Mann, der selbst für den Widerstand arbeitete. Da wir bei unseren Reisen sowieso oft in die Nähe von Kamerik kamen, schlug er Hein vor, daß wir uns dort treffen sollten, um uns von ihm trauen zu lassen. »Wenn ihr unter euren falschen Namen heiraten wollt, ist das kein Problem. Nach dem Krieg könnt ihr wieder eure richtigen Namen annehmen und seid dann weiterhin verheiratet.«

Wir sprachen mit unseren Eltern darüber, aber sie waren ganz dagegen. Heins Vater meinte, daß wir auf keinen Fall heiraten sollten, da wir sonst . . . nun ja, wahrscheinlich neun Monate und zwei Tage später ein Baby bekommen würden – eine weitere Person, die versteckt werden müßte. Er selbst hatte zwölf Kinder – kein Wunder, daß ihm dieses Problem am größten schien. Meine Eltern glaubten, sie würden nicht zu unserer Hochzeit kommen können, solange die Gestapo ihr Haus beobachtete; sie befürchteten, daß man ihnen folgen würde. Sie hatten sicher recht.

Wir überlegten hin und her und kamen schließlich zu dem Ergebnis, daß wir warten wollten, bis der Krieg zu Ende sei. Wir dachten, daß das nicht mehr lange dauern könne und daß es nach der langen Zeit, die wir schon gewartet hatten, auf die paar Monate auch nicht mehr ankäme. Wenn wir vorher gewußt hätten, wie lange die Besatzungszeit noch dauern würde – ich glaube, wir hätten damals geheiratet. Aber das ahnte niemand, und wir nahmen an, daß wir, sobald dieser ganze Spuk vorbei wäre, so heiraten könnten, wie wir uns das vorstellten – mit einer richtigen kirchlichen Trauung durch den Pastor unserer Gemeinde, an einem wunderschönen Tag, den wir gemeinsam mit unseren Eltern und unseren Freunden und vor allen Dingen in Freiheit verbringen würden.

Eines Tages schrieb Hein mir einen Brief. »Diet, wir haben uns seit Wochen nicht mehr gesehen. Das ist einfach nicht gut. Wir sollten besseren Kontakt halten.« Wir hatten beide sehr viel zu tun und waren ständig in Gefahr; außerdem war ich oft nicht auf Watergoor, weil ich für den Untergrund unterwegs sein mußte.

»Bitte sei am Samstagabend ...« (das war der 22. April) »... bei Aalt und Alie. Es ist wichtig, Diet, denn ich will dich am Sonntag morgen dort abholen kommen. Wir fahren zusammen nach Amersfoort zum Gottesdienst und nehmen am Abendmahl teil, und dann bleiben wir noch den ganzen Sonntag zusammen.« Ab und Riek van Meerveld, die ein Baby erwarteten, hatten uns zum Mittagessen eingeladen. »Dann haben wir endlich mal wieder Zeit, miteinander zu reden«, schrieb Hein.

Wie vereinbart holte er mich an diesem Sonntag morgen ab, und wir fuhren mit dem Rad nach Amersfoort. Hier kannte uns kaum jemand, wir konnten in den Gottesdienst gehen und danach zu den van Meervelds nach Barneveld fahren.

Nach dem Mittagessen legen sich die meisten Bauern ein bißchen hin, weil sie jeden Morgen so früh aufstehen müssen. Hein und ich machten eine Radtour durch die wunderschöne Landschaft rund um Barneveld. Es war Frühling, in der Veluwe grünte und blühte es überall. Wir sprachen über ernste Dinge, und es kam mir so vor, als habe Hein eine Vorahnung bezüglich unserer Zukunft. Er erklärte mir, was ich tun solle, falls er festgenommen würde, und wie die Untergrundarbeit weitergehen müsse. Er las mir einen Vers aus dem vierzehnten Kapitel des Johannesevangeliums vor: »In meines Vaters Hause sind viele Wohnungen. Wenn's nicht so wäre, würde ich dann zu euch gesagt haben: Ich gehe hin, euch die Stätte zu bereiten?«

Der Nachmittag verging schnell; wir redeten nicht nur über Probleme, sondern hatten auch viel Spaß miteinander. Bald war es Abend. Hein mußte zurück nach Friesland, und ich mußte zurück nach Watergoor, denn am nächsten Tag wartete viel Arbeit auf mich, es war Waschtag. Da wir aus Sicherheitsgründen keine Hauptstraßen benutzen wollten, fuhren wir über Landstraßen, die an Wiesen und Wäldern entlangführten. Hein war sehr groß, und während wir uns beim Fahren unterhielten, mußte ich ständig zu ihm aufsehen.

Plötzlich hörte ich auf einer einsamen Straße eine Stimme, die laut und deutlich sagte: »Kijk nog maar goed naar hem« (Sieh ihn dir noch mal genau an). Ich hatte die Worte so deutlich gehört, als hätte sie jemand ausgesprochen, der sich direkt neben mir befand. Ich sah mich um, aber es war niemand da. Ich dachte, ich hätte geträumt, aber dann hörte ich denselben Satz noch ein zweites Mal. Ich habe auch heute noch keine Erklärung dafür. Ich wagte Hein nicht zu sagen, was ich gehört hatte, aber ich sah zu ihm hoch, denn das hatte die Stimme mir befohlen. Ich muß ihn völlig verwirrt angestarrt haben, denn er fragte sofort: »Warum guckst du mich denn so komisch an? Was hast du denn?«

»Nichts, überhaupt nichts«, erwiderte ich schnell.

Wir sprachen über andere Dinge und lachten miteinander, während wir weiter durch diese Gegend radelten, in der Hein groß geworden war und die auch mir inzwischen vertraut war. Unsere Rückfahrt nach Watergoor verlief ohne weitere Zwischenfälle. Wir machten uns beide Sorgen darüber, wie alles weitergehen würde, aber wenn wir zusammen waren, überwogen doch Hoffnung und Zuversicht. Manchmal sah ich einfach zu ihm auf und lächelte ihm zu. Dann mußte er lachen. Aber die Stimme, die mir zweimal gesagt hatte, daß ich ihn mir genau ansehen solle, werde ich wohl nie vergessen.

Als wir uns voneinander verabschiedeten, vereinbarten wir, daß wir uns in Zukunft mehr Zeit füreinander nehmen wollten, so, wie Hein es in seinem Brief vorgeschlagen hatte. Ich ging mit Alie zum Haus zurück und sah ihm nach, wie er den langen Weg, der in die Landstraße mündete, zurückradelte. Er fuhr wieder nach Friesland, wo niemand Hein Sietsma kannte und wo er unter falschem Namen arbeiten konnte. Er hatte, wie fast immer, die Taschen voller gefälschter Papiere.

Ein paar Tage später wurde der Mann, den ich heiraten wollte, in der Nähe von Leeuwarden, der Hauptstadt Frieslands, im Zug von der Gestapo durchsucht. Er wurde sehr gründlich überprüft, da er zu der Altersgruppe gehörte, die nach Deutschland geschickt wurde. Er hatte zwar falsche Papiere, die ihn als Pastor auswiesen, aber man fand bei ihm auch haufenweise Lebensmittelkarten, Ausweise und andere gestohlene Dokumente; außerdem viele Fotos unserer Königsfamilie, die neueren Datums waren und offensichtlich aus England stammten. Er wurde sofort festgenommen.

Während ich bei Aalt und Alie über jenen Tag nachdachte, den wir miteinander verbracht hatten, und über die eigenartige Stimme, die ich so deutlich gehört hatte und die mir immer noch angst machte, wurde Hein in Leeuwarden ins Gefängnis gebracht.

Drei Tage wurde er dort festgehalten und vernommen. Dann brachte man ihn ins Gefangenenlager nach Amersfoort. Während des Transportes wurde er von einem holländischen Polizisten bewacht. War dieser Mann ein Kollaborateur, oder war er nach der Machtübernahme der Nazis in seiner Stellung geblieben, um seinen Landsleuten, die dem Königshaus treu geblieben waren, zu helfen? Es gab Holländer, die sich für diese Möglichkeit entschieden, auch wenn sie von denen, die ihre innere Überzeugung nicht kannten, oft verachtet und gemieden wurden.

Jahre zuvor war Hein mit einem Mädchen aus Leeuwarden befreundet gewesen. Sie hieß Hieke, und ich erinnere mich, daß es mich ein bißchen eifersüchtig machte, wenn Hein mir von ihr erzählte. Nun schrieb er ihr in seiner Zelle einen Brief und beauftragte sie damit, Ab van Meerveld mitzuteilen, was mit ihm passiert war – natürlich in verschlüsselter Form.

Diesen Brief gab Hein seinem Bewacher mit der Bitte, ihn Hieke zukommen zu lassen. Er konnte nur hoffen und beten, daß der Mann ihm helfen würde. Glücklicherweise war dieser Polizist tatsächlich ein netter Mensch, der die junge Frau sogar kannte, da sie derselben Kirchengemeinde angehörten. Er brachte ihr den Brief, und sie warnte Ab. Wahrscheinlich hatte sie schon vorher gewußt, daß Ab Heins bester Freund war. Ich glaube, sie kannten sich alle drei von einer Jugendgruppe her, die zu ihrer Kirche gehörte und die sie gemeinsam besuchten. Es ist gut möglich, daß Hein und Ab auch schon bei Hiekes Familie in Leeuwarden zu Besuch gewesen waren. Vielleicht hatte

Hein den Namen seines Freundes im Brief gar nicht ausdrücklich erwähnt; wahrscheinlich war der Brief so abgefaßt, daß der holländische Polizist nicht verstehen konnte, was Hein meinte. Es hätte ja auch sein können, daß der Mann ein Nazi-Sympathisant war, und in diesem Fall wäre es für Ab sehr gefährlich geworden, wenn Hein seinen Namen erwähnt hätte.

Ab erhielt die Nachricht von Heins Gefangennahme am 30. April 1944. Noch am selben Tag bat er mich, sofort zu ihm zu kommen, da er mich dringend sprechen müsse. Seit Hein und ich uns gesehen hatten, war gerade eine Woche vergangen. Es war wieder Sonntag, und es war mein Geburtstag. Ich schwang mich fröhlich auf mein Fahrrad und fuhr zu Ab nach Barneveld. Vielleicht war das Ganze eine Geburtstagsüberraschung, und vielleicht war Hein auch da?

Aber als ich dort ankam, empfing Ab mich sehr ernst. »Diet, ich muß dir sagen, daß Hein letzten Mittwoch verhaftet worden ist.« Als Ab mir sagte, daß die Deutschen belastendes Material bei Hein gefunden hatten, wurde mir sofort klar, wie ernst die Lage war. Natürlich konnte man immer noch hoffen. Aber das war alles.

Hein hatte Ab die Anweisung erteilt, das Postfach zu leeren. Bei seiner Verhaftung trug er den Schlüssel zum Postfach bei sich. Auch Ab besaß einen Schlüssel und ebenso Pete Hoogerweff, ein anderes Mitglied unserer Gruppe in Zwijndrecht, sowie mein Bruder Albert.

Hein wollte, daß alle Mitglieder unserer Gruppe erfuhren, daß er verhaftet worden war. Eine besondere Warnung galt mir: »Ihr müßt wissen, daß sie jetzt noch intensiver nach Diet suchen werden, denn ich hatte Unterlagen bei mir, die auf ihre Arbeit und den Namen hinweisen, den sie jetzt benutzt. Sie darf auf keinen Fall nach Friesland kommen – das wäre viel zu riskant.«

Jetzt suchten die Deutschen mich also sozusagen doppelt: Sie suchten nicht nur Diet Eman, sondern auch Willie van Daalen.

»Sei ganz vorsichtig«, schrieb Hein. »Und sag auch allen anderen, daß sie jetzt ganz besonders aufpassen müssen.«

Ab hatte natürlich seinen eigenen Aufgabenbereich und konnte mit der Arbeit nicht einfach aufhören. Mein Bruder Albert erklärte sich bereit, das Postfach zu leeren. Das war sehr gefährlich, denn es bestand die Möglichkeit, daß die Deutschen den Schlüssel gefunden und Hein gefoltert hatten, damit er ihnen erklärte, was das für ein Schlüssel war. Wenn sie Bescheid wußten, warteten sie vielleicht darauf, daß jemand auftauchte, um den Inhalt des Schließfaches zu holen. Albert leerte das Postfach zusammen mit Bouwe Nieuwenhuis, einem jungen Mann, der unter dem Namen Bob Visser mit uns zusammenarbeitete und unsere Kontaktperson zur LO war. Glücklicherweise wurden sie nicht beobachtet.

Ab übertrug mir die Aufgabe, alle Mitglieder unserer Gruppe von Heins Verhaftung zu unterrichten. Zu diesem Zweck reiste ich eine ganze Woche lang mit dem Fahrrad und dem Zug umher. Außerdem mußte ich neue Lebensmittelkarten und Ausweise abholen und mich darum kümmern, daß ich einen neuen Decknamen bekam.

Am Morgen des 8. Mai 1944, einem Montag, packte ich alles Material ein, das Albert aus dem Postfach geholt hatte. Ich mußte noch ein paar andere Leute warnen, die in weiter entfernt liegenden Orten wohnten, außerdem wollte ich den Inhalt des Postfaches zu Bob nach Den Haag bringen. An diesem Morgen hatte ich die deutliche Vorahnung, daß ich noch am selben Tag verhaftet werden würde.

Ich trug immer noch meinen Verlobungsring; ich war stolz auf ihn, und er bedeutete mir sehr viel. Aber falls ich verhaftet würde, könnte dieser Ring mir – und anderen – sehr gefährlich werden. Immerhin war Heins Name darin eingraviert, und bestimmt würden die Deutschen mich fragen, wer dieser Hein sei. Er war zwar unter dem falschen Namen Hendrik de Jong verhaftet worden, aber wenn die Gestapo jemanden folterte, konnte man nie wissen, was sie alles in Erfahrung brachte. Also zog ich den Ring vom Finger; es war das erste Mal, seit ich ihn trug, und ich tat es nur sehr ungern.

»Ich habe das Gefühl, daß ich heute verhaftet werde«, sagte ich zu Alie. »Kannst du diesen Ring für mich aufbewahren?« Ich drückte ihn ihr in die Hand. »Es tut mir leid, aber ich werde dieses seltsame Gefühl nicht los.«

»Ach, Willie«, meinte sie, »du bist bloß nervös, das ist alles. Jetzt, wo Hein verhaftet ist, bist du besonders nervös.«

»Ja, ich weiß«, antwortete ich.

Alie dachte, daß ich mir das alles nur einbildete, und versuchte mich zu trösten. Aber auch während ich mich anzog und fertig machte, war es mir innerlich ganz klar, daß ich verhaftet werden würde. Fast meine gesamte Unterwäsche war hell, aber ich besaß auch eine schwarze Garnitur. Ich war mir so sicher, daß ich ins Gefängnis kommen würde, daß ich dachte: Bei der schwarzen Unterwäsche sieht man wenigstens den Dreck nicht so. Also zog ich die schwarze Garnitur an; außerdem warme, wollene Kniestrümpfe, die ich mir selbst gestrickt hatte, und die guten Schuhe von Familie Pon. So würde ich für das Gefängnis wenigstens gut ausgerüstet sein.

Ich verließ den Hof, ging zum nächsten Bahnhof und nahm den Zug nach Zwijndrecht; ich hatte einen dicken Umschlag mit gestohlenen Dokumenten dabei, und in Zwijndrecht sollte ich von Piet Hoogerwerff noch mehr Papiere bekommen.

Ich kam um die Mittagszeit in Zwijndrecht an. Die Familie Hoogerwerff besaß ein Harmonium; ich setzte mich an dieses Instrument und spielte einen Choral, der von unserer völligen

Abhängigkeit von Gott sprach. Ich war so verzweifelt darüber, daß Hein gefangengenommen worden war. All unsere Pläne für die Zeit nach dem Krieg, wenn das normale Leben weitergehen würde, waren jetzt in Frage gestellt. Als ich Piet verließ, steckte ich den Umschlag mit dem Material aus dem Postfach wieder in meine Bluse. Piet hatte mir weitere Papiere mitgegeben, die ich nach Den Haag bringen sollte. Darunter befanden sich Anweisungen für einige alliierte Piloten und Fotos, die für ihre neuen falschen Ausweise bestimmt waren, außerdem Ausweisvordrucke und von Onkel Ben gefälschte Dokumente, sehr viele Lebensmittelkarten und ein Fünfhundertguldenschein, den jemand gespendet hatte, der nicht den Mut fand, selbst aktiv im Untergrund mitzuarbeiten.

Ich ging zu Fuß zum Bahnhof; er lag ganz in der Nähe. Mein Zug sollte erst in fünfundvierzig Minuten abfahren, und als ich einstieg, war er noch fast leer. Ich setzte mich auf einen Fensterplatz und las in einem Buch, das ich dabeihatte. Ich erinnere mich heute noch an den Titel – *Toen De Herten Riepen* (»Als die Hirsche riefen«).

Langsam füllte sich der Zug. Pünktlich um Viertel vor zwei setzte er sich mit einem Ruck in Bewegung. Ich sah von meinem Buch auf und blickte aus dem Fenster. Neben dem Zug, der allmählich schneller wurde, sah ich sechs Gestapo-Männer herlaufen. Sie sprangen auf, verteilten sich auf die einzelnen Waggons und begannen die Ausweise der Reisenden zu kontrollieren. Die Gestapo führte oft solche Stichproben durch – man wußte nie, wann und wo sie auftauchen würden.

Der Zug hatte sechs Waggons, und jeder der Männer nahm sich einen davon vor. Einer von ihnen begann direkt gegenüber von mir, auf der anderen Seite des Gangs, mit der Ausweiskontrolle. »Ausweispapiere!« kommandierte er. Er ging schnell von einem zum anderen, sah sich die Ausweise kurz an und gab sie dann zurück. Ich hielt meinen Kopf über das Buch gebeugt und tat so, als wäre ich von der Lektüre gefesselt, aber das Herz schlug mir bis zum Hals, und ich hatte solche Angst, daß die Buchstaben vor meinen Augen einen wilden Tanz vollführten. Seit mehr als einem Jahr suchte die Gestapo jetzt nach mir; alle zwei bis drei Wochen tauchte sie bei meinen Eltern auf, immer zu einer anderen Tageszeit. Und nie war ich ihnen ins Netz gegangen. Jetzt kam der Mann zu mir, und ich gab ihm meinen neuen falschen Ausweis, der auf den Namen Wilhelmina Laarman lautete. Ich hatte gehofft, daß er ihn mir genauso schnell zurückgeben würde wie den anderen, aber er behielt ihn in der Hand.

»Wann haben Sie den bekommen?« fragte er mich. Ich sprach fließend Deutsch, aber da ich mir geschworen hatte, bis zum Ende der Besatzung kein Wort mehr in dieser Sprache zu sprechen, antwortete ich ihm auf Holländisch, daß ich seine Frage nicht verstanden hätte, da ich kein Deutsch spräche. Er redete weiter auf mich ein, und ich wiederholte, daß ich ihn nicht verstünde. Schließlich schaltete sich ein hilfsbereiter Mitreisender ein. »Er will wissen, wann Sie Ihren Ausweis bekommen haben«, erklärte er mir.

»Das Ausstellungsdatum steht doch drauf«, sagte ich auf Holländisch. »Alle Holländer meines Jahrgangs haben ihren Ausweis im November 1941 bekommen.«

Er warf einen weiteren Blick darauf und wollte dann auch noch meine Lebensmittelkarte sehen. Inzwischen waren die anderen fünf Gestapo-Männer mit ihren Waggons fertig und standen alle um mich herum. Sie betrachteten meinen Ausweis und fingen an zu lachen.

1941 hatten die Deutschen allen Holländern, die zu diesem Zeitpunkt sechzehn Jahre und älter waren, Ausweise ausgehändigt. Die Angabe *Nederlander* war auf diesen Ausweisen in dunkelblauer Farbe gedruckt. 1943 mußten neue Ausweise gedruckt werden, da die alten Vordrucke aufgebraucht waren. Auf den 1943 ausgestellten Ausweisen war das Wort *Nederlander* schwarz. Und auf meinem Ausweis, den ich angeblich 1941 erhalten hatte, war das Wort *Nederlander* schwarz statt dunkelblau, wie es eigentlich hätte sein müssen. Also war mein Ausweis offensichtlich gefälscht.

Nun mußte ich eine glaubhafte Erklärung dafür finden, daß ich unschuldig war, obwohl ich falsche Papiere hatte. Das war keine leichte Aufgabe.

Was jedoch als nächstes geschah, war wohl das größte Wunder, das ich während des ganzen Krieges erlebte.

Der Zug hielt in Rotterdam am Bahnhof Delftse Poort, und die sechs Gestapo-Männer, von denen einer oder zwei in Zivil waren, forderten mich auf, mit ihnen auszusteigen. Ich mußte mich auf eine Bank setzen, die auf dem Bahnsteig stand. Die sechs Männer standen um mich herum. Obwohl es ein ziemlich kühler Tag war, öffnete ich die obersten Knöpfe meiner Bluse, so als ob mir warm wäre. Tatsächlich hatte ich ein Gefühl, als ob Flammen aus meiner Bluse schlügen; die Papiere, die in meinem BH steckten, konnten mein Tod sein – und nicht nur meiner. Wenn sie bei mir gefunden wurden, war ein großer Teil unserer Arbeit in Gefahr. Ich wartete auf eine Gelegenheit, den Umschlag herauszuziehen und wegzuwerfen.

Ich wußte von meinen Freunden, die im Gefängnis gewesen waren, daß man sich dort nackt ausziehen mußte, wenn man durchsucht wurde. Und wenn jemand solches Material bei sich hatte wie ich jetzt, dann wurde er sofort an die Wand gestellt und erschossen.

Ich hoffte immer noch, daß Hein und ich heiraten würden; ich dachte an mein Hochzeitskleid. Ich wollte nicht verhaftet werden! Ich wollte nicht sterben! Während ich auf dieser Bank saß, betete ich so inständig wie noch nie in meinem Leben. »Herr, wenn es nötig ist, geben wir unser Leben, aber wenn es irgend möglich ist, dann mach bitte, daß die Männer eine halbe Minute lang woanders hingucken, damit ich diesen Umschlag wegwerfen kann.«

Aber wenn einer wegschaute, dann beobachtete mich ein anderer. Wenn es nur einer oder zwei gewesen wären, hätte ich wahrscheinlich eine Chance gehabt, aber sechs Männer, die im Halbkreis um mich herum standen – das waren einfach zu viele. Aber es geschehen immer noch Wunder, auch wenn wir das nicht für möglich halten. Der größte dieser Männer – er war bestimmt fast zwei Meter groß – trug einen glänzenden, grauen Plastikregenmantel. Damals war Kleidung aus Plastik gerade erst erfunden worden und für alle noch etwas ganz Neues.

Einer der Männer fragte: »Ist das einer aus diesem neuen Material? Ist der wirklich wasserdicht?«

»Ja«, antwortete der Große, »ich war damit in einem kräftigen Platzregen und habe keinen Tropfen abgekriegt.«

»Tolles Ding«, meinte ein anderer. »Hat auch enorm viele Taschen.«

»Ihr seht ja nur die, die außen sind«, sagte der Große. »Ihr müßt erst mal sehen, wie viele er innen hat.«

Dabei knöpfte er den Mantel auf und öffnete ihn weit. Alle Köpfe wandten sich der ausgebreiteten Innenseite des Mantels zu, und in diesem Augenblick zog ich den Umschlag aus meinem BH und schleuderte ihn so weit weg, wie ich konnte. Ich wollte, daß die Männer ihn nicht mit mir in Verbindung brachten, falls sie ihn auf dem Boden liegen sahen. Es gingen ständig Leute auf dem Bahnsteig hin und her, und jeder hätte ihn verlieren können. Die Gestapo-Männer konnten unmöglich alle verhaften, die über den Bahnsteig liefen.

Sobald ich den Umschlag los war, wußte ich, daß meine

Chancen, mit dem Leben davonzukommen, sich deutlich verbessert hatten. Trotzdem war ich noch sehr aufgeregt, denn der helle Umschlag stach ziemlich auffällig gegen den dunklen Bahnsteig ab. Die Männer hätten ihn entdecken und der Meinung sein können, daß er vorher nicht da war. Aber so, wie er da lag, konnte er immerhin auch von jedem anderen sein, eine Rechnung oder eine Quittung, die jemand verloren hatte, der in Eile war.

Später, als ich in meiner Zelle war, dachte ich über das Wunder nach, das ich erlebt hatte. Es heißt in der Bibel: »Und es soll geschehen, ehe sie rufen, will ich antworten ...« Ich glaube, als der Deutsche an diesem kühlen Morgen seinen Regenmantel anzog, wußte Gott schon, daß ich diesen Mantel brauchen würde.

Ich hatte immer noch Angst, daß einer der Männer den Umschlag aufheben und irgendwie mit mir in Verbindung bringen würde, aber sie beachteten ihn glücklicherweise überhaupt nicht. Trotzdem wollte ich so schnell wie möglich woanders hingehen, und da es regnete, sagte ich den Männern auf holländisch, daß mir kalt sei. Einer von ihnen, der gebrochen Holländisch sprach, wandte sich mir zu und fragte: »Was haben Sie gesagt?«

»Mir ist so kalt«, wiederholte ich. »Können wir uns nicht da drüben in die Unterführung stellen? Da ist es ein bißchen geschützter.«

Ich hörte, wie er zu den anderen sagte: »Laßt mich mit ihr allein. Ich werde es schon aus ihr rauskriegen.«

Sie waren einverstanden, und er ging mit mir zum Tunnel.

Durch die Untergrundarbeit hatten wir alle viel Erfahrung im Umgang mit Menschen bekommen. Dieser Gestapo-Mann war ein eitler, wichtigtuerischer Mensch, der den anderen zeigen wollte, was er alles konnte. Das hatte ich gleich gesehen.

Als wir im Tunnel standen und er mit mir zu reden begann, tat ich so, als wäre ich ein richtiges Dummchen. Diet, sagte ich mir, das beste ist, wenn du dich richtig dumm stellst. Du hast überhaupt keine Ahnung, wieso du einen Ausweis besitzt, der nicht in Ordnung ist.

Also fragte ich unschuldig: »Meneer, wenn Sie diese Kontrollen durchführen, was suchen Sie dann eigentlich genau?«

»Nun«, erklärte er, »wir suchen Spione und Leute, die für die Widerstandsbewegung arbeiten.«

»Ach so«, sagte ich. »Und Sie machen das jeden Tag?«

»Ja, jeden Tag«, antwortete er stolz. Er schien sich ziemlich wichtig zu fühlen.

»Und . . . und . . . haben Sie schon viele gefangen?« fragte ich weiter. Ich tat so, als hätte ich nicht die leiseste Ahnung.

»O ja«, sagte er. »Wir haben gerade einen englischen Spion festgenommen. Er hatte lauter Negative von Fotos dabei . . .«

»Ach, wirklich? Haben Sie ihn erschossen?«

»Nein, er versuchte zu fliehen.«

»Und dann haben Sie ihn natürlich erschossen, genau wie so ein Verbrecher es verdient«, meinte ich befriedigt.

»Nein, wir haben ihn gefangen«, belehrte er mich. »Ich kann sehr schnell laufen.«

»Ich kann auch sehr schnell laufen. Machen wir ein Wettrennen?« schlug ich vor und lachte. »Geben Sie mir einen Vorsprung?« Ich gab mir alle Mühe, meine Aufgeregtheit zu überspielen.

Unser Zug lief ein, und der Mann mußte mit mir zu den anderen zurückgehen. Er hatte noch kein Wort auf seinen gelben Notizblock geschrieben.

Wir stiegen in einen Waggon, der für Angehörige der Wehrmacht reserviert und wie üblich völlig leer war.

Wieder sagte der eine Deutsche zu den anderen, daß sie ihn

ruhig mit mir allein lassen sollten. Er würde schon alles aus mir rausholen. Daraufhin gingen die fünf in ein anderes Abteil.

»Es muß ja wahnsinnig interessant sein, einen englischen Spion zu fangen«, sagte ich bewundernd, als wir allein waren. Ich spielte weiterhin das Dummchen, und als der Zug in Den Haag hielt und die anderen Männer wieder zu uns ins Abteil kamen, war sein Block immer noch leer. Ich war so erleichtert, den Umschlag los zu sein, daß ich mich stark genug fühlte, ein Spielchen mit diesem Deutschen zu treiben.

Trotzdem hatte ich große Angst, als der Zug in Den Haag einfuhr. Es war die Stadt, in der ich geboren worden war und jahrelang gelebt und gearbeitet hatte, und dort kannten mich sehr viele Leute. Es war halb fünf oder Viertel vor fünf. Um diese Uhrzeit hatten die Büroangestellten Feierabend, und in unmittelbarer Nähe des Bahnhofs befand sich die Bank, in der ich gearbeitet hatte. Ich konnte nur beten, daß mir jetzt keiner meiner Kollegen entgegenkam und freudestrahlend sagte: »Hallo, Diet, wie geht's? Wir haben dich ja ewig nicht mehr geseh'n!«

Die Deutschen stiegen mit mir in die Straßenbahn Linie acht, die an der Bank vorbei zum *Binnenhof* führt, dem Viertel, in dem die schönen alten Regierungsgebäude lagen, die die Deutschen konfisziert hatten. Dort befand sich auch das Hauptquartier der Gestapo.

Damit wir kein Aufsehen erregten, hatten die Männer sich in der Straßenbahn verteilt; neben mir saßen diejenigen, die keine Uniform trugen.

Kurz nachdem wir uns hingesetzt hatten, kam der Schaffner. Ich weiß nicht, woher ich den Mut nahm, aber als er vor mir stand, sah ich ihm direkt ins Gesicht und sagte: »Ich zahle nicht.«

Er sah mich verblüfft an. »Dann müssen Sie aussteigen!«

»Ja, gern«, antwortete ich. »Das will ich auch. Ich bin nämlich gegen meinen Willen hier.«

Inzwischen waren die anderen Fahrgäste auf uns aufmerksam geworden und sahen zu mir herüber.

»Sie müssen aber trotzdem bezahlen«, beharrte der Schaffner.

»Nein, ich will überhaupt nicht mit dieser Straßenbahn fahren. Dieser Mann da ...«, sagte ich und zeigte auf den, der den NSB-Anstecker trug, »und der da drüben und der andere da hinten haben mich gezwungen, hier einzusteigen. Ich sehe nicht ein, warum ich zahlen soll.«

Alle starrten auf den Mann mit dem Anstecker, der wie ein Sauertopf dasaß.

»Wenn Sie Geld dafür wollen, daß ich mit dieser Straßenbahn fahre, dann verlangen Sie es von denen, die mich dazu zwingen!«

Der Schaffner sah von einem zum anderen. »Wollen Sie damit sagen, daß Sie festgenommen worden sind?«

»Ja«, antwortete ich.

Jetzt wußten alle Fahrgäste, daß die Männer von der Gestapo waren und daß sie mich verhaftet hatten. Die Gestapo bemühte sich immer, Verhaftungen möglichst unauffällig vonstatten gehen zu lassen, aber für mich war es wichtig, daß alle Fahrgäste merkten, was los war, auch für den Fall, daß einer meiner ehemaligen Kollegen mitfuhr. Ich wollte, daß alle Bescheid wußten und gewarnt waren.

Vielleicht hatte ich ja auch noch eine Chance zu entkommen.

Im Falle eines Unfalls würden die anderen Fahrgäste mir vielleicht helfen, in der Menge unterzutauchen. Ich wollte jede Möglichkeit ausnutzen, die sich mir bot.

Jetzt wandte sich der Schaffner an den Griesgram. »Wenn Sie

wollen, daß sie mit dieser Straßenbahn fährt, dann müssen Sie auch für sie bezahlen!« erklärte er.

Er zahlte.

Die Genugtuung, die ich dabei empfand, richtete mich innerlich auf. Ich fragte mich, woher ich den Mut nahm, so frech zu sein; wahrscheinlich hatte es damit zu tun, daß ich Gott so dankbar dafür war, daß ich diesen Briefumschlag nicht mehr bei mir trug. Außerdem hatte man uns immer gesagt: »Wenn ihr verhaftet werdet, dürft ihr auf keinen Fall Angst zeigen, sonst geht's euch dreckig.« Also stellte ich mich dumm – und furchtlos.

Als die Straßenbahn im *Binnenhof* hielt, stiegen wir aus und gingen ins Gestapo-Hauptquartier. Die Männer nahmen mir meinen Koffer ab und durchsuchten ihn. Sie stießen auf ein paar Notizzettel, die ich in einer Art Code geschrieben hatte, den niemand außer mir verstand. Ich hatte früher Stenographie gelernt, aber diese Notizen hatte ich in einem System von Zeichen und Wörtern verfaßt, das ich mir selbst ausgedacht hatte; es war sozusagen meine Geheimsprache.

»Was ist das?« wollten sie wissen.

»Kurzschrift«, erwiderte ich. »Es sind Entwürfe für Briefe, die ich Freunden in Paramaribo schreiben will. Wenn mir etwas einfällt, kritzel' ich es schnell auf so ein Blatt, eh' ich es vergesse.«

Auf meinem neuen Ausweis stand, daß ich in Surinam geboren sei. Die Hauptstadt von Surinam war Paramaribo, und damals bestand zwischen Holland und Paramaribo keine Postverbindung.

»Lesen Sie das vor!« forderten sie mich auf.

»Es sind bloß Stichworte, keine richtigen Sätze. Ich muß ein bißchen nachdenken, damit ich wieder weiß, was ich gemeint habe.«

»Lesen Sie es vor! Es ist Spionagezeug, sonst gar nichts!«

Ich dachte mir schnell etwas aus, das sich möglichst harmlos anhörte. Die Männer wußten natürlich nicht, ob ich die Wahrheit sagte, aber sie konnten mir auch nicht das Gegenteil beweisen.

Nachdem sie meinen Koffer durchsucht und sich vergeblich bemüht hatten, etwas aus mir herauszubekommen, legten sie alles wieder zurück und sagten mir, daß sie mich ins Gefängnis bringen würden. Dann ließen sie mich allein. Da saß ich nun im *Binnenhof*, in der Höhle des Löwen. An diesem Nachmittag wurden wieder Razzien durchgeführt, um Juden aufzuspüren, und alle »Grünen Minnas« waren im Einsatz. Es war kein Auto vorhanden, mit dem man mich hätte ins Gefängnis bringen können, und ich mußte lange bei einem deutschen Offizier warten, der an seinem Schreibtisch saß und Berichte schrieb.

Ich war immer noch so froh, daß ich diesen Umschlag losgeworden und damit der schlimmsten Gefahr entgangen war. Ich blickte recht zuversichtlich in die Zukunft und dachte, daß ich wahrscheinlich schon bald wieder frei sein würde. Da fiel mir plötzlich etwas ein. Seit ich in der Untergrundarbeit tätig war, machte sich meine Mutter immer Sorgen um meine Ernährung. Einmal hatte sie unseren Hausarzt gefragt, ob er ihr irgend etwas für mich geben könne. »Diet führt so ein unregelmäßiges Leben«, meinte sie. Sie konnte ihm vertrauen; er war schon seit Jahren unser Hausarzt. Er gab ihr ein Döschen mit Eisen- und Vitamintabletten. Auf das Etikett hatte er ihren Namen geschrieben, »Mevr. Eman«. Meine Mutter hatte es Bob gegeben, unserem Verbindungsmann in Den Haag, und Bob hatte es mir gebracht. Aus irgendeinem unerfindlichen Grund hatte ich das Etikett nicht abgemacht – und dieses Döschen befand sich jetzt in meinem Koffer!

O Herr, dachte ich, sie suchen seit über einem Jahr nach Diet Eman. Und jetzt steht mein richtiger Name auf dieser Dose. Ich muß den Koffer haben und das Etikett abmachen.

Ich wandte mich an den Gestapo-Offizier. »Meneer, ich habe seit Stunden nichts mehr gegessen. Ich bin furchtbar hungrig.« Ich zeigte auf meinen Koffer. »In dem Koffer da habe ich noch ein belegtes Brot. Dürfte ich das vielleicht essen?« Piet Hoogerwerffs Frau Mijntje hatte mir tatsächlich ein Brot eingepackt, bevor ich wegfuhr.

»Ja, Sie können es sich holen«, sagte er.

Ich nahm den Koffer; er war klein und hatte stabile Seiten – ein praktischer Wochenendkoffer. Ich öffnete ihn so, daß sich der hochgeklappte Deckel zwischen mir und dem Offizier befand, und nahm das Brot heraus. Ich war so aufgeregt, daß mein Mund vollkommen trocken war; statt Brot schien ich Sand im Mund zu haben. Aber während ich kaute, gelang es mir, mit den Fingernägeln den Namen meiner Mutter von der kleinen Dose abzukratzen. Das ging besser, als das Brot herunterzuwürgen.

Ich fragte mich, ob sonst noch etwas in dem Koffer sei, das meine wahre Identität verraten könnte. Doch bevor ich den Deckel wieder zugeklappt hatte, kam schon ein Auto, mit dem ich ins Gefängnis gebracht werden sollte. Ich stieg ein, und derselbe Mann, der schon vorher versucht hatte, mich zum Reden zu bringen, kam zu mir in den Wagen; er sollte mich zum Gefängnis begleiten und setzte sich neben mich.

»Tja«, meinte er, »zu schade, was jetzt passiert ist. Sie haben uns überhaupt nichts gesagt, und darum müssen Sie jetzt ins Gefängnis. Da kann man gar nichts machen. Ich hätte Ihnen so gern geholfen, aber Sie sind ja nicht darauf eingegangen. Jetzt hat der große Boß gesagt, daß ich Sie ins Gefängnis bringen muß.«

Nach einer Weile fuhr er fort: »Soll ich Ihnen mal was verraten? Wenn Sie mir sagen, warum Sie falsche Papiere haben – und Sie wissen ja, daß das so ist –, dann werden Sie im Gefängnis bevorzugt behandelt. Sie können sich jeden Tag aussuchen, was Sie essen wollen, und Sie kriegen vor jeder Mahlzeit was zu trinken.«

Ich hatte nicht vor zuzugeben, daß ich falsche Papiere hatte. Ich wußte nicht, wie meine Anklage lauten würde; daher hatte ich beschlossen, nichts zu sagen, sondern nur zuzuhören. Vielleicht konnte ich so herausfinden, warum sie mich einsperrten. Ich wollte erst dann etwas sagen, wenn ich wußte, was für eine Art von Geschichte ich erfinden mußte. Sein Vorschlag war eine Beleidigung für einen denkenden Menschen. Wenn ich wirklich eine Spionin gewesen wäre, hätte ich meine Geheimnisse sicher nicht für ein Glas Wasser oder Wein preisgegeben, und wenn ich unschuldig gewesen wäre, hätte ich ja gar nichts gestehen können. Er schien mich für total beschränkt zu halten – aber ich hatte mich ja auch nach Kräften bemüht, diesen Eindruck zu erwekken. Ich wußte, daß es im Gefängnis keine bevorzugte Behandlung gab – ich hatte schon zu viele Freunde dort.

Da ich merkte, daß er mir meine Rolle abnahm, spielte ich sie weiter. Ich riß die Augen auf und fragte aufgeregt: »Meinen Sie, ich könnte dort sogar *appelmoes* bekommen???«

Das war das Lächerlichste, was mir im Augenblick einfiel, und jeder normale Mensch hätte gemerkt, daß ich ihn auf den Arm nahm. Aber er erwiderte sichtlich erfreut: »Ja, selbstverständlich!«

Mensch, bist du blöd, dachte ich, nicht ohne inneren Triumph.

Als wir in Scheveningen vor dem Gefängnis standen, blickte ich an den hohen Mauern empor. In der Mauer vor uns war eine kleine Tür, und man mußte auf einen Knopf drücken, um eingelassen zu werden. Der Deutsche legte seinen Zeigefinger auf den Knopf und sagte: »Ich habe den Knopf noch nicht gedrückt, sehen Sie? Sie können mir immer noch sagen, warum Sie einen falschen Ausweis haben.«

Ich erinnerte mich an das Prinzip, daß man niemals Angst zeigen durfte, wenn man verhaftet wurde. Daher nahm ich einfach seine Hand und drückte seinen Finger auf den Knopf. Er gab mir sofort eine Ohrfeige, aber die hatte ich natürlich selbst herausgefordert. Ich hatte ihm gezeigt, wie wenig Eindruck er auf mich machte, und das nahm er mir übel.

Obwohl ich immer noch furchtbare Angst hatte, war ich innerlich ganz ruhig. Selbst wenn sie mich töten würden – ich wußte, daß Gott über meinem Leben wachte und daß mir nichts geschehen konnte, was er nicht zuließ.

Im Gefängnis von Scheveningen

Im Gefängnis mußte ich mich sofort in einem langen Gang mit dem Gesicht zur Wand stellen; die Zellen befanden sich in meinem Rücken. Ich hatte große Angst, da ich wußte, daß in diesem Gefängnis schon Grausamkeiten verübt worden waren. Als die Wächter mich für kurze Zeit allein ließen, hörte ich von überall her Stimmen, die mich fragten: »Was sind die neuesten Nachrichten von draußen?« »Haben Sie BBC gehört?« »Was meldet Radio Oranje?« Ich hätte ihnen gerne alles gesagt, was ich wußte, aber die Büroräume der Deutschen waren ganz in der Nähe, und ich befürchtete, daß das nicht die Stimmen von Gefangenen, sondern von Gestapo-Mitgliedern waren. Wenn ich ihnen die neuesten Nachrichten weitergesagt hätte, hätten sie gewußt, daß ich heimlich BBC hörte. Also sagte ich nichts.

Dann mußte ich mich ausziehen, und sie durchsuchten mich, sowohl in aufrechter als auch in gebeugter Haltung. Gott sei Dank hatte ich kein belastendes Material mehr bei mir. Daraufhin brachte man mich zur Zelle 306 im Gang A; ich war die fünfte Gefangene in dieser drei Meter langen und zwei Meter breiten Zelle, die eigentlich nur für eine Person gedacht war. An der hinteren Wand stand eine einzige schmale Pritsche, auf der eine alte jüdische Frau lag. Sie war in den Siebzigern und hieß Frau Speier.

Lies Karel, eine andere Gefangene, war eine Krankenschwester, die vor ihrer Festnahme im Untergrund aktiv gewesen war. Mit der Zeit begann ich, Vertrauen zu ihr zu fassen; zu Anfang traute ich jedoch niemandem. Ich hatte gehört, daß es im Gefängnis Informanten gab, und außerdem befanden sich dort neben den politischen Gefangenen auch gewöhnliche Kriminelle. Wir waren eine seltsame Mischung: die Jüdin war nur im

Gefängnis, weil sie Jüdin war, Lies aus politischen Gründen und ich wegen meines falschen Personalausweises. Eine andere junge Frau war zusammen mit ihrem Freund, einem Schwarzhändler, verhaftet worden. Die Deutschen haßten alle Schwarzhändler, weil sie selbst soviel holländisches Geld wie möglich in ihren Besitz bringen wollten.

Jeden Dienstag- und Donnerstagabend wurden Juden von Scheveningen in das KZ Westerbork gebracht; von dort aus schickte man sie dann später nach Deutschland oder Polen. Wenn bei den Razzien jüdische Familien gefunden wurden, brachten die Deutschen sie immer zuerst nach Scheveningen. Wenn sie bei uns ankamen, hörte man das Weinen der Kinder im ganzen Gefängnis. Es war schlimm für uns, daß wir dort eingesperrt waren, aber zu hören, wie diese Kinder weinten und nach ihren Müttern riefen, war sehr viel schrecklicher.

Unsere Zelle hatte nur ein winziges Fenster, das sich ganz oben in der Wand befand; es war, abgesehen von einer schwachen Lampe, die einzige Lichtquelle. Wunderbar war es für uns, wenn das Sonnenlicht durch dieses kleine Fenster fiel. Auch das Geräusch der Wellen, die hinter den Dünen ans Ufer schlugen, liebten wir sehr. Es tröstete uns irgendwie, ebenso wie das Schreien der Möwen. Das Gefängnis lag direkt in den Dünen, am Ende der *Van Alkemadelaan*, der Straße, die von Den Haag an die Nordsee führte. Es war schön für uns, wenn inmitten des ganzen Elends Geräusche aus der Natur an unser Ohr drangen. Sie wirkten auf uns so rein und unverletzt. Einmal streckte eine weiße Möwe ihren Kopf zum Fenster herein, als es mir gerade sehr schlecht ging, und es kam mir so vor, als ob Gott sie geschickt hätte, um mich zu trösten und mir zu sagen, daß er für mich sorgen würde, genauso wie er für die Vögel sorgte.

Etwa um Viertel vor sechs begannen die Aufseher jeden Morgen durch die Gänge zu rufen, daß wir aufstehen sollten. Sie öffneten die Tür einen Spaltbreit und gaben jedem von uns einen kleinen Eimer Wasser – so klein wie die Eimerchen, mit denen Kinder am Strand spielen. Wir hatten keine Waschlappen und keine Seife und mußten das Wasser einfach mit den Händen auf unserem Körper verteilen. Es gab auch keine Handtücher, und es war sehr unangenehm für uns, daß wir uns nicht abtrocknen konnten, zumal es im Mai an der See noch sehr feucht und kühl ist. Manchmal nahm ich einfach mein Unterhemd und benutzte es als Handtuch.

Mit dem kleinen Eimer Wasser mußten wir sowohl uns als auch unsere Kleidung waschen. Wenn ich meine Unterwäsche gewaschen hatte, dauerte es drei Tage, bis sie getrocknet war; solange trug ich dann nur mein Kleid.

Es wäre unter diesen Umständen sehr problematisch gewesen, wenn wir unsere Menstruation bekommen hätten, aber die meisten von uns bekamen wegen der schlechten Ernährung sowieso keine Blutung mehr. Ich hatte gerade meine Periode, als ich festgenommen wurde, und dann bekam ich sie erst wieder nach meiner Entlassung. Ich kann mich nicht daran erinnern, daß jemals eine der Frauen in unserer Zelle eine Monatsblutung hatte.

Nachdem wir uns gewaschen hatten, hörten wir die Aufseher draußen rufen: »Kaffee, Kaffee!« Wir stellten uns mit unseren rostigen Bechern hinter dem *luikje* auf, dem kleinen Guckfenster in der Tür. Es wurde von außen geöffnet, und wir hielten sofort unsere Becher unter die Öffnung, denn die Aufseher hätten diese Flüssigkeit, die sie Kaffee nannten, einfach auf den Boden gekippt, wenn wir sie nicht mit unseren Bechern aufgefangen hätten. Manchmal, wenn sie schlecht gelaunt waren, gossen sie das heiße Zeug zur Hälfte in unsere Tassen und zur Hälfte über unsere Hände. Nach dem Kaffee bekam jede von uns ein Stück trockenes Brot. Anschließend mußten einige die Toilettenkübel leeren. Obwohl es eine ekelerregende Arbeit war, meldeten sich immer wieder Gefangene freiwillig, denn diejenigen, die sie verrichteten, bekamen doppelte Rationen bei der nächsten Mahlzeit.

Nach dem Stück Brot begannen für uns lange, langweilige Stunden. Wir versuchten, uns miteinander zu unterhalten, und ich erinnere mich, daß wir eines Tages beschlossen, Gymnastikübungen zu machen, da wir alle der Meinung waren, daß es nicht gut für uns sei, daß wir nichts zu tun hatten. Ich versuchte immer wieder, aus dem Stand rückwärts in die Brücke zu gehen; ich wollte sportlich und gesund sein, wenn ich entlassen würde. Überhaupt dachten wir immer nur an das, was wir machen würden, wenn wir wieder frei wären. Das Leben innerhalb dieser Mauern kam uns so unwirklich vor.

Jeden Morgen machten wir mindestens eine Stunde Gymnastik. Danach unterhielten wir uns, und einige kratzten Striche in die Wand, um die Tage unserer Gefangenschaft zu zählen. Die anderen behielten das Guckfenster im Auge, denn es galt als schlimmes Verbrechen, die Wände zu »verschandeln«. Wir wechselten uns damit ab, Botschaften und Verse in die Wände zu kratzen. Bei meiner Verhaftung war es mir gelungen, eine Haarklemme zu retten, und damit kratzte ich einen Bibelvers in die Wand. Es war ein Vers, der mich immer sehr tröstete, obwohl ich nicht wußte, was uns noch bevorstand: »Siehe, ich bin bei euch alle Tage bis an der Welt Ende« – die letzten Worte Jesu vor seiner Rückkehr in den Himmel. Ich glaubte an diese Verheißung, und ich wollte, daß auch meine Mitgefangenen und diejenigen, die nach uns in dieser Zelle sein würden, diese Worte lesen konnten.

Schließlich kam das Mittagessen. Es gab fast nie Gemüse oder Kartoffeln, von Fleisch gar nicht zu reden. Wir bekamen eine Art Suppe, einen Mischmasch von irgendwelchen Sachen, die in Wasser gekocht waren. Das Essen wurde von den Gefangenen zubereitet. Sie taten ihr Bestes, aber es schmeckte schrecklich. Oft gaben sie uns Suppe aus Brennesselblättern. Das Essen sah jeden Tag ein bißchen anders aus, aber es war immer Suppe und schmeckte immer gleich. Einmal im Monat bekamen wir jedoch vom Roten Kreuz einen richtigen Bohneneintopf voller weißer oder brauner Bohnen, so daß wir wenigstens an diesem Tag etwas Kräftiges im Magen hatten.

Am Nachmittag machten wir dann wieder Gymnastik, und manchmal spielten wir Karten. Eine Frau in unserer Zelle hatte ein kostbares Blatt Papier, das sie irgendwie ergattert hatte, in winzige Stücke gerissen, die wir alle gekennzeichnet hatten, so daß sie zusammen ein vollständiges Kartenspiel ergaben. Ich hatte nie Kartenspielen gelernt, obwohl das in unserer Familie im Gegensatz zu vielen anderen Familien, die zur Reformierten Kirche gehörten, nicht ausdrücklich verboten war. Die anderen Frauen in meiner Zelle brachten mir bei, wie man mit diesen kleinen Papierstückchen spielte, und ich fand es wunderbar.

Zum Abendessen bekamen wir wieder eine Scheibe Brot, ab und zu mit einem Stückchen Butter darauf. Das war alles. (Damals war die Lebensmittelversorgung in ganz Holland schlecht, und auch außerhalb der Gefängnismauern mußten viele Menschen hungern.) Wenn es dunkel wurde, breiteten wir unsere Strohmatratzen auf dem Boden aus. Wir durften tagsüber nicht darauf sitzen; sie mußten zusammengerollt an der Wand liegen, damit wir in der kleinen Zelle Platz zum Stehen hatten. Es war auch verboten, sich tagsüber hinzulegen und ein Schläfchen zu machen. Die Deutschen rissen oft ohne Vorwarnung die Tür auf, stürmten in die Zelle, schrien herum und durchsuchten alles nach Sachen, die man nicht haben durfte, zum Beispiel einen Bleistiftstummel, eine Nadel oder so etwas wie diese Papierstreifen, die wir als Karten benutzten. Wir hatten schreckliche Angst, diese kleinen Dinge bei einer Kontrolle zu verlieren. Sie waren so wertvoll für uns, weil wir fast nichts mehr besaßen; wir hingen an diesen Gegenständen, die unseren Widerstand und unseren Überlebenswillen symbolisierten. Sobald wir Schritte hörten, versteckten wir alles, von dem wir befürchteten, daß es beschlagnahmt werden könnte. Wir waren ständig auf der Hut, sogar nachts im Schlaf.

Als ich dreieinhalb Wochen in Scheveningen war, sagten uns die Aufseher, daß die Insassen unserer Zelle sich duschen dürften. In gewissen Abständen wurden wir, eine nach der anderen, herausgerufen. Ich war begeistert. Voller Vorfreude marschierte ich über den Läufer, der in der Mitte des Ganges lag und die Schritte der Aufseher dämpfen sollte. Eine Aufseherin schrie mich an, daß ich auf dem Beton entlanglaufen solle, nicht auf dem Läufer. Der Läufer wäre nicht für die Gefangenen gedacht. Als ich zum Duschraum kam, gab mir eine andere Aufseherin ein kleines Stückchen braune, steinharte Seife. Ich bekam sogar eine Art Handtuch, einen zerschlissenen Fetzen, der aussah, als wäre er mindestens hundert Jahre alt. Aber das war mir ganz egal. Es wird herrlich sein, wenn ich endlich unter dem warmen Wasser stehe, dachte ich.

Ich zog mich aus und stellte mich unter die Dusche, aber im selben Moment, als ich das Wasser aufdrehen wollte, hörte ich eine laute Stimme: »Kommen Sie raus und gehen Sie zurück in ihre Zelle. Ihre Zeit ist um!«

Ich hatte keinen Tropfen Wasser abbekommen! Es war eines von ihren sadistischen Spielen, ein psychologischer Trick.

Es kamen ständig neue Gefangene in unsere Zelle, und andere gingen. Kurz nach meiner Ankunft kam eine junge Jüdin, die sich als Sonja Barzilai vorstellte, ein portugiesischer oder brasilianischer Name. Sie war etwas mollig, aber wohlproportioniert und sexy, und obwohl sie stark geschminkt war, sah man ihre wunderschöne Haut. Am ersten Abend nach ihrer Ankunft redeten wir lange miteinander. Dabei saßen wir auf dem Fußboden und lehnten uns mit dem Rücken an die Wand. Sie erzählte mir, daß sie hoffte, dadurch aus dem Gefängnis freizukommen, daß sie ihren Körper den deutschen Männern anbot. Sie dachte, dieses Opfer könne sie vielleicht retten. Sie tat mir sehr leid.

Nachdem Sonja weggeholt worden war, wurde ein anderes junges Mädchen in unsere Zelle gebracht. Sie sprach mich sofort an, fast als ob sie mich kenne.

»Es ist alles ein großer Irrtum«, sagte sie zu mir. »Ich gehöre überhaupt nicht hierher, und ich bin sicher, daß ich in drei oder vier Tagen wieder draußen bin!« Sie lehnte sich eng an mich und flüsterte: »Haben Sie eine Nachricht für die Außenwelt? Ich kann sie weitergeben. Wenn Sie irgend jemandem etwas sagen möchten . . .«

»Woher wissen Sie denn, daß Sie herauskommen?« fragte ich.

»Ich weiß es eben«, erklärte sie.

»Niemand weiß, wann er wieder herauskommt«, antwortete ich. »Ich weiß noch nicht einmal, warum ich überhaupt hier drin bin. Mein Verhör hat noch nicht stattgefunden. Ich bin schon zwei Wochen hier, und ich habe keine Ahnung, warum!«

»Ja, aber ich weiß, daß ich bald wieder draußen sein werde«, behauptete sie.

»Und warum sind Sie da so sicher?«

Sie lächelte. »Ich bin mit einem Deutschen verlobt.« Dann sah sie mich ernst an. »Er ist ein guter Deutscher.«

Für mich gab es damals keine guten Deutschen.

»Ich weiß, daß ich bald wieder draußen bin. Warten Sie's ab. Höchstens zwei oder drei Tage, länger dauert es auf keinen Fall.

Wenn Sie eine Botschaft für jemanden haben, richte ich sie aus. Ich versprech's Ihnen.«

Meine Zellengenossinnen sprach sie kein einziges Mal an, nur mich. Ich hatte kein Vertrauen zu ihr.

»Nach mir fragt sowieso keiner. Ich habe hier in Holland keine Angehörigen.« Ich erklärte ihr, daß ich im Gefängnis schon viele gute Freunde gefunden hätte und daß es außerhalb der Gefängnismauern niemanden gebe, der mich sehen wolle.

»Vielleicht vermissen mich die Leute, bei denen ich als Dienstmädchen gearbeitet habe, aber nur, weil sie jetzt mehr Arbeit haben.«

Ich sagte ihr, daß ich mich mit der Hausfrau nicht sehr gut verstanden hätte und daß es daher auch nichts gebe, was ich ihr mitteilen wolle. Mit anderen Worten: Ich biß nicht an.

Wenn sie schlau gewesen wäre, hätte sie auch die anderen Frauen gefragt, ob sie irgendwelche Botschaften für sie übermitteln solle – dann hätte ich ihr vielleicht geglaubt. Aber sie sprach nur mit mir. Sie war zwei Tage in unserer Zelle, und sie fragte mich immer wieder dasselbe. Ich hielt sie für eine Spionin.

In den Nächten fanden oft Bombenangriffe der Alliierten statt. Die Flugzeuge warfen ihre Bomben meist erst über Deutschland ab, aber manchmal wurden auch die Befestigungsanlagen bombardiert, die die Deutschen ganz in unserer Nähe in den Dünen gebaut hatten. Sie sollten dazu dienen, die befürchtete Invasion der Engländer über die Nordsee abzuwehren. Wenn die Flugzeuge über das Gefängnis flogen, bebten die Mauern. Dann standen wir alle auf und klopften und trommelten an die Wände und machten soviel Krach wie möglich, so als ob wir uns gegenseitig daran erinnern wollten: Sie vergessen uns nicht! Obwohl auch Gebäude in unserer Nähe zerstört wurden und die Angriffe nicht nur für uns im Gefängnis, sondern auch für die Bewohner dieses Gebiets gefährlich waren, waren wir begeistert davon, daß die Alliierten gegen die Deutschen kämpften. Es waren unsere Freunde, die über uns hinwegflogen, und ich betete immer für ihre sichere Rückkehr.

Eines Nachts, als gerade die junge Frau mit dem »guten« deutschen Freund in unserer Zelle war, fiel ganz in unserer Nähe eine Bombe. Sofort rannte sie zur Tür und trommelte dagegen. »Laßt mich raus! Laßt mich raus!« schrie sie. »Ihr wißt doch, daß ich nicht hierhergehöre. Ich will raus!« Sie war richtig hysterisch. »Diese verdammten Engländer!« schrie sie. Tatsächlich kamen Aufseherinnen und ließen sie heraus.

»Danke, Herr«, dachte ich. Jetzt wußte ich, daß sie eine Spionin war, und ich wußte auch, daß ich sehr vorsichtig damit sein mußte, was ich anderen Menschen über mich selbst sagte. Es war gut, daß ich diese Erfahrung gleich zu Beginn meiner Gefangenschaft machte.

Anfang Mai kam eine andere junge Frau in unsere Zelle. Sie war größer als ich und einige Jahre älter. Wir nannten sie »Trix« – sie hatte sich uns als Beatrix Terwindt vorgestellt. Um den Hals trug sie einen kleinen Fellstreifen, der wie ein Marder aussah. Sie nannte ihn Freddy, und manchmal streichelte sie ihn und redete mit ihm. Sogar während sie sich vorstellte, redete sie mit dem Fellstreifen. Ihre Augen lagen tief in ihren Höhlen, und ihr Blick war unstet und nervös. Ihre Gesichtzüge wirkten angespannt und verrieten große Angst.

Als die anderen an diesem Abend eingeschlafen waren, blieb ich noch wach, denn eine innere Stimme sagte mir, daß diese Frau ein besonderer Mensch war. Obwohl ich sie noch nie zuvor gesehen hatte, war ich mir sicher, daß ich ihr vertrauen konnte, und ich wußte, daß sie mehr zu sagen hatte als das wenige, was wir inzwischen von ihr wußten. Wir blieben die ganze Nacht auf; und sie erzählte mir ihre Geschichte.

Sie stammte aus einer sehr wohlhabenden Familie, daher hatte sie nie arbeiten müssen, um Geld zu verdienen. Vor dem Krieg hatte sie studiert, aber dann schien ihr etwas anderes attraktiver: Die Fluggesellschaft KLM begann damals gerade mit Passagierflügen, und Trix wurde eine der ersten Stewardessen. Sie sagte, daß sie nur flog, um sich selbst etwas zu beweisen; eigentlich hatte sie schreckliche Angst vor dem Fliegen. Als der Krieg ausbrach, ging sie nach England, um dort für den holländischen Geheimdienst zu arbeiten. Bei ihrer Ankunft wurde sie von Königin Wilhelmina zum Tee eingeladen. Ich hatte unsere Königsfamilie immer sehr geliebt und verehrt, und ich war überwältigt, als Beatrix mir erzählte, sie hätte mit der Königin Tee getrunken!

Die holländische Widerstandsbewegung gab wichtige Informationen an den englischen Geheimdienst weiter und hielt sogenannte Pilotenlinien aufrecht, ein System geheimer Routen, auf denen abgeschossene Piloten und geflohene Kriegsgefangene nach England zurückkehren konnten. Manchmal wurden auch holländische Widerstandskämpfer von England aus nachts über besetztem Gebiet abgesetzt. Über einem vorher verabredeten Treffpunkt sprangen sie mit dem Fallschirm ab; dort wurden sie von Untergrundkämpfern erwartet, die die Fallschirmspringer mit Scheinwerfern an den richtigen Ort dirigierten und sie dann zu ihrem Bestimmungsort begleiteten. Dabei mußten sie natürlich den schweren Fallschirm so schnell wie möglich verschwinden lassen, damit niemand auf die Operation aufmerksam wurde. Das Ganze war sehr gefährlich, denn es bestand immer die Möglichkeit, daß die Deutschen so ein Flugzeug bemerkten und abschossen.

Die Pilotenlinien waren eine streng geheime Sache, die lange Zeit gut funktionierte. Geheimagenten kamen nach Holland, unterstützten die Arbeit und verließen das Land wieder. Aber ab einem bestimmten Zeitpunkt verschwand ein Agent nach dem anderen spurlos. Der Geheimdienst in London fragte sich, was los sei, aber es wurden weiterhin eine Zeitlang Agenten über besetzten Gebieten abgesetzt, da die Aufrechterhaltung der Pilotenlinien so wichtig war. Diese Geheimagenten arbeiteten mit hohem Risiko, da sie als Spione noch nicht einmal durch die Genfer Konvention geschützt wurden.

Im Winter 1942 brach eine der Pilotenlinien plötzlich zusammen, und der britische Geheimdienst bat Beatrix Terwindt, den Aufbau einer neuen Route zu übernehmen. Bis dahin war auf holländischem Gebiet noch keine Frau von den Deutschen hingerichtet worden, und man hoffte, daß Beatrix bessere Erfolgsaussichten hätte als ein Mann.

Sie erklärte sich dazu bereit und erhielt ihre Anweisungen. Man brachte ihr das Fallschirmspringen bei, und sie lernte bestimmte Sätze auswendig, die sie zu denen sagen sollte, die sie am Boden erwarteten. Sie hatte eine wichtige Botschaft bei sich, die auf sehr feinem Reispapier geschrieben war, so daß sie das Papier verschlucken konnte, falls sie befürchtete, gefangengenommen zu werden. All das erzählte sie mir in dieser ersten Nacht, nachdem sie in unsere Zelle gebracht worden war. Ich hatte den Eindruck, daß sie ihre Geschichte unbedingt loswerden wollte, und ich glaubte ihr von Anfang an.

Sie war kaum mit ihrem Fallschirm gelandet, da kamen Männer mit Taschenlampen auf sie zu und schnitten ihren Fallschirm ab. Es waren Bauern. Sie wiederholte die Codesätze, und die Männer gaben die richtigen Antworten. Sie rannten mit ihr durch die Dunkelheit, und Trix dankte Gott dafür, daß sie in Sicherheit war.

Sie wurde zu einer Hütte gebracht, in der schon eine Gruppe von Männern auf sie wartete ... alle von der Gestapo! Die Bauern, die Trix abgeholt hatten, waren keine Widerstandskämpfer, sondern Kollaborateure. Trix wurde sofort festgenommen.

Nachdem die Gestapo-Männer sie verhört hatten, brachten sie sie nach Haaren, in der Nähe von Tilburg. In einem alten Gefängnis mit meterdicken Mauern und vergitterten Fenstern saß sie dort in Einzelhaft. Drei Deutsche bewachten sie, brachten ihr Frühstück, Mittagessen und Abendbrot, sprachen jedoch kaum ein Wort mit ihr. Immer wieder wurde sie verhört. Wahrscheinlich hatte sie dort angefangen, mit ihrem Fellmarder Freddy zu sprechen. Sie mußte mit irgend jemandem sprechen, um geistig gesund zu bleiben.

Jedesmal, wenn sie aus ihrer Zelle geführt wurde, mußte sie eine Art Maske tragen, damit die anderen Gefangenen ihr Gesicht nicht sahen. Sie sollten nicht wissen, welche Mitglieder der Widerstandsbewegung sonst noch in diesem Gefängnis waren. Manchmal wurde Trix von einem deutschen Aufseher für kurze Zeit in den Innenhof des Gefängnisses geführt, damit sie etwas frische Luft bekam. Sie verbrachte fünfzehn Monate in diesem Gefängnis, und abgesehen von den Stunden, in denen sie verhört wurde, war sie völlig isoliert.

Eines Tages brachte ihr einer ihrer Bewacher, dem sie wohl irgendwie leid tat, ein Radio. Die Deutschen besaßen ja jetzt, nachdem sie unsere Radios konfisziert hatten, Hunderte davon. Er hatte es ihr sicher gegeben, damit sie Musik hören konnte, aber wann immer sie konnte, hörte sie die neuesten Nachrichten der BBC. Es war inzwischen 1944, und die Alliierten waren bereits auf Sizilien gelandet und besetzten Italien.

Das alte Gefängnis wurde mit Dampf geheizt, und eines Tages begann Trix aus lauter Langeweile Morsezeichen auf die Rohre zu klopfen. Plötzlich erhielt sie zu ihrer größten Überraschung eine Antwort. Sie machte weiter und entdeckte, daß sich in dem Gefängnis noch andere Agenten befanden, die aus England gekommen waren. Sie sahen sich nie, aber mit Hilfe der Morsezeichen teilten sie sich gegenseitig mit, wann sie in den Hof geführt wurden und wie sie verhaftet worden waren. Da Trix ein Radio hatte, konnte sie den anderen auch die Nachrichten weitergeben.

Nach monatelanger Einzelhaft und zahlreichen Verhören war Trix nun von Haaren nach Scheveningen gebracht worden; warum, wußte sie selbst nicht.

»Willie«, sagte sie zu mir, »du mußt folgendes wissen: Wenn sie mich hier herausholen, dann steht die Invasion der Alliierten bevor. Ich weiß nicht, warum ich hierhergebracht worden bin, aber ich weiß, daß sie nicht wollen, daß ich den Alliierten in die Hände falle. Merk dir, wenn ich hier herausgeholt werde, bedeutet das, daß ich nach Deutschland gebracht werde, aber es bedeutet auch, daß die Invasion bevorsteht.«

Seit ich in Scheveningen war, beschäftigte ich mich mit der Frage, ob es richtig sei, wenn ich log, um mich zu verteidigen. Ich wußte nicht, ob ich es fertigbringen würde, bei meinem Verhör meinen Anklägern in die Augen zu schauen und sie anzulügen. Bevor Beatrix in unsere Zelle kam, hatte ich schon oft deswegen gebetet: »Herr, du haßt Lügen, aber diesmal kann ich nicht die Wahrheit sagen. Ich muß lügen.«

Ich hatte beschlossen, daß ich einfach den Mund halten und versuchen würde, tapfer zu sein. Ich würde überhaupt nichts sagen, kein einziges Wort. So brauchte ich nicht zu lügen, aber ich würde auch keine Informationen preisgeben, die unsere Arbeit in Gefahr brächten. Ich nahm mir vor, bei meinem Verhör zu schweigen wie ein Grab.

Ich sagte Beatrix, was ich vorhatte, denn sie hatte mir ihre ganze Geschichte erzählt, und ich wußte, daß sie die Wahrheit gesagt hatte. Ich sah es ihr an, daß sie keine Spionin war. Trotz der Dunkelheit in unserer Zelle sah ich, daß ihr Gesicht vom Leid gezeichnet war.

»Ich kann dir meine Geschichte nicht erzählen, weil sie ziemlich kompliziert ist«, sagte ich. »Aber ich werde bei meinem Verhör in große Schwierigkeiten kommen. Ich hatte falsche Papiere bei mir. Sie waren schon lange hinter mir her. Jetzt haben sie mich, aber sie wissen nicht, wen sie haben, denn ich bin unter falschem Namen hier. Ich habe beschlossen, daß ich einfach überhaupt nichts sagen werde. Was hältst du davon?«

Sie schüttelte den Kopf. »Denk dir eine Geschichte aus. Sie muß gut und logisch sein. Wenn du gar nichts sagst, dann wissen sie, daß du ihnen etwas verheimlichst. Glaub mir, sie kriegen alles aus dir raus. Du darfst da keine Skrupel haben – du mußt ihnen eine gute, glaubhafte Geschichte auftischen. Schweigen hat überhaupt keinen Sinn!«

Hier gab mir jemand, der Erfahrung hatte, den besten Rat, den es gab, und von da an bemühte ich mich, nicht mehr an die Menschen zu denken, die ich liebte, sondern statt dessen ein neues, anderes Leben in meinen Gedanken entstehen zu lassen – das Leben des Dienstmädchens Willie Laarman aus Surinam, dessen Eltern beide gestorben waren. Ich versuchte zu denken wie ein Dienstmädchen, eine Frau, deren Fähigkeiten begrenzt waren und die für die Deutschen keine Gefahr war. Ich versuchte, eine Frau zu werden, die sich nur mit einfachen Dingen beschäftigte und sehr ängstlich war. Ich wollte die Frau werden, die ich sein mußte, um zu überleben.

Nur wenige Tage später wurde Trix herausgerufen und nach Deutschland deportiert, genau wie sie es gesagt hatte. Das folgende Gedicht schrieb sie in Deutschland, als sie nach schrecklichen Leiden ihren Tod nahe glaubte.

Einzeltransport Berlin

Gott, wieder hat die Stunde geschlagen,
wieder stand ich vor dir wie in jener Nacht im Februar,
als ich in dem leeren Rumpf des dunklen Flugzeuges

nur stammeln konnte vor Angst
vor dem Weg, der von der Freiheit in die Fremde führte,
in das besetzte Land;
und vor meiner Aufgabe.
Mein Herz war voller Ungewißheit,
mein Kopf voller dunkler Ahnungen.
Wir waren allein, du und ich,
und ich sagte: Gott, also, hier bin ich,
und ich meinte nicht Gott, den Vater, oder Gott, den Sohn,
oder Gott, den Heiligen Geist, den Gott der Katholiken,
Reformierten oder Niederländisch-Reformierten,
die glauben, dich für sich gepachtet zu haben.
Nein, du weißt es, denn mein Herz war offen vor dir,
und in meinem Kopf verbargen sich keine Geheimnisse.
Ich sagte: Gott aller Menschen, ja, auch des Feindes,
der mein Land zermalmt und meine Seele mit Füßen tritt
und der mir in dieser finsteren Nacht auflauert,
ich sagte: Gott aller Völker und mein Gott,
du kennst meine schlechten und meine guten Seiten,
du siehst meine Fehler und mein Versagen,
aber du weißt auch, daß ich mein Leben bewußt einsetze,
damit es ein kleines Rädchen bildet
in der riesigen Maschinerie, die die fremden Heere
aus unseren Städten und Feldern vertreiben soll.
Sie sagten, meine Chancen stünden fünfzig zu fünfzig.
Bei dir läge die Entscheidung, ob ich bei der linken
oder der rechten Fünfzig landen würde.
Gott, du weißt es: Mir war es gleichgültig.
Ich war stark, gesund und jung.
Für das Ziel, an das man glaubt, zu sterben
ist dann nicht so schwer.
Auch wußte ich, daß mein Schicksal in deinen Händen liegt.

Aber es wurde kein Balanceakt der Zahlen,
weder nach links noch nach rechts.
Es wurde das, womit niemand gerechnet hatte:
Gefangenschaft, und, Gott, ich fühlte mich von dir verlassen.
In meiner einsamen Zelle,
in meiner geballten Faust den irischen Rosenkranz,
ein Erinnerungsstück, das ein englischer Anglikaner mir gab,
ging ich von Wand zu Wand, von der Tonne zur Tür,
die Zähne zusammengebissen, die Augen geschlossen,
die Wangen naß.
Und ich rief, während ich meinen Kopf nach links und
nach rechts warf:
Gott, o Gott, wo bist du . . .
Gott, wo warst du, als die Stunden dahinkrochen
und der Wahnsinn sich grinsend an der Decke zeigte?
Wo warst du, als eine junge Frau in der Zelle unter mir
ermordet wurde,
weil sie versuchte, auf dem Tisch stehend,
durch den Entlüftungsspalt in dem zugemauerten Fenster
ein kleines Stück Himmel zu sehen und zu riechen und
ein wenig Kontakt zu einem Mitmenschen zu bekommen?
Gott, wo warst du, als ihr Schrei in Todesnot
zusammen mit ihrem Körper erstarb?
Ich hämmerte auf die Tür meiner Zelle und beschimpfte
die Wachen und stellte den Kommandanten zur Rede,
denn nicht einmal der Jäger schießt auf einen Hasen,
wenn dieser bereits in der Falle ist;
Feiglinge! Feiglinge! Feiglinge!
schleuderte ich in meiner Wut und Ohnmacht
dem Kommandanten ins Gesicht.
Aber das brachte mir keinen Trost,
und Gott war weg, und das Kind war tot.

Und später in Ravensbrück,
als wir stundenlang stehen mußten
beim Morgenappell, Arbeitsappell,
Abendappell oder auch nur beim Strafestehen,
bis uns der Rücken brach,
stand ich neben Sigrid aus dem hohen Norden.
Und Sigrid blickte so friedlich-heiter
über die grauen Holzbaracken
und die stinkenden, schwarzen, von uns selber mit Schlacken
gepflasterten Pfade
– Schlacken aus den Öfen des Krematoriums? –,
als sähe sie die schönsten Bäume mit Blättern und einer
reichen Blütenpracht.
Und ich fragte: Sigrid, woran denkst du?
Und Sigrid antwortete: Ich denke an Gott.
Und ich überlegte, wie sie an einen Gott denken konnte,
nachdem man ihr in Oslo die Daumenschrauben angelegt
und andere Marter angetan hatte.
»Denkst du auch an Gott?«
»Nein, Sigrid, nein, Gott ist weg, Gott ist tot.
Riech nur den Gestank verbrannter Menschen,
schau dir an die Rauchschwaden,
die Tag und Nacht aus den Öfen aufsteigen,
schau dir an die Berge toter oder noch nicht toter Skelette,
die aufgeschichtet auf ihre Verbrennung warten.
Es gibt keinen Gott.«

Hatte ich nicht schon genug gelitten?
Die Ruhr, den Hunger und den Durst,
die Wunden und den Schlafmangel,
die Flöhe und die Läuse,
die Krankheiten und den Schmutz,

das Gejagt- und Geschlagenwerden,
das Fluchen und das Schimpfen . . .
war es immer noch nicht genug?

Und sie sagten, ich sollte freigelassen werden,
wohin wollte ich gehen: nach Schweden oder in die Schweiz?

In jener Nacht konnte ich nicht schlafen.

Der Morgenappell kam.
»Wo ist denn die Terwindt,
na so was, sie will nicht hierbleiben?
Was fehlt ihr denn hier?«
Makabrer Witz . . . oder Wirklichkeit?
Wie sollte ich freigelassen werden
mit achtundfünfzig Wunden?
Sie wollten mich pflegen, bevor sie mich entließen.
Und die Aufseherin verwandelte sich von einer Bestie
in einen Menschen.
Wohl zerrte sie noch an meiner Lagerkleidung,
um zu sehen, ob ich nicht allzu dreckig sei.
Aber wir waren Holländer geblieben:
Mit den Norwegern zusammen wuschen wir uns
in den Wasserstrahlen
in den kalten Waschräumen.
Vorne im Lager angekommen,
wo die Prominenten lebten,
die Senioren, die Polen und die Scharführerinnen,
wurden meine eiternden Beine verbunden mit Streifen
verschlissener Baumwolle.
Und ich erhielt Schuhe mit Holzsohlen,
denn es war bereits 1944.

Hohe Schuhe, die die Binden verbergen sollten,
aber ich zählte meine Wunden vom Sprunggelenk
bis zu meiner Hüfte, und es waren keine fünf,
sondern achtundfünfzig.
Und ich schob die Binden nach unten, in meine Schuhe.
Dafür reichte der Platz, denn Soldatenschuhe sind größer als Schuhgröße siebenunddreißig,
und Wunden der frischen Luft auszusetzen schadet nicht.

Der Aufseherin, die mich begleitete,
wurde ein Papier ausgehändigt.
Die Worte »Einzeltransport Berlin« fielen auf.
Mein Gott, wie hab' ich mich erschrocken.
Ja, Gott, ich rufe zu dir!
Du hast mich an die Schultern gefaßt,
mich wachgeschüttelt und mich angeschaut.
Denn »Einzeltransport Berlin« bedeutete: Tod.
Keiner war von dort jemals zurückgekommen.
Entweder der Strick oder das Gewehr.
Nein, den Tod fürchtete ich nicht,
auch wenn ich das Peloton vorzog,
aber ich hatte solche Schmerzen und war so schwach.
Sie würden mich also töten müssen mit ihren Gewehren,
sie hatten mich nicht kleingekriegt im Lager.
War ich zu stolz?
Da stand ich, Gott,
nein, ich ging, wie in Zeitlupe,
wie alle Lagerskelette sich bewegten,
vielleicht etwas langsamer, denn die Schuhe drückten
auf meine geschwollenen Sprunggelenke,
und der Wochenendkoffer der Aufseherin
wog so schwer.

Ich spürte, wie der lauwarme Eiter
an meinen Beinen hinunterrann.
Hatte sie Angst, ihren Koffer zu infizieren,
oder hatte sie Mitgefühl mit ihrer verletzten Sklavin?
Sie riß mir den Koffer aus den Händen und hieß mich,
mich zu beeilen:
der Zug warte.
Stolpernd bestieg ich die Stufen
zum Bahnsteig und rief:
Gott, o Gott, heile meine Wunden, bevor ich sterbe,
sie tun so weh, daß ich kaum gehen kann.
Erfülle mir diesen letzten Wunsch,
damit ich aufrecht und mutig in den Tod gehe.

Und wieder blieb ich am Leben,
und meine Leiden nehmen kein Ende.

Und immer noch wird in allen Ländern
gehungert und gefoltert und getötet.
Sie sagen, daß du tot bist, Gott.
Was soll ich glauben?
Was kann ich hoffen?
Wo ist der neue Gott der Liebe, der Nächstenliebe?

Und die zerstörte Welt?
Mehr Wasser als Land
durch all die Tränen und das Leid
von all den Menschen.

Trix Terwindt

KZ Vught,
Baracke 4

Konzentrationslager Vught, November 1944

Am Mittag des 6. Juni 1944, des Tags der Invasion in der Normandie, mußten alle etwa 1600 Insassen des Gefängnisses Scheveningen ihre Habseligkeiten zusammenpacken, weil sie so schnell wie möglich verlegt werden sollten. Da wir natürlich gar nichts besaßen, das wir zusammenpacken konnten, waren wir sofort fertig. Wir wurden Zelle für Zelle herausgerufen und mußten uns in langen Reihen aufstellen. Dann wurden wir auf Lastwagen verladen, von denen einige mit Segeltuch bespannt waren. Die Soldaten standen um uns herum; auf ihren Gewehren steckten Bajonette.

Wir spürten, daß die Deutschen sehr nervös waren. Die Invasion hatte begonnen, und sie hatten Angst. Wir wußten damals noch nichts Genaues, aber ich vermutete es, weil Trix davon gesprochen hatte. Und das, was ich von den Gesprächen der Deutschen untereinander mithören konnte, bestätigte meine Vermutung.

Ich kannte die Gegend gut. Wir verließen das Gefängnis durch die Seitentür und befanden uns auf der *Van Alkemadelaan*, die nach Den Haag führte. Links von uns waren die Dünen, in denen sich die deutschen Befestigungsanlagen befanden, die die Alliierten bombardiert hatten. Danach kam der Küstenstreifen mit all den großen, teuren Hotels. Das Gefängnis lag mitten in den Dünen, durch die Hein und ich oft zusammen mit dem Rad gefahren waren. Die Gegend hieß *Meyendel*, und ich werde sie wohl nie vergessen; dort wuchsen Sträucher, die im Frühjahr wunderbar nach Honig rochen. Schon als Kind hatte ich dort mit Annie und Betty Räuber und Gendarm gespielt.

Als wir das Gefängnis verließen, nahm ich an, daß wir nach rechts fahren würden, denn in dieser Richtung befanden sich die beiden Bahnhöfe der Stadt. Sie lagen nur etwa zwanzig Minuten von meinem Elternhaus entfernt. Die Lastwagen bogen jedoch nach links ab, ins Sperrgebiet. In dieser Richtung gab es nur einen einzigen möglichen Bestimmungsort, nämlich Waalsdorp. Das war der Ort, an dem die Hinrichtungen stattfanden. Wir hatten furchtbare Angst, denn wir wußten, wenn sie uns nach Waalsdorp brachten, wartete auf uns nur noch die Stille. Gleichzeitig wußten wir, daß die Invasion begonnen haben mußte, und das weckte Hoffnung in uns. Die Invasion der Alliierten würde für uns das Ende unseres ganzen Elends bedeuten. Wir hatten immer geglaubt, daß es irgendwann soweit sein würde; wir hatten damit genauso fest gerechnet wie mit der Wiederkunft Christi. Eines Tages würden unsere Freunde kommen und uns befreien.

Aber als die Lastwagen nach links abbogen, dachten wir alle, daß unsere Hinrichtung bevorstünde. Manche der Gefangenen hatten solche Angst, daß sie nahe daran waren, den Verstand zu verlieren. Ich glaube, daß Gott mir die Fähigkeit geschenkt hat, fast immer einen klaren Kopf zu behalten. In dieser Situation kam ich deshalb zu dem Ergebnis, daß es sinnlos sei, vom LKW zu springen. Im Sand konnte man nicht schnell rennen, und außerdem waren überall Soldaten. Selbst wenn man sich beim Abspringen kein Bein brach oder verstauchte, konnte man sicher nicht sehr schnell die steilen Sanddünen hinaufrennen; außerdem war der Boden überall vermint.

Einige der Gefangenen waren jedoch so verzweifelt, daß sie absprangen. Die Lastwagen fuhren weiter, so daß ich nicht sehen konnte, was aus ihnen wurde; andere Fahrzeuge, in denen nur Soldaten saßen, fuhren direkt hinter uns her.

Um zwei Uhr nachmittags kamen wir zu einem winzigen Bahnhof, den ich noch nie zuvor gesehen hatte. Wir mußten uns in Blocks auf dem Bahnsteig aufstellen, und um uns herum standen wieder die bewaffneten Soldaten. Stunde um Stunde standen wir da, ohne ein Wort zu sagen. Nur die Deutschen redeten hin und wieder miteinander. Dort auf dem Bahnsteig sahen sich Corrie und Betsie ten Boom (deren Geschichte in dem Buch *Die Zuflucht* erzählt wird) zum ersten Mal seit Monaten wieder. Ihr Vater war inzwischen im Gefängnis gestorben. Ich selbst kannte die beiden nicht, und obwohl Betsie in Scheveningen nur zwei Zellen von mir entfernt gewesen war, hatten wir nie eine Gelegenheit gehabt, miteinander zu sprechen. Erst nachdem wir Scheveningen verlassen hatten, lernten wir uns kennen und entdeckten, daß wir im Gefängnis so nah beieinander gelebt hatten. Corrie war in einem ganz anderen Trakt gewesen. Die Deutschen dachten, daß sie Tuberkulose hätte, und da sie vor dieser Krankheit große Angst hatten, hielten sie Corrie in Einzelhaft, nicht, um sie zu bestrafen, sondern damit sie isoliert war.

Während wir dort auf dem Bahnhof warteten, bewegten sich die beiden Schwestern langsam aufeinander zu; in der Menschenmenge war das möglich, ohne daß es die Deutschen bemerkten. Schließlich standen sie nebeneinander und konnten flüsternd ein paar Worte miteinander wechseln, als niemand hinsah.

Nach einigen Stunden kam endlich der Zug, und wir wurden hineingetrieben. Es gelang Corrie und Betsie zusammenzubleiben und im Zug nebeneinanderzusitzen. Es war ein Personenzug mit richtigen Sitzplätzen, kein Viehwaggon. Ich landete in demselben Abteil wie Corrie und Betsie, und dort erzählte mir eine Frau, die wahrscheinlich in Betsies Zelle gewesen war, die Geschichte der beiden Schwestern. Als ich sie dort zum ersten Mal sah, saßen sie nebeneinander und hielten sich bei der Hand. Die Tränen liefen ihnen über die Wangen – vor Freude darüber, daß sie wieder zusammen waren, und vor Kummer darüber, daß sie ihren Vater verloren hatten.

Während wir einstiegen, marschierten die Deutschen mit drohenden Gesichtern auf und ab. Wir hatten seit Monaten nur mit unseren Zellengenossinnen geredet, und plötzlich waren 1600 Menschen um uns herum. Es war inzwischen sechs oder sieben Uhr, und es wurde allmählich dunkel. Damals hatten alle Züge Verdunkelungsvorhänge, damit sie nachts von den Flugzeugen der Alliierten nicht gesehen werden konnten. Als der Zug losfuhr, betete ich, daß wir nicht nach Deutschland fuhren, denn ich wußte, daß unsere Überlebenschancen nicht sehr hoch sein würden, wenn wir diese Grenze überquerten. Zu Anfang hatte mich die Furcht überwältigt, daß wir nach Waalsdorp gebracht und dort hingerichtet werden würden. Diese Angst hatte ich jetzt nicht mehr, aber je länger wir in dem Zug saßen, desto sicherer war ich, daß wir nach Deutschland fuhren.

Trotzdem fühlte ich mich jetzt besser. Daß wir mit dem Zug fuhren, betrachtete ich als gutes Zeichen. Es bedeutete, daß wir nicht hingerichtet werden sollten. Sie hätten sich nicht die Mühe gemacht, uns in einen Zug zu verladen und so viel Kohle zu verbrennen, nur um uns irgendwo anders zu erschießen. Außerdem waren wir Frauen, und bis dahin hatten die Deutschen auf holländischem Gebiet noch keine Frauen erschossen – jedenfalls hatte ich so etwas noch nicht gehört.

Plötzlich veränderte sich das Geräusch der Räder unter uns. Ich warf einen kurzen Blick aus dem Fenster und sah Wasser. Wir fuhren also über die Moerdijk-Brücke, eine sehr lange Brücke, die über einen breiten Wasserarm führte, den *Hollandse Diep*. Wieder war ich erleichtert – wir fuhren nicht Richtung Osten nach Deutschland, sondern wahrscheinlich Richtung Süden nach Vught, einem großen Konzentrationslager, das in einem sandigen, unfruchtbaren Waldgebiet in der Nähe von Den Bosch lag. Ich hatte die ganze Zeit über die Hoffnung gehabt, daß wir nach Vught fahren würden, denn wenn wir schon in ein KZ kamen, dann war Vught immer noch das kleinste von allen Übeln – wenigstens blieben wir in Holland. Vught hatte zwar einen schlechten Ruf, da dort viele Hinrichtungen stattfanden, aber Amersfoort hatte ebenfalls einen schlechten Ruf, und alle anderen Lager waren auch für irgend etwas berüchtigt. Es stand uns Schweres bevor, aber besser, als nach Deutschland transportiert zu werden, war es allemal.

Eine Frau stand auf und ging zur Toilette. Sie blieb so lange, daß ich mich fragte, was sie vorhatte. Aber als die Schienen eine kleine Kurve machten, sah ich, daß sie das Toilettenfenster geöffnet hatte, und schloß daraus, daß sie fliehen wollte. Wenn der Zug geradeaus gefahren wäre, hätte ich das nicht bemerkt. Sofort überlegte ich, wie ich ihr helfen konnte. Ich wußte, daß sie Zeit brauchen würde, und daher stellte ich mich vor die Toilettentür, so als ob ich warten würde, bis ich an der Reihe war. Ich wollte sicher sein, daß niemand versuchte, die Tür mit Gewalt zu öffnen.

Dann sah ich sie aus dem Fenster springen. Sie muß diese Gegend ebensogut gekannt haben wie ich die Gegend um Barneveld. Sie kannte die scharfe Kurve, in der der Schaffner die Fahrtgeschwindigkeit stark drosseln mußte. Es war inzwischen dunkel geworden; durch einen kleinen Spalt in der Tür konnte ich nach draußen sehen. Als sie sprang, betete ich im stillen: Herr, beschütze sie!

Die Schienen führten fast immer über den Deich. Auf dem Dach des Zuges saßen deutsche Soldaten mit Maschinengewehren, aber es war mitten in der Nacht und sehr dunkel. Die Frau kannte die Kurve und wußte, daß an dieser Stelle viele Bäume und Sträucher standen – sie sprang im richtigen Moment.

Ihre Flucht gab mir ein unbeschreibliches Glücksgefühl. Eine hat es geschafft! Gott sei Dank! dachte ich. In der Zeit meiner Gefangenschaft betete ich eigentlich unaufhörlich. »Betet ohne Unterlaß!« waren wir gelehrt worden, und damals tat ich das auch. Ich betete, daß sich diese Frau nicht verletzte und sich schnell aus der Schußlinie der Gewehre wegrollen konnte. Und sie schaffte es, ich bin ganz sicher.

Wir kamen am frühen Morgen in Vught an; es war noch dunkel. Der Zug hielt mitten im Wald, und wir mußten abspringen. Um uns herum standen wieder überall deutsche Soldaten mit Bajonetten und Dobermännern. Wir mußten uns in Reihen aufstellen und durch den Wald marschieren; sie sagten uns, daß der Zug uns nicht näher an das Lager heranbringen könne. Es gab keinen Weg, und manchmal, wenn jemand in der Dunkelheit hinfiel, hörte man Schreie und Schläge. Aber die Frauen standen schnell wieder auf und marschierten auf dem unebenen Gelände weiter vorwärts. Nach einiger Zeit erreichten wir das Tor des Lagers Vught.

Wir wurden in eine riesige Eingangshalle gebracht. Abgesehen von ein paar kleinen Oberlichtern hatte sie keine Fenster, und auch draußen war es immer noch ziemlich dunkel. Offenbar war die Lagerleitung gar nicht auf unsere Ankunft vorbereitet. Sie wußte zunächst nicht, wo sie uns unterbringen sollte, und alle liefen aufgeregt hin und her. Plötzlich waren da 1600 Gefangene aus Scheveningen und vielleicht auch noch einige aus anderen Gefängnissen, mit denen sie irgendwie fertig werden mußten. Die Deutschen ließen uns einfach ohne Betten und Decken in der Halle stehen. Aber ich hatte immerhin einen Regenmantel dabei; ich legte mich auf den Betonboden und bedeckte meinen Kopf mit dem Mantel. Ich war dankbar, daß ich wenigstens etwas hatte, und weil ich das Glück habe, überall schlafen zu können, schlief ich ein.

Als es hell wurde, gab jemand den Befehl, daß wir uns ausziehen sollten. Wenn eine Frau versuchte, ihren BH und ihre Unterhose anzubehalten, wurden die Männer wütend und schrien:

»Ausziehen! Ausziehen!« Da standen wir nun nackt in der Halle, und die Offiziere gingen um uns herum. Plötzlich kamen lauter Soldaten herein, liefen hin und her, lachten und gaben Kommentare über die nackten Frauen ab, die da vor ihnen standen. Es waren auch weibliche Aufseherinnen in der Halle, so daß wir diesen Männern nicht völlig ausgeliefert waren, aber ich werde nie vergessen, wie sie auf und ab gingen und uns anstarrten.

Glücklicherweise kam nach einigen Minuten eine Oberaufseherin herein und sagte: »He, gebt ihnen ihre Gefängniskleidung!« Abgesehen von unserer Unterwäsche wurde unsere eigene Kleidung gebündelt und weggelegt, und wir bekamen Sträflingsanzüge. Wir wußten immer noch nicht, was mit uns geschehen würde. Dann bekamen wir unsere Unterwäsche zurück; wir zogen sie wieder an, und darüber zogen wir die Gefängniskleidung. Die Anzüge waren vorne offen; sie hatten keine Knöpfe, sondern wurden mit Haken und Ösen verschlossen. Es gab nur zwei Größen, groß und klein. Die Anzüge waren aus schwerem Baumwollstoff gemacht, der grau war und blaue Streifen hatte. Noch lange nach dem Krieg ertrug ich es nicht, etwas Gestreiftes zu tragen.

Wir mußten uns zum Appell aufstellen, und es stellte sich heraus, daß acht Personen fehlten. Also war es außer der Frau, die ich hatte springen sehen, auch noch anderen gelungen zu fliehen. Ich freute mich sehr, während ich hörte, wie die Aufseher darüber sprachen. Sie benahmen sich so, als ob wir gar nicht da wären; wir waren für sie wie Vieh. Das hatte manchmal wirklich Vorteile, denn wenn sie über den Verlauf des Krieges sprachen, konnten diejenigen unter uns, die Deutsch verstanden, eine Menge erfahren. Wenn das Leben eines Menschen bedroht ist, werden seine Ohren wie Radarschirme. Sobald ich sie miteinander reden hörte, paßte ich genau auf.

Sie riefen uns eine nach der anderen auf, und es dauerte unendlich lange, bis jede in eine Baracke eingewiesen war. Wir mußten von den anderen Gefangenen getrennt bleiben, da wir noch nicht verhört worden waren. Es war ihnen sehr wichtig, daß wir nicht mit den anderen zusammenkamen. Wir durften auch nicht miteinander reden, damit wir für unsere Verhöre keine Absprachen treffen konnten. Dieser Zustand dauerte Wochen, Tag und Nacht wurden wir beobachtet.

Ich wurde in der Baracke 4 untergebracht. Sie war von einem hohen Stacheldrahtzaun umgeben; danach kam ein Stück offenes Gelände, und dann ein weiterer sehr hoher Stacheldrahtzaun, genauso wie es auf allen Bildern von Konzentrationslagern zu sehen ist. Der Zaun war elektrisch geladen, und an den Ecken befanden sich Wachtürme, auf denen Soldaten mit Maschinengewehren standen.

Wir erhielten sofort eine nachdrückliche Warnung: »Hinter dem Stacheldrahtzaun liegen Minenfelder, und danach kommt ein Elektrozaun. Außerdem haben wir Kampfhunde. Fluchtversuche sind völlig sinnlos. Wenn Sie nicht erschossen werden, bekommen Sie entweder einen Stromschlag, werden von den Hunden zerrissen oder von einer Mine zerfetzt.«

Die Bloßstellung vor den Soldaten, die Sträflingskleidung und dann diese Warnung – das war unser Empfang in Vught.

Morgens um Viertel vor sechs mußten wir aufstehen. In unserer Baracke standen lange Reihen von Metallbetten, immer drei übereinander, mit wenig Zwischenraum. Man hatte kaum Platz, seine Arme zu bewegen. Auf der anderen Seite standen Holzbänke und -tische, an denen wir aßen. Es waren zu wenig für die 175 Frauen, die in der Baracke untergebracht waren. Wir mußten uns beim Essen entweder abwechseln oder ganz dicht gedrängt sitzen.

Die Tür befand sich in einer Ecke der Baracke. Auf beiden

Seiten waren Fenster und an einem Ende der Baracke der Toilettenraum. Es gab zehn Toiletten, fünf an jeder Seite. Sie waren nicht durch Zwischenwände voneinander getrennt. In einer anderen Ecke befand sich das Büro der Aufseherinnen; dort konnten sie Kaffee trinken und uns dabei im Auge behalten. Außen an dem Gebäude stand an jeder der vier Ecken ein Soldat mit einem Gewehr. Die Fenster waren alle offen, und die Wolken draußen sahen so schön aus, daß ich manchmal einen Augenblick stehenblieb, um sie zu betrachten. Es waren nur Wolken, aber sie wirkten auf mich wie ein persönlicher, tröstender Gruß von Gott. Die Landschaft darunter war malerisch, voller Blumen, die ihre violetten Blüten der Sonne entgegenstreckten, und silberner Birken. Manchmal stand ich einfach da und dachte darüber nach, wie wunderbar Gott die Welt gemacht hatte. Das schenkte mir wieder neue Gewißheit, daß er auch für mich und alle, die ich liebte, sorgen würde.

Eines Tages, als ich wieder so gedankenverloren am Fenster stand, sauste plötzlich eine Kugel an mir vorbei. Während ich mich ans Fenster lehnte, hatte mein Ellbogen ein Stückchen über den Rahmen hinausgeragt. Die Kugel flog so nah an mir vorbei, daß ich hören konnte, wie sie die Luft durchschnitt. Unsere Aufseher gehörten wahrscheinlich nicht zu den besten deutschen Schützen, denn die hatte Hitler damals über ganz Europa verteilt.

Einer der Aufseher war ein Österreicher namens Krause, ein sehr kleiner Mann in den Vierzigern, also älter als die anderen. Oft sah ich einen Ausdruck von Mitleid auf seinem Gesicht. Die meisten Aufseher hatten Wechseldienst, so daß sie nur zeitweise bei uns eingesetzt wurden. Aber Herrn Krause sahen wir jeden Tag, ebenso wie einen anderen Mann namens Hans. Wir kannten die Namen der meisten dieser Männer, weil wir gelegentlich hörten, wie die Aufseherinnen ihnen etwas zuriefen, und manchmal, wenn wir zum Hofgang aus der Baracke gelassen wurden, sahen wir sie auch.

Herrn Krauses Gesicht nahm besonders dann einen Ausdruck von Mitleid an, wenn er Ansje den Dool sah, eine hübsche junge Frau, die erst neunzehn Jahre alt war. Sie war seit einem halben Jahr verheiratet und hatte große blaue Augen, wundervolles dunkles, welliges Haar und ein sehr freundliches Gesicht mit rosigen Wangen. Sie war so glücklich mit ihrem Ehemann Herman und so verliebt in ihn, daß sie ständig von ihm sprach. Herman hatte alliierten Piloten geholfen, und in solchen Fällen nahmen die Deutschen auch den Ehepartner fest. Die Frauen wurden normalerweise nach einiger Zeit wieder freigelassen – meist, nachdem die Deutschen ihren Mann erschossen hatten.

Ich hatte Angst um Ansje; ich befürchtete, daß sie das einfach nicht verkraften würde. Sie tat immer so, als sei sie sehr glücklich, aber ich wußte, daß sie innerlich weinte und verzweifelt war. Sie tat mir furchtbar leid.

Ich nehme an, daß Herr Krause als Aufseher ein bißchen über die meisten von uns in Erfahrung gebracht hatte. Wahrscheinlich wußte er, daß Ansjes Mann auf der anderen Seite der Lagerstraße bei den Männern saß. Wenn wir draußen auf und ab gingen, sah er Ansje immer voller Mitleid an. Ich sah, wie er ihr zulächelte; es war kein gemeines Lächeln mit Hintergedanken, sondern ein väterliches Lächeln. Er empfand Mitleid für eine junge Frau, die im Gefängnis sitzen mußte und von ihrem Mann, den sie so liebte, getrennt worden war.

Wir waren am 7. Juni in Vught angekommen, und am 9. August war Ansjes neunzehnter Geburtstag. Am Tag zuvor stand ich am Fenster und betrachtete wieder einmal die wunderschönen Blumen. An diesem Tag hatte Herr Krause Dienst. Er war nicht der Typ Aufseher, der auf jemanden schoß, der sich aus dem Fenster lehnte. Als er vorbeiging, sprach ich ihn an. »Herr Krause? Herr Krause? Könnten Sie für Ansje ein paar Blumen pflücken? Sie hat morgen Geburtstag.«

Er war der einzige, den ich so etwas fragen konnte, und er tat es. Ich weiß nicht, wie er das machte, aber er organisierte auch eine rohe, halb verfaulte Kartoffel für uns. Wir höhlten sie mit Hilfe von Haarspangen aus und benutzten sie als Körbchen für die Blumen. Dann zogen wir Fäden aus unseren Strümpfen und machten daraus drei kleine Schnüre, an denen wir das Blumenkörbchen aufhängten, so daß es aussah wie eine kleine Hängepflanze. Wir fanden es wunderschön.

Ansje hatte ein Bett in der Mitte, und während sie schlief, banden wir das Körbchen an dem Bett fest, das sich über ihrem befand. So sah sie, als sie an ihrem Geburtstag aufwachte, als erstes ein kleines Geschenk.

In Scheveningen hatte ich zwar mit einigen Zellengenossinnen intensive Gespräche geführt, aber wirklich gut kennengelernt hatte ich keine von ihnen; wir waren ja zu fünft in einer Zelle, und die Gefangenen wechselten oft, da die Verhöre relativ schnell stattfanden. In Vught war es dagegen möglich, Freundschaften zu schließen. In unserer Baracke waren zu Anfang etwa 175 Frauen untergebracht, und da die Verhöre nur sehr schleppend durchgeführt wurden, änderte sich diese Zahl kaum. Die Aufseherinnen erlaubten zuerst nicht, daß wir miteinander sprachen, weil wir Sondergefangene waren, die noch verhört werden sollten, aber nach einiger Zeit begannen sie uns abends allein zu lassen, nachdem sie die Baracke abgeschlossen hatten. Uns zu bewachen war ihre einzige Aufgabe, und sie schienen es leid zu sein.

Nur wenn wir unser Brot bekamen, paßten sie genau auf uns auf, denn bei dieser Gelegenheit konnte es leicht zu Streit und Aggressionen kommen. Wenn man damit an der Reihe war, die

Margarine zu schneiden, mußte man darauf achten, daß alle Stücke genau gleich groß waren. Margarine war alles, was wir hatten – es gab keine Marmelade oder irgendeinen anderen Aufstrich – nur Brot mit einem kleinen Klecks Margarine. Wenn jemand ein größeres Stück bekam als die anderen, gab es sofort lauten Streit – nichts Erstaunliches angesichts unseres Hungers. Ich fand es schrecklich, wenn ich die Margarine schneiden mußte, und ich glaube, den anderen ging es genauso. Diejenige, die diese Aufgabe hatte, bekam zwei Scheiben Brot und zwei Stückchen Margarine. Das war natürlich schön, aber es war die Sache nicht wert. Alle Frauen standen um einen herum und schauten einem auf die Finger. Die Stücke mußten von einem großen Block Margarine abgeschnitten werden, und es war wirklich nicht einfach, lauter gleich große Stücke abzuschneiden. Außerdem mußte die Margarine für alle reichen; wenn sie aufgebraucht war, gab es keine neue.

Der Waschraum lag neben dem Toilettenraum. Dort gab es Wasserrinnen aus hellem Holz, die mit Zink verkleidet waren, und darüber befanden sich Rohre mit vielen Hähnen; es gab aber nur kaltes Wasser. Sechzig oder siebzig von uns gingen gleichzeitig in den Waschraum; wir steckten unsere Köpfe unter das kalte Wasser und spritzten uns das Wasser ins Gesicht. Wir hatten zwar weder Seife noch Handtücher, aber im Vergleich zu den kleinen Eimerchen in Scheveningen war dieser Waschraum luxuriös.

Nach dem Morgenappell und dem Stück Brot mit Margarine gingen die meisten Frauen in eine andere Baracke, wo sie aus nassem Papier Taue flechten mußten. Sie drehten das Papier fest zusammen und flochten daraus Taue, wenn es getrocknet war. Ich nahm fast nie an dieser Arbeit teil, denn ich war ja das Dienstmädchen Willie. Ich schrubbte Fußböden und wusch die Wäsche der Aufseher.

Corrie und Betsie ten Boom flochten wie die meisten Frauen aus unserer Baracke Taue. Sie waren wirklich Missionarinnen. Jeden Morgen hielten sie eine Art Andacht für eine ganze Schar von verzweifelten und hilfesuchenden Frauen, die ihnen zuhörte. Einige von ihnen waren bereits Christinnen, aber Corrie und Betsie sprachen eigentlich immer über die Fundamente des Glaubens. Allerdings hatten nur wenige Frauen je die Gelegenheit, allein mit ihnen zu reden, da sie immer vielen Frauen zugleich predigten.

In einer Ecke der Baracke hielt Corrie eine regelrechte Bibelstunde ab. Sie hatte eine winzige eigene Bibel dabei, vielleicht nur ein neues Testament oder ein Evangelium. Abends wanderten die einzelnen Teile dieser winzigen Bibel zwischen den Frauen, die vertrauenswürdig waren, hin und her; sie bekamen alle ein paar Seiten davon. Man durfte sie etwa fünf Minuten behalten, um darin unter der grauen Bettdecke zu lesen; dann mußte man die kostbaren Seiten an die nächste Person weitergeben. Da es Sommer war, war es draußen lange hell, aber man mußte die Augen zusammenkneifen, wenn man unter der Decke die kleingedruckte Schrift lesen wollte.

Wir wußten, daß Corrie und Betsie Juden versteckt hatten und daß ihr Vater in Scheveningen gestorben war. Es war eine traurige Geschichte, in der doch etwas Freude aufblitzte, weil die beiden Schwestern sich jetzt wiedergefunden hatten. Alle Frauen in Baracke 4 kannten ihre Geschichte. Ich hatte mit den beiden keinen engen Kontakt, weil ich mich als Dienstmädchen oft abseits hielt. Außerdem war ich ja fast nie dabei, wenn die Frauen Taue flochten und Corrie und Betsie über die Bibel redeten. Sicherlich brauchten andere Frauen das, was Corrie und Betsie ihnen geben konnten, auch dringender als ich. Manche der Frauen waren sehr schwach, und die beiden Schwestern gaben ihnen neue Kraft – immer durch das Evangelium.

Corrie und Betsie waren nur etwa drei Wochen in unserer Baracke. Dann wurden sie erneut verhört, verurteilt und in eine andere Abteilung des Lagers verlegt. Ich kann mich nicht erinnern, danach noch in der kleinen Bibel gelesen zu haben; wahrscheinlich hatten sie sie mitgenommen.

Nach ein paar Wochen kannte ich eigentlich alle Frauen aus unserer Baracke; da es keine Radios und keine Bücher gab, konnten wir ja kaum etwas anderes machen, als miteinander zu reden. Ich fragte mich oft: Warum ist sie wohl hier? Was hat sie gemacht? Manchmal erfuhr ich es: Eine Frau war in Vught, weil ihr Mann Piloten geholfen hatte, eine andere hatte Juden versteckt, wieder eine andere auf dem Schwarzmarkt gearbeitet.

Die Frauen, die Taue flochten, lernten sich ziemlich gut kennen, weil sie viel Zeit miteinander verbrachten. Ich war zusammen mit zwei anderen jungen Frauen zum Putzen und Waschen eingeteilt worden. Dabei wurden wir ständig von einer Aufseherin bewacht, die nur wegging, wenn sie einen Kaffee oder ein Bier trinken wollte. Wenn ich die Fußböden schrubbte, war ich sogar ganz allein, so daß ich nicht dasselbe Gemeinschaftsgefühl entwickeln konnte wie die anderen. Wenn sie abends in die Baracke zurückkamen, spürte ich, wie einzelne Freundschaften gewachsen waren.

Daß ich eine Außenseiterin war, machte mir nichts aus. Ich wollte nicht im Mittelpunkt stehen, denn ich war ja in Wirklichkeit nicht die Person, für die ich mich ausgab. Außerdem bemühte ich mich immer noch, den Eindruck zu erwecken, ich sei einfältig und zurückgeblieben. Ich benahm mich so dumm, daß sich die Aufseherinnen über mich zu ärgern begannen. Die Deutschen wollten immer, daß die Gefangenen Haltung annahmen – Brust raus, Bauch rein und so weiter. Also ließ ich mich absichtlich hängen.

»Willie! Stell dich gerade hin!« brüllten die Aufseherinnen dann.

»Ich verstehe Sie nicht«, sagte ich daraufhin in aller Unschuld. »Könnten Sie bitte Holländisch sprechen?« Das machte sie natürlich noch wütender.

Mein Sträflingsanzug hatte zwei riesige Taschen, und sobald mich eine Aufseherin ansprach, rutschten meine Hände sofort dort hinein. Ich wollte den Deutschen auf keinen Fall Respekt zollen.

»Willie! Nimm die Hände aus der Tasche!« brüllten sie regelmäßig.

»Ich kann Sie nicht verstehen«, antwortete ich jedesmal.

Dann übersetzte mir irgend jemand, was die Aufseherin wollte, ich runzelte die Stirn und sagte: »Ach so, ja, jetzt erinnere ich mich.« Ich nahm die Hände heraus und sackte dafür gleich noch ein bißchen mehr in mich zusammen. Nachdem das monatelang so gegangen war, waren sie sich sicher, daß ich nicht ganz zurechnungsfähig sei – und das war genau das, was ich wollte.

Ich lernte eine Frau Folmer kennen, eine Witwe, die nur eine achtzehnjährige Tochter hatte. Frau Folmer muß etwa vierzig Jahre alt gewesen sein. Sie war eine schöne Frau mit feinen Gesichtszügen, aus denen man aber schweres Leid lesen konnte. Ihre Augen strahlten eine tiefe Traurigkeit aus. Sie sprach sehr wenig. Ihre Tochter hatte alliierten Piloten geholfen, und die Gestapo hatte die Mutter zusammen mit der Tochter verhaftet. Sie wußte, daß ihr einziges Kind in großen Schwierigkeiten war, und sie hatte keine Ahnung, wo sie sich befand. Nicht zu wissen, was mit denen passiert war, die man liebte, das war ein besonders großer Schmerz und wahrscheinlich die schlimmste aller Foltern.

Auch ich hatte meine Eltern in Gefahr gebracht und ihnen Leid zugefügt, nicht nur, weil ich im Widerstand arbeitete, sondern auch, weil Hein und ich eines Nachts Waffen auf dem Grundstück meiner Eltern versteckt hatten. In unserem Besitz befanden sich viele Revolver und Gewehre, und wir wußten nicht, was wir damit machen sollten. Meine Eltern waren zur Geburtstagsfeier eines Familienmitglieds gegangen.

»Was sollen wir tun?« hatten wir uns gefragt.

»Wir vergraben sie bei deinen Eltern im Garten«, hatte Hein vorgeschlagen.

Also gruben wir im Dunkeln ein großes Loch, wickelten die Waffen in Segeltuch ein, legten sie in das Loch und schaufelten es wieder zu. Danach verwischten wir die Spuren, damit man nicht sah, daß wir an dieser Stelle ein Loch gegraben hatten.

Meinen Eltern hatten wir nichts davon gesagt; sie waren völlig ahnungslos, und ich machte mir deswegen jetzt schreckliche Sorgen. Ich wußte, daß die Gestapo auf die Waffen stoßen würde, wenn sie den Garten durchsuchten, und ich wußte auch, was das bedeuten würde. Ebenso wie Frau Folmer wegen ihrer Tochter verhaftet und eingesperrt worden war, würden auch meine Eltern unseretwegen an die Wand gestellt und erschossen werden. Man würde sie wegen einer Sache töten, von der sie nichts wußten und an der sie keine Schuld trugen.

Die Trauer, die ich in Frau Folmers Augen sah, und die Tatsache, daß ich ihren Schmerz mit dem meiner Eltern verglich, veranlaßten mich schließlich dazu, sie anzusprechen und ihr einiges von mir selbst zu erzählen.

Aber das war nicht der einzige Grund. Ich war ja laut meinen Papieren in Surinam geboren, und das fanden die anderen Frauen, die zum größten Teil in Holland geboren waren, faszinierend. Im Gefängnis war Gesprächsstoff rar, aber für mich war es schwierig, mit den anderen zu reden, denn ich hatte keine

Ahnung vom Leben in Surinam. Ich wußte nur, daß es eine holländische Kolonie war, daß die Hauptstadt Paramaribo hieß und daß die schwarzen Einheimischen ihre eigene Sprache hatten.

Nun befand sich bei uns in Baracke 4 eine berühmte Schauspielerin, Ennie Meunier, die schon in allen großen holländischen Theatern aufgetreten war. Ich konnte mir schlecht erklären, warum eine so berühmte Persönlichkeit in Vught im KZ saß, außerdem hatte ich gehört, daß sie mit einem Deutschen verlobt war. Seit ich das wußte, wollte ich nichts mehr mit ihr zu tun haben. Ich traute ihr nicht.

Eines Tages sprach sie mich an: »Ach, Willie, ich habe gehört, daß Sie in Paramaribo großgeworden sind.«

Ich konnte es nicht leugnen.

»Ich habe dort im Mai eine Show gegeben, als ich auf Tournee war. Haben Sie sie gesehen?«

»Leider hatte mein Vater gerade zu der Zeit Urlaub«, sagte ich bedauernd. »Wir waren nicht in der Stadt, aber alle meine Bekannten haben sie gesehen und waren begeistert.«

Sie lächelte zufrieden, aber dann fragte sie weiter: »Wo haben Sie denn gewohnt?« Sie wollte den Straßennamen wissen.

Ich wußte nicht, was ich sagen sollte, und außerdem hatte ich sowieso Angst vor ihr. Aber mir fiel eine wunderbare Entschuldigung ein, die wir damals oft benutzten: Wir taten so, als ob wir Durchfall hätten und dringend zur Toilette müßten. »Entschuldigen Sie mich bitte«, sagte ich und rannte weg. Niemand stellte irgendwelche Fragen, wenn jemand plötzlich zur Toilette stürzte.

Ich hatte Angst, daß Ennie eines Tages wieder von Surinam anfangen könnte, und von da an bemühte ich mich noch mehr, jeden Kontakt mit ihr zu vermeiden. Trotzdem überlegte ich mir, was ich sagen könnte, wenn sie mich noch einmal anspräche.

Ich hatte von irgend jemandem gehört, daß Frau Folmer in Surinam gelebt hatte, und zwar in Paramaribo. Als ich sie eines Tages allein zur Toilette gehen sah, lief ich deshalb hinter ihr her. Ich schien schon wieder Durchfall zu haben. Ich setzte mich neben Frau Folmer und sprach sie an.

»Stimmt es, daß Sie in Paramaribo gelebt haben?«

Sie bejahte, und ich fuhr fort: »Bitte erzählen Sie mir alles über Paramaribo, aber stellen Sie mir keine Fragen. Beginnen sie mit dem Namen einer Straße, in der viele Leute wohnen.«

»Heerenstraat«, sagte sie; und dann erzählte sie mir alles, was ich wissen mußte. Sie beschrieb mir das Stadtzentrum, die Parkanlagen und den Verlauf der Straßen, und sie fragte nicht, warum ich das wissen wollte. Ich sagte ihr aber, daß ich es ihr erklären würde, wenn der Krieg zu Ende sei.

Eines Abends kam Ennie Meunier auf mich zu, und ich sah gleich, daß sie unser Gespräch wieder aufnehmen wollte.

»Paramaribo hat mir so gut gefallen«, meinte sie. »Erzählen Sie mir, wo Sie gewohnt haben.«

Diesmal beantwortete ich ihre Fragen, so gut ich konnte. Und offensichtlich erweckte Willie Laarman den Eindruck, Paramaribo sehr gut zu kennen.

Daß Frau Folmer mit mir in Vught war, war kein Zufall – ich bin überzeugt davon, daß es Gottes Fürsorge war. Sie war diejenige, die mir alles über Paramaribo sagen konnte, und sie war die einzige, der ich traute, denn ich sah den Schmerz in ihren Augen. Sie war ohne Falsch.

Eine der Frauen war dunkelhäutiger als wir alle; sie war indischer oder afrikanischer Herkunft und kam von einer Insel – Aruba, wenn ich mich recht erinnere. Sie hieß Amancia; der Name war für unsere Ohren sehr ungewöhnlich und klang melodiös wie der Titel eines schönen Liedes. Mit Nachnamen hieß sie Roggeveen, denn sie war mit einem holländischen Seemann verheiratet. Amancia Roggeveen – das paßte eigentlich nicht zusammen.

Amancia begann den Frauen aus der Hand zu lesen, und wir waren wirklich überrascht über das, was sie sah. »Es stimmt«, sagten die Frauen. »Es stimmt genau. Alles, was sie sagt, ist wahr.« Amancias Beliebtheit wuchs rasend schnell. Das war angesichts unserer Situation nur zu verständlich: Wir saßen in diesem Lager und hatten keine Ahnung, wie es mit uns weitergehen würde. In Gedanken beschäftigten wir uns ständig mit unserer Zukunft. Die Frauen strömten zu Amancia und bettelten: »Lies mir aus der Hand. Bitte, lies mir aus der Hand!«

Sie konnte an den Handlinien auch erkennen, was in der Vergangenheit passiert war, und wenn sie es den Frauen sagte, dann antworteten sie: »Ja, so war es.« Sobald sie eine Hand ansah, begann sie zu sprechen; sie erkannte bestimmte Dinge, die ganz sicher geschehen würden. Viele glaubten ihr.

Die Frauen, denen Amancia Gutes vorhersagte, wurden dadurch natürlich getröstet. Amancia konnte keine genauen Angaben darüber machen, wann die einzelnen Dinge geschehen würden, aber die Frauen fühlten sich trotzdem gestärkt. Ich hielt es für möglich, daß sie wirklich in die Zukunft schauen konnte, aber ich war der Ansicht, daß das eine satanische Gabe sei. Daher wollte ich nicht, daß sie mir aus der Hand las. Außerdem befürchtete ich, daß sie mir, wenn sie meine Handlinien sah, sagen würde: »Sie sind nicht die Person, für die sie sich ausgeben.« Also machte ich einen Bogen um sie. Aber schließlich waren alle bei ihr gewesen, manche von ihnen sogar mehrmals. »Was hat Amancia zu dir gesagt, Willie?« fragten die anderen mich.

»Ich glaube nicht an so was«, antwortete ich.

»Ach, du brauchst es doch nicht zu glauben«, meinten sie. »Du kannst es einfach aus Spaß machen lassen.«

Sie redeten alle auf mich ein, und ich stand plötzlich im Mittelpunkt der Aufmerksamkeit, weil ich als einzige noch nicht bei Amancia gewesen war. Also gab ich schließlich nach und ging zu ihr.

Als sie meine Hand hielt, bekam ich richtig Angst. »Haben Sie eine Zwillingsschwester?« fragte sie. »Ich sehe eine Frau, die genauso aussieht wie Sie.«

Ich erschrak fürchterlich. Ich war davon überzeugt, daß sie mein wahres Ich sah und außerdem die Person, die ich zu sein vorgab, und weil sie mit dem, was sie in meinen Handlinien sah, nichts anfangen konnte, kam sie auf die Idee mit der Zwillingsschwester. Aber ich durfte mir nichts anmerken lassen und sagte erstaunt: »Nein, ich bin ein Einzelkind, und ...«

»Ich sehe viel Papier«, fuhr sie fort, »Unmengen von Papier. Und ich sehe, wie Sie weinen, schrecklich, schrecklich weinen.«

»Ich weine eigentlich nie«, sagte ich.

»Ich sehe Sie weinen«, wiederholte sie, »und ich sehe ganz viel Papier, und dann rufen sie Sie, und ... und Sie werden verhört. Das Verhör dauert sehr lange. Und dann sind Sie sehr erleichtert, weil alles so gut gegangen ist. Und dann, später, werden Sie noch einmal verhört, nur ganz kurz, und diesmal sagen Sie etwas anderes – und dann stecken Sie tiefer drin als je zuvor.«

Das las sie in meiner Hand.

Die Zeit verging, und ich versuchte, nicht an das zu denken, was Amancia gesagt hatte, denn es machte mir große Angst. Einerseits hörte es sich so an, als ob ich entlassen werden würde, aber ihre letzte Bemerkung über den Fehler beunruhigte mich.

Aus irgendeinem Grund begann ich mir Sorgen zu machen, daß die Männer aus unserer Widerstandsgruppe irgend etwas unternehmen könnten, um mich freizubekommen – vielleicht jemanden bestechen oder etwas Ähnliches. Wenn die Deutschen von so etwas Wind bekämen, würden sie wissen, daß ich nicht bloß ein dummes Dienstmädchen war.

Eines Tages lernte ich eine verzweifelte junge Frau kennen, Floortje. Sie hatte gerade erfahren, daß ihr Mann im Gefängnis umgekommen war. Die Deutschen sagten einer Ehefrau nie, daß sie ihren Mann erschossen hatten; sie ließen die Frauen einfach eines Tages frei. Als Floortje entlassen wurde, wußte sie, daß ihr Mann tot war. Sie kam aus Rijswijk, einer Ortschaft direkt vor Den Haag.

Ich gab ihr die Adresse meiner Eltern und bat sie, sie nach ihrer Entlassung aufzusuchen. »Ich muß Ihnen vertrauen, ich habe keine andere Wahl. Sie müssen ganz vorsichtig sein. Ich weiß nicht, ob die Gestapo das Haus noch beobachtet oder nicht. Tun Sie so, als ob Sie Geld sammeln für die Hungrigen oder so etwas, und sagen Sie meinen Eltern, daß ich hier bin und daß es mir gutgeht. Sie sollen den Mitgliedern meiner Gruppe ausrichten, daß sie nicht versuchen sollen, mich hier herauszuholen, denn sie brächten mich nur in Schwierigkeiten. Das ist sehr, sehr wichtig«, schärfte ich ihr ein.

Sie ging wirklich zu meinen Eltern und richtete ihnen aus, was ich gesagt hatte. Ich hatte sie gebeten, darauf zu achten, daß die Sorge meiner Eltern durch ihre Beschreibung des Lagers nicht noch größer würde. Sie sollten nur wissen, wo ich war und daß es mir den Umständen entsprechend gutging.

Die Männer aus meiner Gruppe hatten wirklich schon Nachforschungen darüber angestellt, wo ich war und wie sie mich herausholen konnten. Sie hatten meinen Onkel eingeschaltet, der bei der Polizei war, aber auch er hätte nicht herausfinden können, wo ich war, da ich unter falschem Namen eingesperrt war.

Ich wollte nicht, daß sie irgend etwas unternahmen, da ich glaubte, daß ich eine Chance hatte freizukommen, wenn ich die Strategie, für die ich mich entschieden hatte, weiterverfolgte – ich wollte auch bei meinem Verhör das harmlose, dumme Dienstmädchen spielen. Eine leise innere Stimme hatte mir die ganze Zeit über gesagt, daß ich eines Tages entlassen werden würde – selbst wenn man mich, wie so viele andere, nach Deutschland deportierte.

Im Tal des Todesschattens

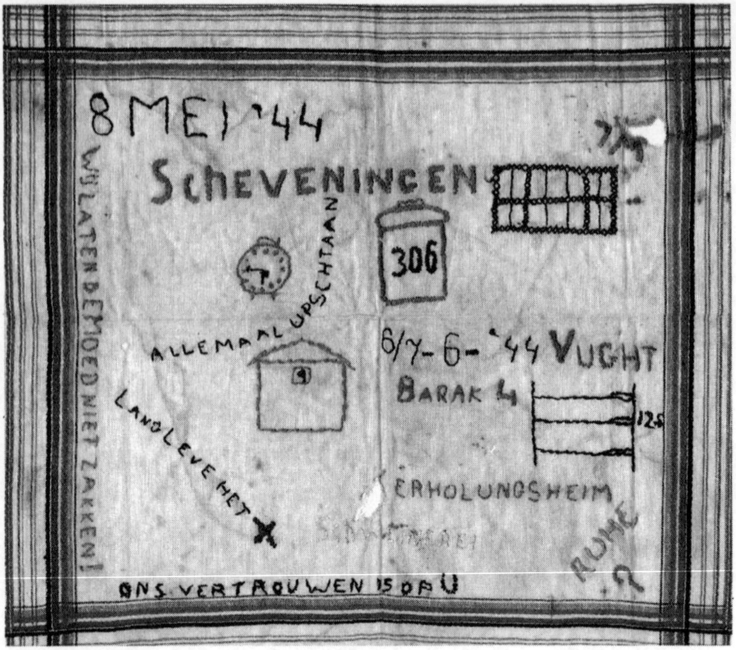

Bei ihrer Verhaftung hatte Diet Eman ein Taschentuch bei sich. Im KZ Vught gaben die Frauen nachts eine sorgfältig versteckte Nadel und dieses Taschentuch weiter und stickten unter der Bettdecke. Jede Frau durfte das Tuch ungefähr sieben Minuten behalten; Fäden wurden aus der Kleidung gezogen.

Auf dem Taschentuch finden sich das Datum der Festnahme, ein Wecker mit der Uhrzeit, um die die Frauen aufstehen mußten, die erste Zeile eines Liedes, das im KZ entstanden war (»Wir lassen den Mut nicht sinken«), ein Bibelwort (»Wir vertrauen Dir«) und »Lang lebe das Rote Kreuz«.

Unsere Baracke war die einzige in Vught, die für weibliche Gefangene vorgesehen war, die noch nicht verhört worden waren. Ab und zu wurde eine von uns zum Verhör herausgerufen, und jede lebte in der ständigen Angst, die nächste zu sein. Inzwischen waren drei Monate vergangen, und ich hatte sie dazu genutzt, immer und immer wieder die Geschichte durchzugehen, die ich bei meinem Verhör erzählen wollte – so lange, bis ich sie in allen Einzelheiten beherrschte. Seit jener Nacht mit Trix in Scheveningen hatte ich mich bemüht, nicht mehr an die Menschen zu denken, die ich liebte, sondern mir statt dessen in Gedanken eine neue Identität aufzubauen; ich war Willie Laarman, ein Dienstmädchen aus Paramaribo, und meine Eltern waren beide tot.

Es war schwer für mich, der Versuchung zu widerstehen, mich in Gedanken mit meinen Lieben zu beschäftigen, denn eigentlich war es gerade das, was ich mir am meisten wünschte – die schöne Zeit innerlich noch einmal zu erleben. Es wäre so wohltuend gewesen, an Hein zu denken und von ihm zu träumen. Aber ich erlaubte mir diesen Luxus nicht, denn ich hatte mein Verhör noch vor mir und mußte eine plausible Geschichte, mit der ich mich innerlich ganz und gar identifizierte, so parat haben, daß mir kein noch so geringfügiger Fehler unterlief.

Wenn ich nach einem langen Tag im Lager ins Bett ging, war es verlockend, an Hein und meine Eltern und Geschwister zu denken. Natürlich betete ich jeden Abend für sie. Ich wußte, daß Hein in Amersfoort im Gefängnis war, und Amersfoort hatte einen schlechten Ruf. Aber abgesehen von diesem Gebet ließ ich keinen Gedanken an ihn und meine Familie zu.

»Du bist Willie Laarman. Du wurdest in Paramaribo geboren. Du bist eine Waise. Deine Eltern sind tot.« Ich sagte es mir immer und immer wieder. Ich wollte keinen Ballast mit mir herumtragen, wenn ich zum Verhör ging, und ich wollte meine Geschichte bis in alle Einzelheiten beherrschen. Ich würde erklären müssen, wann und woran meine Eltern gestorben waren, und wenn sie mich später alles noch einmal erzählen ließen, mußte ich mich genau erinnern, was ich gesagt hatte. Ich verbrachte jeden Abend Stunden damit, mir die Geschichte in Gedanken immer wieder zu erzählen, und ich versuchte dabei, sie so einfach wie möglich zu halten.

Ich achtete darauf, daß dies meine letzten Gedanken waren, bevor ich einschlief. Normalerweise holten sie einen nachts um zwei oder drei Uhr zum Verhör, und wenn sie mich aus dem Tiefschlaf reißen und mit Fragen bombardieren würden, mußten meine Gedanken bei Willie sein und nicht bei Hein. Also bemühte ich mich, die Gedanken an ihn so vollständig wie möglich zu verdrängen; ich wußte, daß unsere ganze Arbeit auf dem Spiel stand.

Während des Tages versuchte ich, die anderen Gefangenen zu beobachten – natürlich, ohne mir etwas anmerken zu lassen. Es fiel mir auf, daß eine gewisse Hanny, keine sehr hübsche Frau (sie hatte schreckliche Zähne und besonders fettiges Haar), zwei- oder dreimal in der Woche zum Verhör gerufen wurde. Ich fragte mich, was sie wohl verbrochen hatte, daß sie sie so oft holten.

Man kann einiges herausfinden, wenn man andere so scharf beobachtet, wie ich es tat. Die meisten Frauen wirkten erschöpft, oft sogar innerlich zerbrochen, wenn sie vom Verhör kamen, aber Hanny nicht. Außerdem wurde sie im Gegensatz zu den anderen, die zu jeder Tages- und Nachtzeit geholt wurden, ziemlich oft nachmittags um halb zwei oder zwei gerufen.

Sie schien überhaupt keine Angst zu haben, und wenn sie zurückkam, hatte sie ein bißchen Farbe bekommen, so als ob sie in der Sonne gewesen wäre. Oft war sie dann auch recht gesprächig und machte den Eindruck, als hätte sie ein oder zwei Bier getrunken.

Ich begann zu glauben, daß die Deutschen sie als Spionin gebrauchten. Das erklärte, warum sie keine Angst hatte, obwohl sie so oft gerufen wurde. Aber sie war nicht sehr schlau – ich an ihrer Stelle hätte wenigstens so getan, als ob die Verhöre mir angst machten. Und es war sehr dumm von den Deutschen, daß sie sie draußen in der Sonne sitzen ließen.

Ich vertraute Frau Folmer, und ich vertraute auch Freddy, einer sehr sympathischen Katholikin, aber sonst nur sehr wenigen Frauen. Ich fragte die beiden, ob sie bemerkt hätten, daß Hanny keine Angst vor den Verhören zu haben schien und immer sehr gesprächig war, wenn sie zurückkam. Ich sagte ihnen, daß wir vor ihr auf der Hut sein müßten.

Eines Tages, kurz bevor ich damit an der Reihe war, Stubenälteste zu sein (diejenige, die dafür zuständig war, daß morgens alle zum Appell erschienen), kam eine meiner Freundinnen zu mir.

»Weißt du was?« meinte sie. »Jede Nacht klettert Hanny Janssen aus dem kleinen Fenster des Aufseherraumes und verschwindet mit einem der Bewacher, die an den vier Ecken stehen. Sie gehen miteinander in den Wald, und die anderen drei Aufseher passen auf. Kurz vor Tagesanbruch kommt sie zurück.«

Ich weihte Freddy ein, und wir machten einen Plan. An dem Morgen, als ich die Frauen zum Appell rufen mußte, standen wir um fünf Uhr auf – das war eine dreiviertel Stunde früher als sonst. Wir gingen zu jedem Fenster des Gebäudes und schlossen es. Etwa um zwanzig nach fünf, als es allmählich hell wurde, wollte Hanny wieder zum Fenster hereinklettern. Als das nicht ging, bekam sie Panik; schließlich galt sie als eine ganz normale Gefangene – und nun stand sie draußen vor der Baracke, und es wurde hell.

Wir stellten uns zum Appell auf und warteten. Der Schlüssel drehte sich im Schloß, die Barackentür öffnete sich, und die Aufseherinnen kamen herein. An diesem Morgen mußte ich die Gefangenen zählen und Bericht erstatten. Es waren immer etwa sieben oder acht Frauen krank, aber insgesamt mußte die Anzahl stimmen. Ich sagte den Aufseherinnen, daß ich die Frauen immer wieder gezählt hätte, daß es aber statt 167 nur 166 seien. »Vielleicht habe ich irgendwas falsch gemacht. Ich weiß, daß acht Frauen krank sind, aber es stimmt trotzdem nicht.«

Sie dachten natürlich, daß dieser Fehler allein meiner Unfähigkeit zuzuschreiben sei – typisch Willie, noch nicht einmal richtig zählen kann sie. Aber sicherheitshalber zählten sie selber noch einmal nach, und sie kamen zu demselben Ergebnis wie ich – eine Frau fehlte!

Nun wurden sie nervös. Alle Namen wurden aufgerufen, und wir mußten »Hier!« rufen. Es stellte sich heraus, daß Hanny Janssen fehlte. Sie war ihre Spionin, aber das durften wir natürlich nicht wissen. Wir waren gespannt, was sie machen würden.

Man sagte uns schließlich, daß sie zur Strafe für ihren »Fluchtversuch« dazu verurteilt worden sei, einen Monat im »Bunker« zu verbringen. Vor dem Bunker hatten alle Angst. Ich habe nie erfahren, wie es dort wirklich zuging, und ich weiß nicht, ob die Gefangenen dort gefoltert wurden; man hörte jedenfalls oft schreckliche Schreie. Manche hatten gesehen, wie Hände aus den vergitterten Fenstern gestreckt wurden. Es muß ein furchtbarer Ort gewesen sein.

Jedenfalls waren wir nun unsere Spionin für einen Monat los, aber als sie nach diesem Monat zurückkam, beschwerte sie sich noch nicht einmal. Wahrscheinlich war sie irgendwo angenehm untergebracht gewesen, jedenfalls nicht im Bunker. Ich weiß nicht, ob es in unserer Baracke noch andere Spioninnen gab, aber bei Hanny war ich mir sicher.

Eines Nachts begann plötzlich eine der Frauen vor Schmerzen zu schreien. Sie war völlig außer sich. Wir wußten nicht, was wir tun sollten – die Aufseherinnen waren schon weg. Also gingen wir zum Fenster und riefen den Soldaten, die draußen Wache standen, zu: »Hier ist eine Frau, die furchtbare Schmerzen hat. Wir wissen nicht, was wir mit ihr machen sollen.«

Die Soldaten antworteten, daß sie einen Arzt holen würden. Das war eine angenehme Überraschung für uns, da wir gar nicht gewußt hatten, daß es überhaupt einen Arzt im Lager gab. Sie kamen mit einer Trage in die Baracke und holten die Aufseherinnen, da Männer sich nicht ohne Begleitung in der Frauenbaracke aufhalten durften. Schließlich wurde die Frau ins Krankenhaus getragen. (Wir hatten auch nicht gewußt, daß es ein Krankenhaus gab.) Es stellte sich heraus, daß sie einen Blindddarmdurchbruch hatte; sie wurde noch in derselben Nacht operiert.

Wir fanden heraus, daß das Krankenhaus sogar sehr gut ausgerüstet war und daß dort fast nur holländische Ärzte und Krankenschwestern arbeiteten, die ebenfalls Gefangene waren. Auch das Essen dort war gut, da das Rote Kreuz regelmäßig Nahrungsmittel lieferte. Es gab sogar einen Zahnarzt.

Nachdem wir nun wußten, daß es ein Krankenhaus gab, wollten viele von uns dorthin. Eines Tages im Juni verlor ich plötzlich eine Zahnfüllung; das Loch, das dadurch entstand, war so groß, daß ich dauernd meine Zunge hineinstecken mußte. Es tat zwar nicht besonders weh, aber es war lästig, und ich beschloß zu versuchen, vom Zahnarzt behandelt zu werden. Das Leben im Gefängnis war oft sehr langweilig, und eine Abwechslung war mir willkommen.

Ich sagte den Aufseherinnen, daß mir eine Plombe herausgefallen sei, und sie erlaubten mir, zum Zahnarzt zu gehen. Ich ging mit einer Gruppe von acht oder zehn Personen aus einer anderen Baracke, die auch zum Zahnarzt mußten. Wir wurden von einem großen Soldaten begleitet, der ständig »Marsch, marsch! Marsch, marsch!« brüllte. Schließlich erreichten wir das Krankenhaus, an dessen Ende sich ein kleiner Anbau befand; das war die Zahnarztpraxis.

Das Behandlungszimmer war klein, aber in der Mitte stand ein richtiger Zahnarztsessel; das Wartezimmer war ein enger Korridor zwischen zwei Türen, in dem sich eine Bank befand. Alle Gefangenen des Lagers hatten farbige Dreiecke auf den Ärmeln ihres Sträflingsanzuges. Politische Gefangene bekamen ein rotes Dreieck, Mörder und andere Kriminelle bekamen ein grünes. Ich hatte ebenso wie alle anderen aus meiner Baracke noch kein Dreieck bekommen, weil unser Verhör noch nicht stattgefunden hatte.

Ich werde diesen Zahnarzt nie vergessen, denn als ich ihm zum ersten Mal gegenüberstand, sah ich ein grünes Dreieck auf seinem Ärmel. Er war also ein Mörder. Vielleicht hat er einen Deutschen umgebracht, dachte ich. Das hätte ihn in ihren Augen zum Mörder gemacht, aber nicht in meinen.

Da saßen wir nun zu neunt auf der Wartezimmerbank, und der Aufseher bewachte uns. Er ging mit seinem Gewehr an uns vorbei, blieb einen Augenblick stehen, machte ein paar Schritte in das Behandlungszimmer, kehrte um und ging wieder an uns vorbei. Er mußte so lange auf uns aufpassen, bis jeder von uns an der Reihe gewesen war. Manchmal blieb er längere Zeit in dem Behandlungszimmer stehen und sah zu, wie derjenige, der gerade an der Reihe war, behandelt wurde.

Ich saß direkt neben der Tür, die, wie wir meinten, zum Krankenhaus führte. Plötzlich ging diese Tür auf – nur einen Spaltbreit – und machte dabei ein leises Geräusch, das mich an einen tropfenden Wasserhahn erinnerte. Ich zog die Tür zu, damit das lästige Geräusch aufhörte, aber gleich darauf war sie wieder offen. Der Aufseher betrat gerade das Behandlungszimmer, und in diesem Moment erschien in dem Türspalt eine Hand, die lauter mit Margarine bestrichene Brotscheiben hielt!

Ich nahm die Scheiben sofort, da die anderen zu weit entfernt von der Tür saßen. Es waren so viele, daß ich sie an die anderen weitergab. Sobald ich den Aufseher sah, steckte ich das Brot in meinen Anzug, und als er wieder im Behandlungszimmer verschwand, kam die Hand aus der Tür und hielt uns noch mehr Brot hin. Weil der Aufseher so oft vorbeikam, konnten wir das Brot nicht essen; daher versteckten wir es in unseren Anzügen und teilten es später mit den Kranken in unserer Baracke. Jedesmal, wenn der Aufseher den Gang verließ, erschien wieder diese Hand, und sie gab uns nicht nur Brot, sondern auch Käse, Schinken und Margarine dazu!

Schließlich kam ich an die Reihe.

»Wo tut es weh?« wollte der Zahnarzt wissen. Er war Grieche und konnte nur ein paar Worte Holländisch; mit mir sprach er gebrochen Englisch.

»Mir ist eine Plombe herausgefallen«, sagte ich.

»Dann muß ich ein bißchen bohren und Ihnen eine provisorische Füllung machen«, erklärte er. Er begann zu bohren, und im selben Moment fragte er: »Haben Sie die neuesten Nachrichten gehört?«

Damals hatten eigentlich alle Unternehmen im besetzten Europa zu wenig Arbeitskräfte. Die Juden durften nicht mehr arbeiten, und viele Einwohner der besetzten Länder waren zur

Zwangsarbeit nach Deutschland geschickt worden. Außerdem waren viele Männer untergetaucht.

Die Firma Philips in Eindhoven war von den Deutschen übernommen worden und produzierte jetzt Rüstungsgüter. Da auch Philips zu wenig Arbeitskräfte hatte, durfte sie in unserem Lager (das sich ganz in der Nähe von Eindhoven befand) eine Zweiganlage errichten. Die Gefangenen, die dort arbeiteten, hatten es gut; sie bekamen zusätzliche Lebensmittelrationen und wurden von den leitenden Angestellten gut behandelt. Außerdem hielten die holländischen Angestellten der Firma, die heimlich BBC hörten, die Gefangenen, mit denen sie zusammenarbeiteten, ständig auf dem laufenden.

»Es gibt gute Neuigkeiten«, flüsterten sie beispielsweise. »Die Alliierten rücken nach Italien vor, und General Pattons Armee ist schon in Belgien. Lauter gute Nachrichten.«

Am Abend verbreiteten die Gefangenen dann das, was sie tagsüber erfahren hatten, in ihren Baracken. Und wenn einer von ihnen krank wurde oder Zahnschmerzen bekam, verbreitete er die Neuigkeiten im Krankenhaus. Philips war für uns alle eine wichtige Informationsquelle, für die wir sehr dankbar waren.

Kaum hatte der Zahnarzt mich gefragt, kam der Aufseher wieder ins Behandlungszimmer, und der Arzt fragte: »Also, wo tut es weh? Hier an dieser Stelle, sagen Sie?«

Sobald der Deutsche wieder draußen war, erzählte der Zahnarzt mir alles über den derzeitigen Stand des Krieges. Schließlich war er mit meinem Zahn fertig, und ich mußte gehen. Aber er sagte mir, daß er nur eine provisorische Füllung gemacht habe und daß ich in den nächsten Tagen wiederkommen müsse. Das war mir natürlich recht.

Als ich nach ein paar Tagen wiederkam, erzählte er mir wieder die neuesten Nachrichten. Diesmal hatte ich meinen Regenmantel angezogen; ich öffnete die Taschen und ließ das Brot zwischen Oberstoff und Futter fallen. So konnte ich viel mehr mit zurück in meine Baracke nehmen als das erste Mal. Ich weiß nicht, wie oft ich diese Hand gesegnet habe, die uns durch die Tür Brot, Käse und Fleisch entgegenstreckte, und dieser Person innerlich gedankt habe. Gesehen habe ich sie nie.

Vielleicht gab es jemanden in unserer Gruppe, der wußte, daß diese Hand erscheinen würde, aber ich war völlig überrascht, als ich es zum ersten Mal erlebte.

Als der griechische Zahnarzt mir sagte: »Jetzt ist alles in Ordnung, und ich muß Sie leider gehen lassen!«, machte ich ein so trauriges Gesicht, daß er hinzufügte: »Wenn Sie wiederkommen wollen, könnte ich höchstens ein paar Löcher in ihre gesunden Zähne bohren.«

»Ja, bitte tun Sie das«, antwortete ich sofort.

Von da an kam ich noch oft zu ihm, da ich neuerdings ständig Probleme mit meinen Zähnen hatte. Ich weiß nicht, wie oft ich bei ihm war und wie viele Löcher er bohrte.

Jahre später fragte mich ein Zahnarzt nach meinen eigenartigen Plomben. »Ich habe keine Ahnung, was das für ein Material ist – so etwas habe ich noch nie gesehen!«

»Das sind meine Gefängnis-Füllungen«, antwortete ich.

Ich glaube, ich habe immer noch ein paar davon im Mund.

Im Sommer 1944 machte General Pattons Armee in Belgien gute Fortschritte im Kampf gegen Hitler, und da Vught nah an der belgischen Grenze liegt, hörten wir, wie das Feuer der schweren Artillerie immer näher kam.

Die Aufseherin, die uns bewachen mußte, während wir die Wäsche wuschen – manchmal hatte ich eine oder zwei Frauen, die mir halfen –, fand das mit der Zeit so langweilig, daß sie uns einfach in den Waschraum einschloß und wegging, um einen

Kaffee oder ein Bier zu trinken. Das rochen wir später, wenn sie wiederkam. Oft blieb sie ziemlich lange weg.

Jedesmal, wenn sie wegging, atmeten wir auf. Wir haßten die Deutschen so sehr, und nun mußten wir hier in diesem Waschraum ihre Unterwäsche waschen. Wir mußten die ganze verdammte Unterwäsche mit den bloßen Händen schrubben und auswringen – sie mußte makellos sauber sein. Wir haßten die Leute von der SS noch mehr als alle anderen Deutschen. Und auf jedes einzelne dieser Unterhemden war das SS-Emblem gestickt.

Mit einer oder zwei Ausnahmen gehörten die Lageraufseher alle zur SS, in den Vernichtungslagern ausnahmslos. Die Aufgabe der Gestapo war es, Nachforschungen anzustellen und Verhöre durchzuführen, und die Gestapo-Leute mußten schlau sein. Im Gegensatz dazu waren die Männer von der SS roh und brutal. Ich glaube, sie waren für die Arbeit, die sie im Lager taten, extra ausgebildet worden. Man hatte ihnen beigebracht, zu foltern und zu töten, und es schien ihnen sogar Spaß zu machen. Sie waren die schlimmsten Nazis, und wir haßten sie deswegen. Da stand ich und wusch ihre Unterwäsche, während mein Verlobter irgendwo weit weg von mir in einem anderen Lager war und ich noch nicht einmal sicher sein konnte, ob er überhaupt noch lebte.

Sobald die Aufseherin gegangen war, nahmen wir die Unterhemden und hielten sie hoch. Dann spuckten wir auf das SS-Emblem. Mit der Zeit wurden wir darin richtig gut. Wir mußten jeden Tag waschen, weil in dem Lager so viele Aufseher beschäftigt waren, und da wir so viel Gelegenheit zum Üben hatten, war ich zum Schluß eine regelrechte Scharfspuckerin.

Heute kommt es mir irgendwie verrückt vor, daß es einem so viel Spaß machen kann, anderer Leute Unterwäsche zu bespukken. Aber wir waren diesen Menschen ausgeliefert und mußten ständig damit rechnen, daß sie uns umbrachten, und es war ein wunderbares Gefühl, auf diese Embleme zu spucken.

Nach dem Krieg wollte ein Psychiater, ein Freund Corrie ten Booms, mit mir und Ansje den Dool sprechen. Er interessierte sich für das, was wir mitgemacht hatten. Ich erwähnte ihm gegenüber, daß das, was wir in dem Waschraum getan hatten, vielleicht albern war, vor allem angesichts der Tatsache, daß unser Leben auf dem Spiel stand. Aber er meinte, daß es richtig gewesen sei, so etwas zu tun – die Deutschen versuchten alles, um unsere Moral zu brechen, und durch solche lächerlichen Kleinigkeiten wie das Bespucken von Unterwäsche bewiesen wir uns, daß ihnen das nicht gelungen war.

Unsere eigene Wäsche mußten wir in den Wasserrinnen waschen, in denen wir uns auch selbst wuschen, aber für die Kleidung der Aufseher hatten wir eine Wanne, denn sie mußte ganz sauber werden. Wir benutzten Seife und ein Bleichmittel aus Chlor, und wir mußten mit unseren Händen und Knöcheln so viel schrubben, daß sie mit der Zeit ganz schwielig wurden.

Etwa um die Zeit, als wir zu hören begannen, wie Pattons Artillerie näher kam, stellte ich plötzlich fest, daß meine Hände von der Wäsche, die wir wuschen, blutig wurden. Besonders ein hellblaues Hemd war voller Blut. Die blutigen Kleidungsstücke mußten wir in einem separaten Trog waschen und in kaltem Wasser einweichen, damit das Blut herauskam. Ich hatte keine Ahnung, was passiert war.

Eine unserer Aufseherinnen, Frau Schenck, schien ein paar menschliche Züge bewahrt zu haben.

Eines Tages, als ich allein im Waschraum war, stimmte ich ein Lied an, weil ich an irgend etwas Schönes dachte. Das war sicher ziemlich ungewöhnlich; so etwas hörten die Aufseherinnen sonst nie. Frau Schenk, die an diesem Tag Dienst hatte, hatte mich für kurze Zeit allein gelassen, und als sie zurückkam, sang ich aus voller Kehle. Die meisten Aufseherinnen hätten mich gleich angefahren und »Halt die Klappe!« oder etwas Ähnliches gesagt, aber ich höre sie heute noch sagen: »Sie singen wie eine Heidelerche!«

Diese Frau Schenk hatte gerade Dienst, als wir die blutigen Hemden bekamen, und ich faßte mir ein Herz und fragte sie: »Was ist denn da passiert?«

»Zwei Männer hatten einen schrecklichen Motorradunfall. Sie sind jetzt in unserem Krankenhaus, und wenn sie wieder herauskommen, sollen ihre Sachen sauber sein.«

Also wusch ich sie, und sie wurden abgeholt. Aber am nächsten Tag kamen noch viel mehr blutige Kleidungsstücke, vielleicht elf oder zwölf, und alles, nicht nur die Unterwäsche und die Hemden, sondern auch Socken und Anzüge, waren voller Blut. Das war kein Motorradunfall. Ich war sehr beunruhigt, weil ich mir nicht erklären konnte, was das zu bedeuten hatte. Als Frau Schenck nach ein paar Tagen wieder Dienst hatte, fragte ich sie noch einmal, woher die blutigen Kleidungsstücke kämen.

Sie hätte antworten können, daß mich das überhaupt nichts anginge, aber sie sagte: »Wissen Sie, das waren Verräter, und sie mußten bestraft werden.« In ihren Augen war natürlich jeder ein Verräter, der gegen die Deutschen war.

»Warum müssen wir denn dann ihre Kleidungsstücke waschen?« wollte ich wissen.

»Weil wir sie an die Familienangehörigen zurückschicken müssen«, entgegnete sie. »Und für die wäre es sehr schlimm, wenn sie diese blutigen Sachen sähen.«

Genau das waren ihre Worte – eine halbwegs anständige Lüge einer halbwegs anständigen Aufseherin. Zu Anfang glaubte ich ihr, und deshalb konnte ich überhaupt mit dieser schrecklichen Arbeit weitermachen. Frau Schenck hat wahrscheinlich recht, dachte ich. Es ist besser, wenn die Angehörigen die blutbefleckten Sachen nicht sehen müssen.

Wenn ich die Kleidungsstücke wusch, suchte ich nach Namensetiketten; viele der Hemden und Jacken waren mit holländischen Namen ausgezeichnet. Ich vermutete immer noch, daß es da irgendein Geheimnis gab, und eines Abends sprach ich das Thema an, als ich an einem Gespräch in unserer Baracke teilnahm. Ich erzählte den Frauen, daß Frau Schenck zuerst von einem Motorradunfall gesprochen hatte, aber daß ich ständig neue blutige Kleider zum Waschen bekam.

»Neulich waren es sechsunddreißig Hemden. Es war furchtbar, der Bottich zum Einweichen war voller Blut. Ich konnte die ganze Nacht nicht schlafen, ich sah immer diese Hemden.«

Da sagte Hanny, die Spionin: »Die Hemden stammen von Männern, die erschossen worden sind.«

Mein Mund wurde ganz trocken. »Warum müssen wir denn dann ihre Kleidung waschen?« fragte ich.

»In Deutschland gibt es so gut wie keine Kleidung mehr. Die Sachen werden gewaschen und nach Deutschland geschickt.«

Ich war entsetzt. Mit meinen eigenen Händen hatte ich diese blutigen Kleidungsstücke gewaschen, die Männern gehörten, die getötet worden waren – unseren eigenen Männern! Und nun wurden sie nach Deutschland gebracht, um von unseren Feinden getragen zu werden. Ich kann nicht beschreiben, welch ein Schock das für mich war. Das Entsetzten darüber, daß das Blut unserer Männer über meine Hände geflossen war, gehört zu den schlimmsten Erinnerungen meines Lebens.

Hanny hätte uns das wahrscheinlich gar nicht sagen dürfen, aber sie war dumm. Die Deutschen suchten sich manchmal die Dümmsten als Informanten aus. Sie schien stolz darauf zu sein, daß sie mehr wußte als wir. Sie sagte, die Kleidungsstücke kämen nach dem Waschen in eine andere Baracke, wo eine

Gruppe von Frauen damit beschäftigt sei, die Einschußlöcher zu stopfen.

Seit ich das wußte, war es eine Qual für mich, weiterhin die Kleidung zu waschen. Diese Zeit war die schlimmste meines Lebens. Ich suchte jedes Wäscheteil nach Namensetiketten ab, und ich achtete genau darauf, an welcher Stelle sich die Einschußlöcher befanden. Was ich dabei entdeckte, war noch schlimmer: Manchmal waren die Einschußstellen nicht in Höhe des Herzens, wie es die Genfer Konvention vorschrieb, sondern in Bauchhöhe. Das bedeutete, daß die erschossenen Männer wahrscheinlich mehrere Stunden lang gelitten hatten, bevor sie endlich starben. Es gibt keine Worte für diese Greuel.

Ich wußte, daß ich dem Roten Kreuz diese Bauchschüsse melden mußte. Wenn ich einen Namen in den Kleidungsstükken gefunden hatte, versuchte ich ihn mir zu merken. Offenbar handelte es sich um Widerstandskämpfer, denn es waren keine Uniformen, sondern Zivilkleidung.

Jetzt erst begriff ich, was in Vught geschah. Mit den Maschinengewehrsalven, die wir fast jeden Abend bei Sonnenuntergang hörten, wurden Männer hingerichtet, die dann stundenlang irgendwo lagen, bevor sie starben. Ich war völlig verzweifelt. Auch deswegen, weil mein Hein einer dieser Männer sein konnte, die aus ihrer Zelle geholt und mit einem Bauchschuß zum Sterben liegengelassen wurden. Es war gut möglich, daß er von Amersfoort nach Vught gebracht worden war.

Unter den blutigen Kleidungsstücken konnten sich auch die von Hein befinden, oder die von Ab oder Adriaan oder Jantje oder Aalt. Meine innere Anspannung wuchs von Tag zu Tag. »Wessen Kleidung werde ich heute waschen?« fragte ich mich. »Die des Mannes, den ich liebe und den ich geheiratet hätte?«

Das war der Zeitpunkt, zu dem ich mit Haß erfüllt wurde. Ich konnte Gott nicht mehr darum bitten, mir Liebe für meine

Feinde zu schenken. Ich bat ihn darum, die Nazis zu verdammen und zu verfluchen. Ich war am Ende. Erst die jahrelange Arbeit im Untergrund, dann das Jahr, in dem sie ständig nach mir suchten und meinen Eltern angst machten, erst Heins Verhaftung und dann meine eigene, das ewige Warten auf ein Verhör, das nicht stattfand, und nun diese blutüberströmten Kleidungsstücke, die Menschen gehören konnten, die ich gekannt und geliebt hatte – das war mehr, als ich ertragen konnte. Während ich meine Hände in das Blut unserer Männer tauchen mußte, wurden die unaufhörliche Angst, Anspannung und Sorge stärker als die wenige Kraft, die ich noch hatte.

Dies alles geschah im Juli 1944, und mit zwei blutigen Hemden fing es an. Ich fand heraus, daß die Deutschen nervös geworden waren, als sie die schwere Artillerie General Pattons von fern gehört hatten: Sie wollten das Lager räumen, um zu verhindern, daß die Gefangenen befreit wurden. Hanny bestätigte mir, daß jeden Abend bei Sonnenuntergang Gefangene erschossen wurden. Wir hörten die Gewehrsalven. Später fand ich heraus, daß sie jeden Tag aufs Geratewohl eine Anzahl Männer heraussuchten und zum Tode verurteilten. Ohne Verhör, ohne Prozeß, ein paar Schüsse, das war alles. Diese Schüsse zu hören und sich dabei vorzustellen, daß jeden Tag einige unserer Männer da draußen ermordet wurden, und doch völlig machtlos zu sein – das war mehr, als ich ertragen konnte. Ich war am Ende.

»Wie kannst du das zulassen?« schrie ich innerlich zu Gott. »Es ist deine Welt – warum schaust du nur zu und tust nichts?« Ich war wütend auf Gott. All das, was wir getan hatten, hatten wir für ihn getan. Wir hatten mehrere Jahre lang unser Leben in seinen Dienst gestellt und so viel Schlaflosigkeit, so viele Sorgen, so viel Anspannung und so viele Gefahren auf uns genommen. Und nun, wenn ich diese blutigen Kleidungsstücke in der

Hand hielt, kam es mir so vor, als ob der Tod dieser Männer die einzige greifbare Antwort auf unsere Gebete war – und überhaupt auf all das, was wir getan hatten.

Ich kann nicht erklären, wie es geschah, aber es war, als ob ich plötzlich von einer Kraftquelle abgeschnitten wurde, die mich bis dahin aufrechterhalten hatte. Eines Morgens wachte ich auf und stellte fest, daß ich mich nicht mehr bewegen konnte. Ich lag auf der Seite und war völlig gelähmt. Ich konnte mich nicht umdrehen und nicht aufstehen, auch nicht zum Appell. Als wir an diesem Morgen gerufen wurden, sagte ich zu den anderen: »Ich kann nicht arbeiten. Ich kann mich überhaupt nicht bewegen.«

Sie drehten mich im Bett, aber ich konnte noch nicht einmal zur Toilette gehen. Es war, als ob ich vollkommen die Kontrolle über meinen Körper verloren hätte. Einige Frauen sagten es den Aufseherinnen, die zu mir kamen.

»Steh sofort auf!« brüllten sie. »Du mußt die Wäsche waschen! Raus aus dem Bett und an die Arbeit!«

Aber ich konnte nicht aufstehen. Ich war völlig gelähmt. Die Aufseherinnen holten den Lagerarzt, einen holländischen Gefangenen, der ein sehr guter Arzt war, wie ich später entdeckte. Er kam zu meiner Pritsche und spielte erfolgreich eine sehr schwierige Rolle. Er mußte so tun, als wäre er hart und unerbittlich gegen Gefangene wie mich, die absolut nicht mehr weiterkonnten. Wenn er nicht diesen Eindruck machte, würde man ihn möglicherweise durch einen anderen ersetzen, der rücksichtsloser war.

»Sofort aufstehen!« brüllte er und trat gegen mein Bett. Aber er trat nicht mich und tat mir überhaupt nicht weh. »Hören Sie sofort mit dem Theater auf!« Er ließ eine Schimpfkanonade los, aber das nützte nichts. Ich konnte mich wirklich nicht bewegen.

»Ich kann nicht aufstehen«, war alles, was ich sagen konnte.

Dann hörte ich, wie er irgend etwas zu den Deutschen sagte, etwas über »dieses elende Weibsbild«, und an diesem Tag durfte ich im Bett bleiben. Ich blieb drei Tage lang im Bett, völlig gelähmt. Meine Freundinnen halfen mir auf die Toilette und zurück ins Bett, aber meine Erinnerung an diese Tage ist nur ganz schwach; für mich war es eine Zeit völliger Dunkelheit. Später sagte mir jemand, daß ich wahrscheinlich unter einer Art Hysterie gelitten hätte. Organisch fehlte mir nichts, aber innerlich hatte ich einen völligen Zusammenbruch erlebt.

Ich glaube, jeder kommt in seinem Leben einmal in eine Situation, wo er sich völlig allein fühlt und den Boden unter den Füßen verliert. Das kann durch eine lange Krankheit geschehen, eine Scheidung oder den Verlust des Arbeitsplatzes. Aber meist hat ein Mensch in einer solchen Situation Freunde oder Familienangehörige, Menschen, die helfen, unterstützen und ermutigen können. Damals in Vught hatte ich jedoch niemanden. Ich hatte Freundinnen, und es gab einige Frauen, mit denen ich manchmal sprach, aber auch diesen Menschen gegenüber mußte ich immer eine Rolle spielen. Es gab niemanden, dem ich mich innerlich wirklich öffnen konnte – nie war meine Abhängigkeit von Gott größer. Und er ließ mich nicht im Stich.

Das Verhör

Das Verhör

Einer der falschen Personalausweise, die Diet Eman während der Besatzungszeit gebrauchte.

Es kam der Tag, an dem ich zum Verhör gerufen wurde. Ich hatte so viel Zeit gehabt, mir meine Geschichte auszudenken, daß ich sie in allen Einzelheiten auswendig konnte. Keine von uns Frauen wußte im voraus, was bei ihrem Verhör geschehen würde. Das hing oft nur von dem jeweiligen Sachbearbeiter ab. (Die Offiziere, die die Verhöre leiteten, hießen tatsächlich Sachbearbeiter.) Ich wußte noch nicht einmal, wer mein Sachbearbeiter war – ich hatte ihn nie gesehen. Da ich monatelang vergeblich auf mein Verhör gewartet hatte, begann ich schließlich zu befürchten, daß ich einfach nicht registriert worden sei. Vielleicht hatten sie mich unter den Tausenden von Gefangenen einfach vergessen, und ich würde in dem Lager sitzen müssen, bis der Krieg zu Ende war.

Nach meinem Zusammenbruch hatte ich einen neuen Aufgabenbereich bekommen. Dazu gehörte auch das Putzen der Toilettenräume. Als ich eines Tages mit dieser Arbeit beschäftigt war (die anderen flochten wieder Taue, und ich war ganz allein), erlaubte ich mir, an meine Lieben zu denken – an Hein, meine Eltern und Aalt und Alie auf Watergoor. Zum ersten Mal seit meiner Verhaftung begann ich zu weinen. Es war, als ob ein Damm gebrochen sei. Ich weinte und weinte. Ich saß auf dem schmutzigen Boden, den ich eigentlich schrubben sollte, und ließ meinen Tränen freien Lauf.

Einige Tage später kam ein Mann in Stiefeln und Uniform herein und rief nach der Aufseherin. Als ich ihn sah, sagte mir eine innere Stimme, daß er meinetwegen gekommen sei. Ich putzte weiter, und nachdem der Soldat die Aufseherin gefunden hatte, rief sie: »Willie, geh mit!«

Als meine Freundin Freddie das hörte, wußte sie sofort, daß

ich zum Verhör mußte. Wir beide waren innerlich sehr miteinander verbunden und hatten uns inzwischen gegenseitig einiges anvertraut. Als sie hörte, daß ich gerufen wurde, tat sie so, als ob sie Durchfall hätte und dringend zur Toilette müßte. Auf dem Weg dorthin kam sie an mir vorbei und flüsterte: »Willie, ich werde den Himmel für dich bestürmen.«

Während ich dem Offizier durch das Lager folgte, dachte ich über ihre Worte nach. Sie wollte nicht nur für mich beten – sie wollte den Himmel bestürmen. Ich hatte wieder einmal das Gefühl, mit einem Bein im Grab zu stehen, aber was sie sagte, war ein starker Trost. Fragen stürmten auf mich ein: Werden sie mir meine Geschichte abnehmen? Und wenn nicht, haben sie eine Möglichkeit, herauszufinden, wer ich in Wirklichkeit bin? Wissen sie es vielleicht schon? Ich hatte große Angst, denn wir wußten alle, daß die Verhöre oft schrecklich waren. Gleichzeitig war ich voller Haß; seit ich von den Hinrichtungen erfahren hatte, hatte ich Gott gebeten, die Deutschen zu verfluchen und zu bestrafen. Ich wünschte ihnen nur noch Schlechtes – wegen der blutigen Hemden, der Maschinengewehrsalven bei Sonnenuntergang und wegen all der Angst, die wir in den Stunden der Stille und der Dunkelheit durchlitten. Ich muß einen ziemlich weiten Weg mit dem Offizier zurückgelegt haben, aber ich kann mich überhaupt nicht mehr daran erinnern. Ich achtete nicht darauf, wo wir hingingen; ich dachte immer nur an die Geschichte, die ich ihnen jetzt erzählen mußte, und versuchte krampfhaft, mir alle Einzelheiten ins Gedächtnis zu rufen.

Plötzlich fielen mir biblische Verheißungen ein: *Wenn sie euch aber führen werden vor die Obrigkeit und die Gewaltigen, so sorget nicht, was ihr sagen sollt; denn der Heilige Geist wird euch zu derselben Stunde lehren, was ihr sagen sollt.* Innerlich hörte ich die Worte: *Und kein Haar von eurem Haupt soll verlorengehen ohne den Willen eures Vaters im Himmel.*

Herr, dachte ich, ich habe oft nicht gehalten, was ich dir versprochen habe, aber du wirst deine Versprechen niemals brechen. Bitte handle du jetzt – du hast es versprochen, und nun mußt du es auch tun.

Während ich noch mit dem Offizier durch das Lager lief, verschwand mein Haß. Die Gewißheit, daß mir kein Haar gekrümmt werden konnte, ohne daß es mein himmlischer Vater zuließ, machte mich ganz ruhig. Egal, welchen Menschen ich dort gegenübertreten würde und wie grausam sie auch wären, ich war sicher, daß sie mir nichts antun konnten, was Gott nicht erlaubte. Mit dieser inneren Haltung betrat ich das Gebäude, in dem mein Verhör stattfinden sollte – voller Vertrauen in Gottes Liebe.

Mein äußeres Erscheinungsbild muß abstoßend gewesen sein. Ebenso wie in Scheveningen bekamen wir morgens und abends nur eine Scheibe Brot mit etwas Margarine und mittags Suppe, die sich kaum von Wasser unterschied. Mehr gab es nicht, abgesehen von dem einen Mal alle paar Wochen, wenn wir vom Roten Kreuz belegte Brote und Bohneneintopf bekamen. In der Nähe von Vught befand sich ein deutscher Luftwaffenstützpunkt; dort gab es genug zu essen, und alle Brotreste wurden in Abfallkübel geworfen, die in unser Lager gebracht wurden, wenn sie voll waren.

Der Inhalt dieser Kübel wurde unter den Baracken des Lagers aufgeteilt. Manchmal bekamen wir das, was obendrauf lag und vielleicht erst einen Tag alt war, und manchmal bekamen wir, was unten auf dem Boden lag und völlig verschimmelt war. Wenn man zu den letzten in der Reihe gehörte, konnte man sich nichts mehr aussuchen. Die Aufseherinnen paßten auf, daß man nahm, was vor einem lag. Manchmal war diese eine Scheibe, die uns zustand, grün vor Schimmel, aber wir aßen sie. Es gab nichts anderes, und wir hatten Hunger.

Abgesehen von dem schlechten Essen gehörte auch mangelnde Hygiene zu unserem Alltag. Wir hatten weder Seife noch Shampoo und natürlich erst recht kein Deodorant. Wir konnten uns nur mit kaltem Wasser waschen. Viele von uns hatten juckende Pickel im Gesicht; sie waren immer nur im Gesicht, nicht auf den Armen oder an irgendwelchen anderen Stellen. Diese sogenannten Phlegmonen begannen wie ein Ausschlag und wurden immer größer, bis sie so groß wie Erdbeeren waren und regelrecht das Gesicht entstellten. Wenn sie schließlich platzten, floß grüner Eiter heraus. Es war furchtbar; manchmal tropfte einem der Eiter die Wange herunter. Wir hatten keine Spiegel, aber wir konnten uns gegenseitig sehen, und daher ahnten wir, wie wir selbst aussahen. Ich hatte mindestens drei oder vier dieser Phlegmonen.

Als ich schließlich zum Verhör geholt wurde, sah der Offizier mich an, als ob ich aussätzig sei. Ich trug meinen Sträflingsanzug, und meine Haare waren seit mindestens drei Monaten nicht mehr gewaschen worden. Dazu noch diese Pickel. Ich wurde in das Gebäude gebracht, in dem die Verhöre stattfanden. Der Offizier führte mich in einen großen Raum, an dessen einem Ende ein Tisch stand, der mit einem grünem Filztuch bedeckt war. Dahinter saßen sieben Männer. Ich mußte auf einem Holzstuhl Platz nehmen, der ziemlich weit von dem Tisch entfernt war. An der Wand hinter dem Tisch hing ein Hitler-Porträt.

Die Männer begannen sofort, mir Fragen zu stellen. Da ich mir geschworen hatte, während des Krieges kein Wort Deutsch zu sprechen, zuckte ich nur mit den Schultern: »Ich kann Sie nicht verstehen. Ich spreche nur Holländisch.«

Also mußten sie wohl oder übel einen Dolmetscher holen. Als er gekommen war, wiederholten sie ihre Fragen. Meine Dickköpfigkeit zahlte sich aus, denn da die Fragen zuerst auf

Deutsch gestellt und dann ins Holländische übersetzt wurden, hatte ich mehr Zeit, um mir Antworten zu überlegen. Das Verhör zog sich in die Länge. Ich mußte ihnen erklären, woher ich den falschen Ausweis hatte. Daß ich ein Dienstmädchen war und in Surinam geboren wurde, konnten sie nicht überprüfen. Aber ich war bei meiner Verhaftung in Wirklichkeit auf dem Weg nach Heemstede gewesen, um dort eine Familie zu treffen, die nötigenfalls aussagen sollte, daß ich ihr Dienstmädchen sei. Wir sollten uns an diesem Tag kennenlernen, und ich sollte mir auch ihr Haus von innen betrachten und mir merken, wie es aussah. Aber es kam nie dazu, und wenn die Deutschen von mir verlangen würden, den Mann oder die Frau zu beschreiben, bei denen ich angeblich gearbeitet hatte, würde ich etwas erfinden müssen. Ich wußte, daß das der einzige schwache Punkt in meiner Geschichte war; es war das einzige, was sie überprüfen konnten.

»Erzählen Sie uns alles von Anfang an«, verlangten sie.

Ich sagte ihnen, daß ich in Surinam geboren sei.

»In Paramaribo, stimmt das?« wollten sie wissen.

»Ja, genau«, antwortete ich.

»Und Ihre Eltern?«

»Mein Vater arbeitete bei der Regierung ...«

»Was hat er gemacht?«

»Er hatte mit den Steuereinnahmen zu tun«, sagte ich. Auf der ganzen Welt müssen die Leute Steuern bezahlen. Das wird sich ziemlich glaubhaft anhören, dachte ich.

Sie akzeptierten meine Antwort.

»Haben Sie Geschwister?« fragten sie.

»Nein.«

»Wo sind Ihre Eltern jetzt?«

Ich sagte ihnen, ohne zu zögern, daß sie beide 1938 gestorben seien, denn laut meiner Geschichte war ich 1939 nach Holland gekommen. Jede Nacht vor dem Einschlafen hatte ich mir vorgestellt, welche Fragen sie mir wahrscheinlich stellen würden, und die Antworten eingeübt, die ich darauf geben wollte.

Der Offizier, der das Verhör leitete, wollte wissen, ob ich noch Onkel oder Tanten hätte.

Ich sagte ihm, daß einige von ihnen sich in Surinam aufhielten und einige in anderen Ländern. Das konnten sie natürlich auch nicht überprüfen. »Unsere Familie ist sehr klein«, fügte ich noch hinzu. »Mein Vater hatte nur einen Bruder.«

»Wann starb Ihr Vater?« fragte er.

»Am 5. Dezember«, antwortete ich. Das konnte ich mir leicht merken, es ist der holländische Nikolaustag. Ich hatte damit gerechnet, daß sie mich das vielleicht mehrmals und in größeren Abständen fragen würden und daß ich mich dann daran erinnern mußte, was ich gesagt hatte. Deswegen konnte ich nicht einfach irgendeinen Tag nehmen.

»Woran starb er?« Mein Vater mußte jung gestorben sein, denn ich war erst Anfang zwanzig.

»An einem Schlangenbiß.« An so etwas starben wahrscheinlich nur wenige, aber ich wußte, daß es in Surinam viele Giftschlangen gab. Ich wollte auch keine allzu alltägliche Todesursache angeben; etwas Außergewöhnliches fand ich besser.

»Und Ihre Mutter?«

»Sie starb kurz nach ihm.«

»Und woran starb sie?«

»Meine Mutter war herzkrank, und als mein Vater so plötzlich starb, bekam sie einen Herzinfarkt und starb zehn Tage später, am 15. Dezember.«

Es war schwer für mich, das alles zu erzählen; Willie Laarmans Eltern gab es in Wirklichkeit gar nicht, aber ich mußte diese Männer davon überzeugen, daß sie – meine Eltern – gelebt hatten und nun tot waren. In meiner Vorstellung waren diese fiktiven Personen fast zu meinen richtigen Eltern geworden, und es war ein eigenartiges Gefühl für mich, sie so einfach sterben zu lassen. Es war fast so, als hätte ich meine eigenen Eltern zum Tode verurteilt.

Dann sollte ich erklären, woher ich die falschen Papiere hatte.

»Als meine Eltern gestorben waren, sah ich keinen Sinn mehr darin, in Surinam zu bleiben. Es gab nichts mehr, das mich hielt. Ich wollte zurück nach Holland, aber ich kannte niemanden, bei dem ich wohnen konnte. Also wurde ich Dienstmädchen. Dann brach der Krieg aus.«

»Aber woher haben Sie diesen Ausweis?« wollten sie wissen.

Also erzählte ich ihnen, daß ich für die Familie in Heemstede alle Einkäufe erledigen mußte. Jedesmal, wenn Luftangriffe der Alliierten stattfanden und die Sirenen heulten, mußte man von der Straße verschwinden. Einmal, als ich gerade zum Gemüsegeschäft gehen wollte, war wieder Fliegeralarm, und ich mußte in den nächsten Luftschutzkeller flüchten. Dort lief ich einem jungen Mann in die Arme, und wir begannen eine Unterhaltung. Es dauerte lange, bis Entwarnung gegeben wurde; so wurde es auch eine lange Unterhaltung. Wir saßen nebeneinander auf dem Fußboden, und als wir schließlich wieder herauskonnten, fragte er mich, ob wir uns wiedersehen könnten. Er war ein wirklich gutaussehender junger Mann, und deshalb stimmte ich zu. Er wohnte in Amsterdam, und wir verabredeten uns in einem Park, der in der Nähe seiner Wohnung lag.

»Wie heißt dieser Mann?« fragten sie.

»Jan Schilder«, antwortete ich. Jan ist ein sehr gebräuchlicher holländischer Name, und Schilder – nun, in unserer Gemeinde hatte gerade eine theologische Auseinandersetzung stattgefunden, und der Anführer der Gruppe, die sich abgespalten hatte, war ein Herr Schilder gewesen; so war ich auf den Namen gekommen.

»Wie sah er aus?« wollten sie wissen.

»Groß, blond, blaue Augen« – wie Hein. Natürlich sind drei Viertel aller Männer in Friesland groß, blond und blauäugig.

»Wo wohnte er genau?«

»Ich weiß es nicht.« Ich sagte ihnen, daß ich ihn nur ein paarmal gesehen hätte. »Er war nett, und ich mochte ihn, aber er hat nicht gefragt, wo ich wohne, und ich habe nicht gefragt, wo er wohnt. Wir sind nur im Park spazierengegangen, und manchmal haben wir eine Tasse Kaffee miteinander getrunken, mehr nicht. Weil ich kein Rad hatte, sind wir zu Fuß gegangen und haben miteinander geredet.«

»Und wie haben Sie diesen Ausweis bekommen?« Sie ließen nicht locker.

»Es war wegen der Sperrstunde«, erklärte ich. »Als ich Jan das letzte Mal besucht habe, hat er eine kleine Zeitung dabeigehabt. Das wär' eine von denen, die die Alliierten nachts aus dem Flugzeug werfen – *De Vliegende Hollander* oder so ähnlich, hat er gesagt. Als ich weggefahren bin, hat er sie mir mitgegeben. Ich sollte sie lesen und ihm das nächste Mal zurückbringen. Also hab' ich sie in meine Brieftasche gesteckt, in der auch mein Personalausweis war. Es war spät, und ich war so aufgeregt, weil ich den letzten Zug genommen hatte; das hatte ich noch nie gemacht. Als der Zug endlich in Heemstede ankam, war es schon so spät, daß ich zu dem Haus rennen mußte, wo ich als Dienstmädchen gearbeitet hab' – sonst hätte ich es vor der Sperrstunde nicht mehr geschafft.«

Während des gesamten Verhöres spielte ich das dumme, ängstliche Dienstmädchen, da das meiner Ansicht nach meine einzige Chance war. In Wirklichkeit wäre es mir ganz egal gewesen, ob ich rechtzeitig zur Sperrstunde zu Hause war oder nicht. Ich tat auch so, als ob ich keine Ahnung hätte, was das für eine Zeitung war.

»Jan hat gesagt: Du mußt vorsichtig sein, denn eigentlich ist es verboten, diese Zeitung zu lesen«, erklärte ich ihnen. Die Deutschen hatten in allen Zeitungen bekanntgegeben, daß man ins Gefängnis kam, wenn man beim Lesen des *Vliegende Hollander* erwischt wurde.

»Als der Zug hielt, stieg ich sofort aus«, fuhr ich fort. »Ich wußte, daß er immer nur ganz kurz hält. Ich hab' mich so beeilt, daß ich erst zu Hause gemerkt hab', daß ich meine Brieftasche im Zug liegengelassen hab'.

Normalerweise wär' ich ja einfach am nächsten Tag zur Polizei gegangen und hätte gesagt: ›Ich habe meine Brieftasche mit meinem Ausweis verloren.‹ Aber das hab' ich mich nicht getraut, die Zeitung war ja noch in meiner Brieftasche. Ich hab' sie noch nicht mal gelesen. Ich weiß gar nicht, was drinstand.

Ich hab' nicht gewußt, was ich machen sollte. Jan und ich hatten eine Verabredung, ein paar Tage später. Ich ging hin und erzählte ihm, was passiert war. Er hat sich keine großen Sorgen wegen der Sache gemacht. Er hat nur gefragt: ›Hast du ein paar Paßfotos zu Hause?‹ Ich hatte welche, und er hat mir gesagt, daß ich sie ihm am nächsten Abend bringen soll.«

»Ich hab' wirklich Glück gehabt«, schloß ich. »Jan muß in einem Büro gearbeitet haben, wo diese Papiere ausgegeben werden. Er brauchte meine Fingerabdrücke, und das nächste Mal, als wir uns gesehen haben, hat er mir meinen neuen Ausweis gegeben. Ich war so froh, daß ich nicht zur Polizei gehen mußte.«

Ich sagte das so, als ob ich noch nie etwas von gestohlenen Papieren, Blanko-Vordrucken und gefälschten Ausweisen gehört hätte. »Ich hab' solches Glück gehabt«, sagte ich zu den Deutschen. »Aber nun sagen Sie, daß mit meinem Ausweis irgendwas nicht stimmt? Das habe ich nicht gewußt.«

Die Männer diskutierten über meine Geschichte, und ich saß

auf meinem Stuhl und fragte mich, ob sie mir wohl glaubten. Sie sprachen natürlich Deutsch, und ich konnte alles verstehen. Danke, Herr, dachte ich.

Sie sahen mich an, und einer von ihnen sagte: »Sie sieht gar nicht wie ein Dienstmädchen aus, eher wie eine Sekretärin oder eine Lehrerin.«

Sie starrten mich eine Zeitlang an, und schließlich meinte einer von ihnen: »Wir können sie auf die Probe stellen.«

O nein, dachte ich.

Sie brachten mir eine Zeitschrift, einen Block und einen Bleistift, deuteten auf einen Artikel und forderten mich auf: »Hier, schreiben Sie das ab.«

Wieder einmal stand Gott mir bei und half mir, klar zu denken. Die meisten Dienstmädchen in Holland kamen damals aus großen Familien und konnten oft nur bis zum Alter von zwölf oder dreizehn Jahren zur Schule gehen, bevor sie eine Stelle in einer anderen Familie annahmen. In diesem Alter ist die Handschrift noch nicht sehr ausgebildet; in der Schule mußte man jede Woche ein paar Stunden Schönschrift üben, und die Schrift wurde benotet. Ich dachte, daß jemand, der in diesem Alter die Schule verlassen hatte, sich wahrscheinlich bemühen würde, genau so zu schreiben – sauber und ordentlich, wie gemalt.

Was würde ein Dienstmädchen normalerweise zu schreiben haben? Vielleicht ab und zu einen Einkaufszettel. Wenn ihr Freund und ihre Eltern in derselben Stadt wohnten, brauchte sie ihnen nie zu schreiben. Willie aus Surinam hatte keine Eltern mehr, nur noch ein paar Verwandte im Ausland. Sie schrieb höchstens einen Brief im Monat. Dadurch verändert sich die Handschrift längst nicht so, als wenn jemand regelmäßig nach Diktat schreibt.

Wenn das eigene Leben auf dem Spiel steht, kann man schnell denken und schnell Entscheidungen treffen. Ich nahm Block und Bleistift und schrieb so hingebungsvoll, als wäre das eine schwierige Aufgabe für mich. Ich streckte sogar die Zunge heraus, damit sie den Eindruck hatten, daß ich mich wirklich konzentrieren mußte. Ich schrieb in echter Schülerinnen-Schönschrift, mit verschnörkelten Anfangsbuchstaben, und ich überreichte ihnen mein Werk so stolz, als ob ich mein Bestes gegeben hätte.

Sie sahen es an, sprachen darüber und legten es dann beiseite. Offenbar waren sie zufrieden – ich hatte die Probe bestanden. Wahrscheinlich war es genau die Handschrift, die sie von einem Dienstmädchen erwarteten. Wenn ich kein Deutsch verstanden und nicht gewußt hätte, daß das ein Test war, wäre ich wahrscheinlich in die Falle gegangen und hätte den Text einfach so hingekritzelt, wie ich es gewohnt war.

Während dieser ganzen Monate hing mein Leben von so vielen Kleinigkeiten ab. Ich mußte die Gedanken dieser Menschen durchschauen. Sie hatten viel Erfahrung; sie hatten schon viele verhört, und sie ließen sich nichts vormachen. Aber ich mußte sie davon überzeugen, daß ich dumm, ungebildet und sehr ängstlich war. Wenn sie schlau gewesen wären und die Unterlagen über meine Verhaftung gelesen hätten, wäre ich möglicherweise gefoltert worden. Das hätte das Ende unserer ganzen Arbeit bedeuten können.

Während der ersten Stunden nach meiner Verhaftung, als ich so frech zu dem arroganten Gestapo-Mann war, hatte ich mich ganz anders benommen als später, nachdem ich beschlossen hatte, das dumme, verängstigte Dienstmädchen zu spielen. Ich konnte von Glück sagen, daß die Männer, die mich verhörten, keine Ahnung davon hatten, daß ich diesem Offizier ein Wettrennen durch den Bahnhof vorgeschlagen und später am Gefängnistor selbst den Klingelknopf gedrückt hatte.

Schon beim Betreten des Raumes hatte ich inneren Frieden

verspürt und keinen Haß mehr empfunden. Ich machte mir keine allzugroßen Sorgen mehr darüber, was ich sagen würde. Da saßen sie, wohlgenährt und gut rasiert, mit lauter Orden auf ihren Uniformen – und hier saß ich mit diesen schrecklichen Pickeln im Gesicht, einem Sträflingsanzug und fettigem Haar. Und doch dachte ich: Ihr hohen Herren glaubt, daß mein Leben in eurer Hand ist, aber ich habe Neuigkeiten für euch: Ihr könnt mir kein Haar krümmen ohne den Willen meines Vaters im Himmel, denn er ist auf meiner Seite.

Das größte Wunder war für mich, daß ich zum Schluß Mitleid mit diesen Männern empfand. Sie lebten in einer solchen Selbsttäuschung – sie hielten sich für mächtig, und in Wirklichkeit waren sie völlig bedeutungslos. Ich werde nie den Moment vergessen, als mir das plötzlich klar wurde. Von diesem Augenblick an konnte ich nicht mehr hassen. Als ich ihnen gegenübersaß, erkannte ich auf einmal, wie arm und leer diese Menschen innerlich waren. Ich war damals wie heute davon überzeugt, daß wir eines Tages Rechenschaft über unser Leben ablegen müssen, und ich dachte: Für kein Geld der Welt möchte ich an eurer Stelle sein.

Ich hatte mich monatelang vor diesem Verhör gefürchtet, weil so viel von ihm abhing – nicht nur für mich, sondern auch für Hein, für unsere ganze Gruppe und für meine Eltern. Und nun empfand ich einen inneren Frieden, der so überwältigend war, daß ich ihn nur auf ein Wunder Gottes zurückführen konnte. Das schrieb ich später auch an Hein. Ich weiß, daß in einem Krieg oft beide Parteien glauben, Gott sei auf ihrer Seite. Bei vielen Kriegen ist Gott auf keiner Seite – er weint nur. Aber bei diesem Krieg war ich mir sicher, daß Gott auf unserer Seite war. Die Nazis taten so viel Böses; es war, als verkörperten sie das Böse schlechthin. Wer hatte sie gebeten, uns anzugreifen? Wer hatte sie aufgefordert, in die Straßen von Den Haag einzumarschieren? Niemand. Und wer beging all diese schrecklichen Verbrechen an den Juden?

Schließlich bedachte mich einer der deutschen Offiziere, dessen Uniform voller glitzernder Orden und Medaillen hing, mit einem langen, nachdenklichen Blick und sagte: »Ich habe mein Leben lang nichts anderes gemacht, als Verhöre durchzuführen. Es waren Tausende, und ich habe im Lauf der Zeit einen sechsten Sinn entwickelt. Ich spüre einfach, was wahr ist und was nicht.« Er sah mir direkt in die Augen. »Ich kann keine schwache Stelle in Ihrer Geschichte finden. Es hört sich alles logisch an, von Anfang bis Ende. Aber mein Gefühl sagt mir, daß kein Wort davon wahr ist.«

Das machte mir angst, denn er hatte natürlich vollkommen recht. Dieser Mann hatte während des gesamten Verhöres nur einmal das Wort ergriffen, aber er spürte, daß ich ihnen einen Bären aufband. Trotzdem gaben mir seine Worte das Gefühl, daß ich es geschafft hatte. Als dieser Offizier sagte, daß er keine schwache Stelle in meiner Geschichte finden könne, empfand ich aufs neue die tiefe innere Gewißheit, in Gottes Hand geborgen zu sein.

Wieder auf freiem Fuß

DE VLIEGENDE HOLLANDER

DAGBLAD VERSPREID DOOR DE GEALLIEERDE LUCHTMACHT

No. 64. VRIJDAG 27 OCT. 1944

Groote overwinning op Japansche vloot

- *Russen diep in Oost-Pruisen*
- *Britten naderen Tilburg en Breda*
- *Canadeezen op Zuid-Beveland*

Londen, 27 Oct.—De Japansche slagvloot heeft in de wateren om de Philippijnen een zwaren nederlaag geleden. In een zee- en luchtslag die drie dagen duurde, zijn, volgens de jongste officieele gegevens van Admiraal Nimitz, tot zinken gebracht een groot en een klein vliegkampschip en vier kruisers. Twee Japansche slagschepen en een groot vliegkampschip werden waarschijnlijk tot zinken gebracht. Deze cijfers zijn nog niet volledig. De Japanners hebben reeds het verlies van een slagschip erkend. Hun smaldeelen trokken zich, na den zwaren nederlaag, in verschillende richtingen terug en werden daarbij door Amerikaansche zee- en luchtstrijdkrachten achtervolgd. De Amerikanen verloren een vliegkampschip. Tot de beschadigde eenheden behoorde de Australische kruiser "Australia," vlagschip van het Australisch eskader.

Tweemaal hebben in dezen oorlog zware Japansche vlooteenheden slag geleverd met deelen van de Amerikaansche vloot: in Mei 1942 in de Koraalzee, in Juni 1942 bij Midway. Bij beide gelegenheden leden de Japanners ernstige verliezen, vooral aan vliegkampschepen. Sinds den zomer van 1942 heeft de Japansche slagvloot den strijd vermeden. Japan aanvaardde het risico dat de Amerikaansche superioriteit steeds grooter werd—Japan aanvaardde het risico dat de Amerikanen steeds verder doordrongen in de richting van het Aziatische vasteland—omdat Japan het nog veel grootere risico: vernietiging van zijn slagvloot, grondslag van zijn op roof gebouwde Imperium, *niet* dorst aanvaarden. Toen de Amerikanen echter landden op de Philippijnen, waardoor Japan afgesneden dreigde te worden van zijn onvervangbare grondstofbronnen in het Zuiden, werd het critieke punt bereikt. Uit Tokio kwam bevel dat de Pacific-vloten van Amerika moesten worden vernietigd, en de landingslegers in zee gedreven.

Drie Japansche smaldeelen stoomden naar de Philippijnen. Twee, waarbij zich tal van slagschepen bevonden, kwamen uit de Zuid-Chineesche Zee en omgeving en een derde, dat tevens vliegkampschepen bij zich had, kwam uit Noordelijke richting, van Formosa vandaan. Bij den strijd die zich ontwikkelde, hadden de Japanners het voordeel te beschikken over vliegvelden op de Philippijnen. Alle Amerikaansche toestellen moesten opstijgen van de vliegkampschepen, waarvan echter een formidabel aantal voorhanden was.

De Amerikanen hebben officieel bekendgemaakt dat zij in den Pacific beschikten over minstens 16 slagschepen. De Japanners wisten dat een Britsche slagvloot naar het Oosten onderweg was, die zelf al sterk genoeg was, den strijd met de Japanners aan te binden. Vandaar dat de Japanners hebben gepoogd, bij de Philippijnen den Amerikanen zoodanige schade toe te brengen dat zij daarna konden afrekenen met de Britten. Deze berekening is failkant mislukt. De Japanners hebben zulk een zwaren nederlaag geleden dat de bewegingsvrijheid van de Geallieerden in den Pacific nog grooter is geworden dan zij reeds was. Pearl Harbour en de Slag in de Javazee zijn gewroken.

Russisch offensief

De Russen hebben in de afgeloopen dagen hun stellingen in Oost-Pruisen verdedigd. Over een breedte van meer dan 100 km. zijn zij nu ruim 30 km. diep op Duitsch gebied doorgedrongen. Het bericht van dit offensief heeft in Moskou groot enthousiasme verwekt. Onder bevel van den jeugdigen generaal Tsjerniakowski doorbraken troepen van het Derde Wit-Russische front twee sterke Duitsche linies. De Duitschers hadden daar bunkers gebouwd met betonnen wanden van 3 m. dik. In vele van deze bunkers was geschut geïnstalleerd dat een vollen cirkel in het rond kon draaien. Dichte Duitsche mijnenvelden waren plaatselijk meer dan een kilometer diep. Prikkeldraad stond onder een sterken electrischen stroom. De Duitsche officieren en soldaten hadden opdracht, geen meter te wijken. Zoo machtig was echter het Russisch offensief dat de Duitsche verdedigingswerken in enkele dagen onder den voet werden geloopen. Duitsche dorpen werden van den aardbodem weggevaagd. Koningsbergen wordt door de Duitschers ontruimd.

In het hooge Noorden is de eerste Noorsche stad, de haven Kirkenes, door de Russen bevrijd. Stalin maakte op Woensdagavond 25 Oct. bekend, dat geheel Transsylvanië van Duitschers was gezuiverd.

In Nederland

Op Dinsdagavond 24 October bereikten Engelsche troepen Den Bosch, langs den grooten weg van Grave. Zij sneden den weg en spoorweg naar Hedel af en drongen Woensdag diep in de stad door. Woensdagavond was de Noordoostelijke helft van Den Bosch in Engelsche handen, terwijl de Duitschers zich nog verdedigden in de Zuidwestelijke wijken. De Kathedraal van St. Jan werd door de Duitsche cultuurbeschermers als militaire observatiepost gebruikt.

Tusschen Den Bosch en Eindhoven trokken enkele Britsche colonnes in de richting van Tilburg. Best, Boxtel, Oirschot en Moergestel werden bevrijd. Donderdagmorgen bereikte de Britsche voorhoede den rand van Tilburg.

Felle strijd is in de afgeloopen dagen geleverd bij Piedorp, 6 km. ten Oosten van Bergen op Zoom. Ten Zuidwesten van Bergen op Zoom, zijn de Canadeezen over den dam door het Kreekerak Zuid-Beveland binnengedrongen.

In Zeeuwsch-Vlaanderen veroverden de Canadeezen op Woensdag 25 October het fort Frederik Hendrik.

Het Vijftiende Duitsche Leger dat in Brabant en Zeeland vecht, wordt, inclusief hulptroepen, geschat op 70.000 man. Daarvan zijn ruim 15.000 afgesneden in Zeeuwsch-Vlaanderen, en op Walcheren en Beveland. De positie van de rest in Brabant is vooral bemoeilijkt door het verlies van de spoorwegverbinding via Den Bosch naar het Noorden.

XH50

... MEN REGENEN NEER OP DUITSCHLAND

Di. Britsche toestel laat ze bij honderden tegelijk vall.n op het hart van de Duitsche oorlogsindustrie: **Essen in het Ruhrgebied.**

DE PRINSESJES BEATRIX, MARGRIET EN IRENE met hun Moeder in Amerika gefotografeerd, kort voor het vertrek van Prinses Juliana naar Engeland.

Verdiend loon

Fransch verradersjournalist ter dood veroordeeld

Parijs 23 Oct.—Het Parijsche Gerechtshof, ingesteld ter berechting van de collaborateurs, is een reeks van processen tegen 1500 beklaagden begonnen met de behandeling van de zaak van den verradersjournalist Georges Suarez, hoofdredacteur van het weekblad "Aujourd 'hui." Honderden Fransche en Geallieerde journalisten waren in de rechtzaal aanwezig. De voordracht voor de samenstelling van de jury—waarvoor ook vrouwen verkiesbaar waren—was ingediend door de verzetsbewegingen. Suarez werd beschuldigd van verregaand heulen met den vijand, het afschilderen van De Gaulle als verrader, het rechtvaardigen van het dooden van gijzelaars en het eischen van massa-arrestaties onder de verzetsbeweging.

Er waren geen getuigen à charge. Tegen den beklaagde zouden slechts zijn artikelen getuigen. Uittreksels uit 103 daarvan waren bij het Hof gedeponeerd. Vele daarvan werden tijdens de zitting voorgelezen.

De verdediger van Suarez had een aantal getuigen à décharge gedagvaard. Een daarvan deelde mee dat hij, toen zijn zoon als gijzelaar geëxecuteerd dreigde te worden, op Suarez een beroep had gedaan voor interventie bij generaal von Stülpnagel. Meer dan een kort uitstel van het doodvonnis had Suarez niet verkregen.

De openbare aanklager somde op hetgeen tegen Suarez in het geding was gebracht. Hij betreurde het dat een schrijver van talent zijn pen aan Hitler en de vijanden van Frankrijk had verkocht. Hij besloot: "Bewust van mijn verantwoordelijkheid en ..n plicht, eisch ik den doodstraf. Werkzaamheden als de Uwe mogen slechts eindigen aan den galg."

De verdediger van den beklaagde merkte op, dat Suarez oprecht in de politiek van samenwerking met de Duitschers had geloofd en geen Franschen had verraden. Hij vroeg om clementie.

De jury verklaarde Georges Suarez schuldig aan landverraad. Het Gerechtshof veroordeelde hem daarop ter dood—een vonnis dat met luid applaus werd begroet.

OPGEPAST!

Aan alle Nederlanders:
Zwijgt over het ondergrondsche werk, ook tegenover naaste familieleden en vrienden. Klets de strijders niet in den dood!

Aan de ondergrondsche werkers:
Er is maar één plaats waar Duitsche politieorganen niets kunnen vinden: Uw hoofd. Draagt geen papieren bij U! Bergt ze niet z.g. "veilig" op! Hoedt U in het bijzonder voor naamlijsten: een naamlijst welke onlangs door den SD op een arrestant werd gevonden, heeft tot den dood van vele vaderlanders geleid.

»Der fliegende Holländer«, eine Zeitung, die von den Alliierten verbreitet wurde, war eine wichtige Informationsquelle für die Bevölkerung der besetzten Gebiete.

Eines Abends im August, nach meinem Verhör, saßen wir mit einigen Frauen zusammen und unterhielten uns darüber, wie alles sein würde, wenn der Krieg zu Ende wäre. Wir redeten darüber, was wir essen und wohin wir gehen wollten, und ein Mädchen, José Smeets, aus einer wohlhabenden Familie in Brabant, sagte: »Ich würde alles dafür geben, wenn ich mal wieder Spargel essen könnte – ihr könnt euch nicht vorstellen, wie sehr ich mir das wünsche!« Bei mir zu Hause hatte es nie Spargel gegeben. Wir aßen immer holländische Hausmannskost: Grünkohl, Sauerkraut, grüne Bohnen und Rosenkohl.

Dann fragte mich jemand: »Willie, wenn du dir aussuchen könntest, an welchem Tag du entlassen wirst, welchen Wochentag würdest du wählen?« Ich fühlte mich so schmutzig mit dem Eiter auf meinem Gesicht, den fettigen Haaren und der verdreckten Kleidung, daß ich sofort daran denken mußte, wie wir uns immer am Sonntagmorgen gefühlt hatten, wenn die ganze Familie blitzsauber war. Als Kind war es mir manchmal zuviel gewesen, sonntags zweimal in die Kirche zu gehen, aber jetzt hätte ich alles dafür gegeben, in die Kirche gehen zu können – ganz egal, wie oft.

Also antwortete ich: »Wenn ich die Wahl hätte, dann würde ich mir wünschen, daß es ein strahlend sonniger Tag wäre – am liebsten ein Samstagmorgen. Ich würde nach Hause gehen, baden, mir die Haare waschen und saubere Sachen anziehen. Und am Sonntagmorgen würde ich in die Kirche gehen und Gott dafür danken, daß ich frei bin.«

Ich hatte es immer für selbstverständlich gehalten, frei zu sein, aber nun wußte ich, daß es ein Geschenk war. »Natürlich gehe ich auch, wenn es ein Montag ist – selbst wenn es in Strömen regnet«, fügte ich hinzu. Ich wußte ja noch nicht einmal, ob ich überhaupt freigelassen werden würde, aber meine innere Stimme, der ich allmählich zu trauen lernte, sagte mir, daß ich bald herauskäme.

Die Deutschen wollten das Lager räumen; darum wurden viele Männer erschossen. Die Ehefrauen, die zusammen mit ihren Männern verhaftet worden waren, waren nun Witwen, und die Nazis glaubten, daß sie keine Gefahr mehr für das Deutsche Reich darstellten; daher ließen sie sie frei. Und dann war da noch die dumme Willie Laarman – wohl kaum in der Lage, irgendwelchen Schaden anzurichten.

Es kam der 19. August, ein strahlend sonniger Samstag. Die Frauen, die Tuberkulose oder andere Krankheiten hatten, lagen auf ihren Pritschen. Der Lagerarzt war gerade dagewesen, um zu überprüfen, ob sie auch wirklich krank waren. Eine Abordnung, die das Essen für die Kranken brachte, betrat die Baracke. Ich putzte die Böden, die Frauen lagen auf ihren Pritschen, und ich sagte zu ihnen: »Wißt ihr noch, was ich neulich gesagt habe? Jetzt ist mein herrlicher Samstagmorgen gekommen. Heute gehe ich nach Hause. Punkt!«

Dann fügte ich hinzu: »Laßt mich die Adressen noch mal wiederholen: Freddy, du wohnst in Amsterdam, Noordermarkt 32. Ina, du wohnst in Den Haag ...« Und dann wiederholte ich die Adressen all der Leute, die ich besuchen und denen ich Botschaften ausrichten sollte. Nachdem ich damit fertig war, sagte ich: »So, das war's. Jetzt gehe ich. Tschüß.«

Aber natürlich nahm ich meinen Putzlappen wieder in die Hand und arbeitete weiter. Einen Augenblick später kam die Oberaufseherin herein, eine Frau mit eiskalten Augen. Sobald sie die Baracke betrat, mußten wir Haltung annehmen, und wenn sie mit uns redete, mußten wir mit »Jawohl, Frau Hauptwachtmeisterin« oder »Nein, Frau Hauptwachtmeisterin« antworten. Ich konnte das eigentlich ohne Schwierigkeiten sagen, aber ich mußte so tun, als ob es mir schwerfiele, da ich ja angeblich kein Deutsch konnte.

»Ja – jjawohl, Frau Ha . . . hauptwachtmeisterin«, stotterte ich.

»Willie, Sachen packen, schnell! Du kommst nach Deutschland.«

Das war meine größte Angst gewesen. Wir wußten alle, daß »nach Deutschland kommen« bedeutete, in ein Vernichtungslager geschickt zu werden. Aber meine innere Stimme sagte sofort: Du kommst nicht nach Deutschland – du kommst nach Hause.

In Vught durften wir ein paar Gegenstände behalten, die wir vielleicht noch gebrauchen konnten, und ich besaß einen dunkelblauen Pulli, einen Regenmantel und einen dunkelblau karierten Flanellrock, den ich bei meiner Verhaftung getragen hatte. Ich hatte ihn zusammengerollt und als Kopfkissen benutzt, weil wir keine Kopfkissen bekommen hatten.

Ich nahm diese Sachen, aber da ich ganz sicher war, daß ich entlassen werden würde, lief ich zu dem Bett einer jungen Frau, die meine Kleidergröße hatte und überhaupt nichts besaß, und gab ihr den Rock und den Pullover. Ich dachte, daß sie die Sachen gebrauchen könnte, falls sie noch nach Deutschland in ein anderes Lager käme. Da ich meinen Sträflingsanzug zurückgeben mußte, zog ich den Regenmantel über die Unterwäsche. Ich war mir ganz sicher, daß ich nicht nach Deutschland mußte – sonst hätte ich den Rock und den Pulli behalten.

Ich war fertig. Als die Hauptwachtmeisterin zurückkam, um mich abzuholen, sagte sie: »Bevor du gehst, wirst du noch einmal verhört.« Ich erschrak furchtbar und erinnerte mich sofort an das, was Amancia, die Hellseherin, gesagt hatte: »Du glaubst schon, daß du es geschafft hast, und dann verhören sie dich noch einmal, und du machst einen Fehler und steckst schlimmer drin als je zuvor.«

Als ich von meinem ersten Verhör zurückgekehrt war, war ich hoffnungsvoll gewesen, weil ich es so gut überstanden hatte. Aber in unserer Lage war Erfolg immer eine relative und unsichere Sache. Zwei Jüdinnen, die ursprünglich in unserer Baracke gewesen waren, Schwestern oder Cousinen, waren auch verhört worden; die eine von ihnen konnte danach nicht mehr hören. Die Nazis hatten ihr mit Stuhlbeinen auf die Ohren geschlagen, bis sie taub war. Die andere hatten sie immer abwechselnd in sehr heißes und sehr kaltes Wasser getaucht, um sie dazu zu bringen, etwas zu gestehen, das sie ihrer Meinung nach vor ihnen verheimlichte. Auch solche Grausamkeiten geschahen während der Verhöre. Am meisten angst machte uns, daß wir nicht wußten, von wem wir verhört werden würden. Wir mußten auf alles gefaßt sein. Es war eine Angst, die man sich, wenn man in einem freien Land lebt, kaum mehr vorstellen kann, ein völliges Ausgeliefertsein.

Mich hatten sie nicht gefoltert, und ich war sehr erleichtert gewesen, als der Offizier mir sagte, er könne keinen schwachen Punkt in meiner Geschichte finden. Trotzdem stand immer noch mein Leben auf dem Spiel. Ich wußte, daß schon ein kleiner Fehler mich in die größten Schwierigkeiten bringen konnte. Gerade deshalb war ich davon überzeugt, daß Gott nicht zulassen würde, daß ich irgend etwas Dummes sagte, und daß er mir helfen würde, klar zu denken.

Die Hauptwachtmeisterin hatte mir aus purer Grausamkeit gesagt, daß ich nach Deutschland müsse. Es war eine Lüge, und irgendwie wußte ich das sofort. Es war genau wie damals in Scheveningen, als es hieß, daß wir duschen dürften. Es machte ihnen Spaß, in uns Hoffnungen zu wecken, die sie dann zerstörten.

Ich wurde wirklich noch einmal befragt, aber nicht von den sieben Offizieren, die mich bereits verhört hatten, sondern von dem Sachbearbeiter, der mich so voller Ekel angesehen hatte, als er mich zu meinem Verhör brachte. Er saß in seinem Büro und sagte: »Wir wollen Sie entlassen.«

»Da bin ich aber froh«, antwortete ich.

»Was haben Sie vor?« fragte er. »Wollen Sie wieder Kontakt mit diesem jungen Mann aufnehmen?«

»Ich will nichts mehr mit ihm zu tun haben!« rief ich empört. »Es ist allein seine Schuld, daß ich monatelang in diesem schrecklichen Lager war. Ich will ihn nie mehr wiedersehen!«

»Wissen Sie was«, schlug er vor, »am besten gehen Sie zurück und suchen ihn. Wenn Sie herausgefunden haben, wo er wohnt, kommen Sie her und sagen es uns, abgemacht?«

Ich nickte. Glaub du das nur, dachte ich.

»Er hat Ihnen so viel angetan«, fügte er hinzu. »Dafür hat er eine Strafe verdient, meinen Sie nicht auch?«

»Ja, das hat er«, pflichtete ich ihm bei. »Nur seinetwegen habe ich so viel leiden müssen.«

Er stand auf und begleitete mich zur Tür: »Ich wünsche Ihnen alles Gute!« sagte er, dann rief er einen Soldaten herbei, und ich durfte gehen.

In der Zwischenzeit war Ansje den Dool, meine Mitgefangene, ebenfalls bei dem für sie zuständigen Sachbearbeiter gewesen. Sie kam gerade aus seinem Büro. Man gab uns unsere Papiere und unsere Habseligkeiten zurück, und der Soldat brachte uns zum Tor. Es öffnete sich vor uns, und wir gingen hinaus – endlich frei.

Da standen wir nun in dem herrlichen Sonnenschein und hatten nicht die geringste Ahnung, wohin wir gehen sollten. Es gab keinen Weg, geschweige denn eine Straße – nur ein paar Wagenspuren und Pferdeäpfel. Wir waren bei Nacht und Nebel von Soldaten und Dobermännern hierhergetrieben worden und konnten nur raten, aus welcher Richtung wir gekommen waren. Der einzige Anhaltspunkt waren diese Spuren, die uns zeigten, daß hier hin und wieder ein Pferdewagen vorbeikam.

Wir waren unterernährt, und Ansje war schwanger. Dazu kam, daß sie nicht wußte, ob ihr Mann noch lebte oder nicht. In uns saß eine Angst vor den Deutschen, die tiefe Wurzeln geschlagen hatte. Wir konnten sie nicht einfach von einem Moment zum anderen abschütteln. Grausamkeiten, die Art, wie die Aufseherin mit den eiskalten Augen gesagt hatte: »Sie fahren nach Deutschland« – sie gingen uns noch lange nach. Obwohl wir jetzt auf der anderen Seite des Elektrozaunes waren, hatten wir immer noch das Gefühl, den Deutschen ausgeliefert zu sein. Wir hielten es für möglich, daß das Tor plötzlich wieder aufgehen und sie uns zurückzerren würden – daß unsere Freilassung nur einer von ihren üblen Scherzen war.

Wir wollten so schnell wie möglich weg. Aber wohin? Wir wandten uns nach links, und nachdem wir ein kleines Stück gegangen waren, sahen wir in der Ferne einen kleinen Punkt, der langsam größer wurde. Es war ein Bauer, der mit einem Pferdewagen voller Mist auf dem Weg zu seinen Feldern war.

Wir hörten das Klappern der Pferdehufe, und als der Bauer uns sah, rief er: »Hallo *meisjes*, kommt ihr gerade aus dem Lager?«

Wir sagten ja, und er warf einen Blick zurück auf seinen Wagen, ohne recht zu wissen, ob er uns einen Platz in all dieser Herrlichkeit anbieten sollte oder nicht. Er wandte sich wieder zu uns und stammelte: »Wollt ihr . . . wollt ihr vielleicht . . .?«

»Ja, gern!« antworteten wir und kletterten auf die kleine Sitzbank hinter dem Pferd. Der ganze Wagen war mit Mist beschmiert, auch die Bank, auf der wir saßen, aber wir genossen den Gestank regelrecht. Wir waren frei!

Ein Glücksgefühl durchströmte mich, während ich daran dachte, wie treu Gott seine Verheißungen erfüllt; ich war tatsächlich frei und saß lächelnd auf diesem Wagen! Während das Pferd gemächlich vorwärts trottete, mußte ich still darüber lachen, daß Gott uns auf einem Mistwagen in die Freiheit fahren ließ – er hatte wirklich Sinn für Humor. Noch heute ist für mich der Geruch von Mist mit dem Gefühl von Freiheit verknüpft.

Der Bauer brachte uns nach Vught an den Bahnhof. Dort befand sich eine Station des Roten Kreuzes. (Das Rote Kreuz hatte damals in der Nähe jedes Konzentrationslagers eine Station eingerichtet, die rund um die Uhr besetzt war.) Die Frau, die an diesem Morgen Dienst hatte, empfing uns freundlich.

»Ich freue mich so, daß Sie entlassen worden sind«, sagte sie. »Wenn Sie mir sagen, wo Sie hinwollen, besorge ich Ihnen eine Fahrkarte. Sie haben sicher Hunger – soll ich Ihnen etwas zu essen holen?«

Natürlich hatten wir Hunger, und es war ein eigenartiges Gefühl für uns, nach all der Zeit wieder auf ein menschliches Wesen zu treffen, das sich für unsere Bedürfnisse interessierte und nach unseren Wünschen fragte.

Aber gerade jetzt sollte am Bahnhof ein Zug abfahren. Die Dampflok machte schon schnaufende Geräusche, und der Stationsvorsteher war gerade im Begriff, das sogenannte Spiegelei hochzuhalten, das Signal, mit dem die Abfahrt freigegeben wurde. Da damals nur noch wenige Züge am Tag fuhren und die Frau vom Roten Kreuz wollte, daß wir so schnell wie möglich nach Hause kämen, lief sie zum Stationsvorsteher, um Fahrkarten für uns zu kaufen, fiel ihm in den Arm und bat ihn, noch einen Moment zu warten. Sie holte schnell ein paar belegte Brote für uns und stieg dann mit uns in den Zug, da sich die Abfahrt nicht länger verzögern ließ. Während wir aßen, erklärte sie uns, daß das Rote Kreuz den Familienangehörigen immer ein Telegramm schicke, wenn ein Gefangener freigelassen worden sei, um sie auf seine Rückkehr vorzubereiten.

»Wohin soll ich Ihr Telegramm schicken?« fragte sie.

Der Zug war voll, und da ich unter den Reisenden auch Personen mit NSB-Abzeichen sah, gab ich ihr meine letzte falsche Adresse in Heemstede, die Adresse der Familie, bei der ich angeblich vor meiner Verhaftung als Dienstmädchen gearbeitet hatte. Ich hatte immer noch Angst: Ich rechnete ständig mit Spionen und wollte mich auf keinen Fall von ihnen erwischen lassen. Also schickte das Rote Kreuz das Telegramm an diese Leute in Heemstede.

Arme Ansje! Sie hatte noch nicht erfahren, daß ihr Mann erschossen worden war; viel Leid kam noch auf sie zu. Ihr Kind lernte seinen Vater nie kennen. Wir trennten uns in Utrecht, da sie nach Deventer zu ihrer Familie fahren wollte. Ich sehnte mich sehr danach, meine Eltern wiederzusehen, aber ich hielt es für möglich, daß die Nazis die Suche nach Diet Eman noch nicht aufgegeben hatten und das Haus weiterhin beobachteten.

Ich hatte eine Fahrkarte nach Heemstede, aber ich stieg mit Ansje in Utrecht aus und kaufte mir am Schalter eine Fahrkarte nach Den Haag. Ich hatte immer noch Angst, daß das Ganze ein abgekartetes Spiel war und daß man mich verfolgte und früher oder später wieder festnehmen und nach Vught zurückbringen würde. Ich lief eine Weile auf dem Bahnhofsgelände hin und her, um festzustellen, ob mir jemand folgte. Erst als ich sicher sein konnte, daß das nicht der Fall war, nahm ich den nächsten Zug nach Den Haag.

Ich wagte nicht, direkt zum Haus meiner Eltern zu gehen, weil in unserer Straße eine Familie wohnte, der ich nicht traute. Die Frau war Deutsche und der Mann Holländer; ihr Sohn war vierzehn oder fünfzehn Jahre alt und in der Hitlerjugend, und ich befürchtete, daß diese Leute mich verraten würden, wenn sie mich sähen; das Risiko war zu groß. Trotzdem wollte ich unbedingt Kontakt mit meinen Eltern aufnehmen und erfahren, ob es ihnen gutging. Die einzige Möglichkeit, die mir einfiel, war, zu Herrn Gerritsen zu gehen, dem Geschäftspartner meines Vaters. Soweit ich wußte, hatten die Gerritsens nichts mit dem Widerstand zu tun, aber sie waren gute Freunde meiner Eltern. Ich wußte natürlich nicht, ob sie meine Eltern je gefragt hatten, wo ich sei, und was meine Eltern ihnen in diesem Fall erzählt hatten. Als ich damals untergetaucht war, meine Eltern in der ersten Zeit aber noch ab und zu besuchte, merkte ich, daß sie unseren Bekannten gegenüber Ausreden für mein Verschwinden benutzten. Es war einfach zu riskant, den Leuten die Wahrheit zu sagen. Sogenannte einfache Gemüter waren oft am gefährlichsten, da sie in aller Unschuld Sachen sagten, durch die man in die größten Schwierigkeiten geraten konnte. (Später erfuhr ich, daß meine Eltern erzählt hatten, ich sei eine Zeitlang zu Heins Familie gezogen, um dort Haushaltsführung und Kindererziehung zu lernen. Das hatten die Leute akzeptiert, da sie wußten, daß ich mit Hein verlobt war.)

Als ich bei den Gerritsens vor der Tür stand und klingelte, freute ich mich auf eine herzliche Begrüßung. »Oh, Diet – da bist du ja wieder! Wie schön, dich zu sehen. Wie geht es dir?« würden sie gleich rufen. Es war immerhin über ein Jahr vergangen, seit ich das letzte Mal bei meinen Eltern gewesen war.

Statt dessen sagten sie wie immer: »Hallo Diet. Komm doch rein.«

Meine Eltern hatten gute Arbeit geleistet – ich begriff sofort, daß die Gerritsens keine Ahnung hatten. Trotzdem wirkte ihr Verhalten in diesem Augenblick auf mich wie eine kalte Dusche. Seit über einem Jahr sah ich zum ersten Mal wieder vertraute Gesichter, und diese Menschen benahmen sich, als ob ich nur mal eben im Urlaub gewesen sei.

»Haben Sie meine Eltern in der letzten Zeit gesehen?« fragte ich.

Ich hatte solche Angst, sie könnten tot sein!

»Ja, vorige Woche«, antworteten sie.

»Und wie geht es ihnen?«

Sie sahen mich an, als ob ich in meinem Urlaub einen leichten Dachschaden erlitten hätte. »Gut natürlich«, sagten sie.

Dann erzählte ich ihnen alles: daß ich im Gefängnis und im Konzentrationslager gewesen sei und wie sehr ich mich danach sehnte, zu meinen Eltern zu gehen, daß ich aber Angst hätte wegen unserer deutschfreundlichen Nachbarn.

»Wir können zu deinen Eltern gehen und sie bitten herzukommen«, schlugen sie vor.

»Aber ich habe ihnen so viel zu erzählen«, sagte ich. »Es wäre mir lieber, zu Hause mit ihnen allein zu sein. Könnten Sie bitte zu ihnen gehen? Es wäre vielleicht ein Schock für sie, mich so unvermutet zu sehen. Könnten Sie ihnen sagen, daß ich da bin, und sie bitten, die Haustür offenstehen zu lassen? Wenn ich dann von der Straßenecke aus sehe, daß die Luft rein ist, komme ich schnell ins Haus.«

Herr Gerritsen kam zurück, und man sah ihm an, daß er sich ziemlich wichtig vorkam – immerhin wußte er etwas, das sonst niemand wußte. Ich mochte ihn dennoch.

Ich machte mich also auf den Weg zu meinem Elternhaus, und als ich sah, daß bei den Nachbarn alles ruhig war, lief ich schnell ins Haus. Mein Vater war nicht da, aber meine Mutter hatte die Tür offengelassen. Es war so wunderbar für mich, meine Mutter wiederzusehen! Mir fehlen die Worte, um diese Freude zu beschreiben. Wir hielten uns einfach im Arm und redeten und redeten.

Plötzlich klingelte es, und ich flüchtete durch die Küche ins Schlafzimmer. An der Tür war jedoch nur jemand, der Lebensmittel lieferte – der Bäcker oder der Milchmann. Das wenige Essen, das es damals gab, wurde immer noch ins Haus gebracht. Man ging nur selten in Geschäfte. Während meine Mutter an der Tür mit diesem Mann sprach und ich im Schlafzimmer wartete, kam mein Vater nach Hause. Meine Mutter konnte ihm im Beisein des Lieferanten nicht sagen, daß ich nach Hause gekommen sei, dafür kannte sie den Mann nicht gut genug. Als mein Vater in die Küche kam, trat ich aus meinem Versteck heraus. Ich wußte, daß der Mann, der mit Mutter vor der Haustür stand, mich von dort aus nicht sehen konnte. Ich erwartete, daß mein Vater sofort auf mich zustürzen und mich umarmen würde, aber statt dessen machte er auf dem Absatz kehrt und lief ins Schlafzimmer.

Ich verstand die Welt nicht mehr. Ich vermutete, daß er mir böse sei, weil sie meinetwegen so viel hatten leiden müssen, und dachte, daß er mich nicht mehr sehen wolle. Aber nachdem meine Mutter die Haustür geschlossen hatte, lief ich hinter ihm her. Jetzt sah ich, daß ihm Tränen über die Wangen liefen. Ich hatte ihn noch nie weinen sehen. Er hatte sich abgewendet, weil er nicht wollte, daß ich sah, wie seine Gefühle ihn überwältigten.

Diese Reaktion meines Vaters werde ich nie vergessen. Daß ich plötzlich lebend vor ihm stand, war mehr, als er so schnell bewältigen konnte.

Ich habe meine Eltern mein ganzes Leben lang sehr geliebt.

Ich konnte nur eine Nacht bleiben; es wäre zu gefährlich für mich gewesen, mich länger in Den Haag aufzuhalten. Ich fuhr zu den van Meervelds nach Barneveld, und Ab sagte mir, daß Hein von Leeuwarden nach Amersfoort ins Konzentrationslager gebracht worden sei und daß sie miteinander in Verbindung stünden.

»Wenn du ihm schreiben willst«, schlug er vor, »versuchen wir, ihm den Brief zukommen zu lassen.«

Es war sehr gefährlich, Post ins Lager zu schmuggeln, denn Hein war unter falschem Namen dort, und ich durfte ihn in dem Brief nicht mit seinem richtigen Namen anreden und mußte auch sonst sehr vorsichtig sein. »Mein liebster H.«, so begann ich den Brief und unterschrieb ihn mit *Famke*, das ist ein friesischer Kosename, den er immer für mich benutzt hatte. *Mijn Famke* hatte er immer zu mir gesagt – »mein Frauchen«.

Jeder Brief, der in das Lager oder aus dem Lager geschmuggelt wurde, bekam einen Stempel mit den Buchstaben A-W-S. Das war Heins Abteilung. Ein Mann brachte die Botschaften unter Ladungen von Kartoffelschalen herein und heraus. In Amersfoort befanden sich Tausende von Gefangenen, und alle wollten diese Möglichkeit nutzen. Der Mann konnte natürlich nicht Dutzende von Briefen auf einmal befördern; also kamen die Abteilungen abwechselnd an die Reihe.

23. August 1944

Mein liebster H.,

ich bin so glücklich darüber, daß ich Dir endlich schreiben kann. Du hast bestimmt schon gedacht: »Warum schreibt sie mir bloß nie?« Ich habe Dir nicht geschrieben, weil ich am 8. Mai bei einer Zugkontrolle festgenommen wurde. Mein Ausweis war nicht in Ordnung. Der Mann erklärte, er sei 1943 gedruckt und 1941 schon ausgestellt worden – wie in aller Welt ist so etwas möglich?

Natürlich war es mir völlig unerklärlich, wie es dem Angestellten, der mir den Ausweis gegeben hatte, gelungen war, ein solches Wunder zu vollbringen. Trotzdem brachten sie mich ins Oranje Hotel (das Scheveninger Gefängnis). Als die Invasion in der Normandie stattfand, wurden wir (etwa 1000 Gefangene) nach Vught verlegt. Zuerst dachte ich, sie würden uns nach Deutschland bringen. Ich hatte große Angst.

Mein Verhör lief besser, als ich erwartet hatte. Ich spielte das ängstliche Dummchen. Gott sei Dank ging alles gut. Später erzähle ich Dir alles genau. Ich bin froh, daß ich auch die Erfahrung gemacht habe, im Gefängnis zu sein. Als ich damals hörte, daß Du festgenommen worden warst, konnte ich das fast nicht ertragen. Aber von dem Moment an, als sich die Zellentür hinter mir schloß, habe ich keine einzige Träne mehr vergossen. Trotzdem war es schwer für mich, daß ich nichts mehr von Dir und den anderen aus unserer Gruppe hörte. Ich durfte weder Briefe schreiben noch Pakete empfangen, und ich bin sicher, daß es für Euch genauso schwer war, nicht zu wissen, wie und warum ich verschwunden war.

Aber das ist nun alles Vergangenheit. Letzten Samstag wurde ich plötzlich entlassen. Ein wunderbares Gefühl! Bald wirst Du das auch erleben. Jeden Morgen, wenn ich aufwache, denke ich, ich träume.

Zu Hause ist alles in Ordnung – glücklicherweise, denn ich habe mir deswegen große Sorgen gemacht. Und jetzt müßte ich mich in kleine Stücke reißen können, weil alle wollen, daß ich sie besuche.

Mein Schatz, ich bin sicher, daß alles gut werden wird. Meine Geschichte ist ein einziges großes Wunder. Ich habe erlebt, daß »meine Hilfe allein von dem Herrn kommt«. Ich hörte nichts mehr von Dir, und es sah nicht so aus, als ob sich das je ändern würde. In dem Lager ging es streng zu. Trotzdem hatte ich die ganze Zeit über einen solchen inneren Frieden, wie ich ihn noch nie zuvor verspürt hatte, und ich habe so wunderbare Frauen und Mädchen kennengelernt. Eines Tages wirst Du sie auch kennenlernen, denn diese Freundschaften werden ganz bestimmt bestehenbleiben.

Wie herrlich wird es sein, wenn Du entlassen wirst, und wie viel werden wir uns zu erzählen haben! Ich freue mich, daß Du dort Freunde gefunden hast und daß wir Kontakt haben. Jetzt ist alles leichter für mich. Mach Dir meinetwegen keine Sorgen. Ich weiß, was Du durchmachst, und jetzt, wo ich Deine Briefe lesen kann, geht es mir gut.

Du wirst es vielleicht nicht glauben, aber seit ich herausgekommen bin, habe ich ein bißchen zugenommen. Das habe ich dem Roten Kreuz zu verdanken. Hier sind alle so nett zu mir, daß es mir schon fast peinlich ist.

Der kleine Teun (der Sohn von Ab und Riek van Meerveld) ist so groß geworden. Er krabbelt schon, lacht und hüpft herum. Ich war völlig überrascht. Gestern bin ich hier angekommen, und ich will nach und nach alle Bekannten besuchen. Sie würden mich am liebsten in einen Glaskasten setzen und herumreichen.

Wie geht es für Dich weiter? Ich habe gehört, daß sie Deinen Fall noch nicht zu Protokoll genommen haben? Wie viele seid Ihr in Deiner Baracke? In meiner waren es zum Schluß 100 Frauen. Trotz allem hatten wir doch viel Spaß.

Mein Bruder Albert hat dem Junggesellenleben Ade gesagt. Ich bin immer noch voller blauer Flecken, so stürmisch hat er mich umarmt, als ich nach Hause kam.

Sag mal, bleibt es dabei, daß wir im September heiraten? Das hatten wir doch so ausgemacht, oder? Ich bin rechtzeitig zurückgekommen, und jetzt bist Du dran. Du darfst kein Spielverderber sein. Wahrscheinlich sind wir die letzten in unserem Freundeskreis, die heiraten, aber dafür wird unsere Hochzeit bestimmt auch besonders schön.

Ich stelle mir unsere Zukunft so schön vor – kein Krieg mehr, und Du bist frei. Bestimmt ist bald alles vorbei. Ich habe Dir noch so viel zu erzählen, aber das hole ich in ein paar Wochen nach, wenn Er »mit wunderbarem Rat das Werk hinausgeführet, das dich bekümmert hat«.

Mein Liebling, ich hoffe, daß ich bald von Dir höre.
Bis dahin tausend Küsse . . . van je Famke

Brief von Diet Eman an Hein Sietsma

Ab schmuggelte den Brief in das Lager, und Hein erhielt und beantwortete ihn schnell. Der Kartoffelmann schmuggelte seine Antwort vom 29. August 1944 heraus. Hein hatte seinen Brief direkt auf meinen geschrieben, in die weißen Zwischenräume.

29. August 1944

Meine liebe Diet,

wie habe ich mich über Deinen Brief gefreut! Es kam mir immer sehr merkwürdig vor, daß ich nichts anderes hörte als: W. geht es gut. Und dann hörte ich, daß Du Dich aus der Arbeit zurückgezogen hättest. Da habe ich mich gefragt, wie es dazu kommen konnte, daß Du Dir eine solche Lammesart angeeignet hast.

Ich konnte es zunächst nicht fassen, daß ich die ganze Zeit Falsches über Dich dachte. Driek sagte mir, daß es Dein ausdrücklicher Wunsch gewesen sei, daß man mich nicht über Deine Verhaftung informierte, aber das kann und will ich nicht glauben. Hast Du den Tisch von G. und L. erhalten? Du vergißt doch hoffentlich nicht, daß Du nicht nach Friesland kommen sollst? Bitte, besuche Jan van Wassenaar und grüße ihn herzlich von mir. Regelst Du bitte alles im Blick auf unsere Hausratsversicherung und die Lebensversicherung? Ich hoffe, Dich bald wiederzusehen, denn jetzt, da Du wieder draußen bist, mag ich hier erst recht nicht mehr bleiben. Am vergangenen Sonntag mußte unsere gesamte Baracke zehn Minuten lang Kniebeugen machen, und jetzt humpeln wir alle wegen des Muskelkaters in den Oberschenkeln. Es ist zum Totlachen, alle die jungen »alten Männer«.

Liebling, wie tapfer hast Du Dich gehalten. Die ganze Zeit keine Nachricht von zu Hause und von Freunden. Ich fühle mich im Vergleich zu Dir wie ein Stümper, wenn ich daran denke, wie mir sofort Tonnys Name herausgerutscht ist, weil ich mir eigentlich niemals vorher Gedanken darüber gemacht hatte, was ich im Falle einer Verhaftung sagen würde. Ich schicke Dir Deinen Brief zurück, weil ich ihn hier nicht aufheben will und später doch gerne ein Andenken an die Zeit hier haben möchte. Gestern abend war ich im Kino. Ich gehe selten. Aber jetzt hat es mir gutgetan, wieder einmal hübsche Mädchen auf der Leinwand zu sehen. Es wurden schöne Tänze gezeigt. Man fühlt sich für kurze Zeit wie ein anderer Mensch, wenn man aus dieser Immer-und-überall-Männer-Atmosphäre herausgehoben wird. Wenn Albert Dir blaue Flecken am Hals verursacht hat, so werde ich dafür sorgen, daß Du am ganzen Körper grün und blau bist! Diet, dieser Brief ist vielleicht etwas chaotisch, aber das kommt durch die Eile, mit der ich ihn schreibe. Für das nächste Mal verspreche ich, mich zu bessern.
Einen dicken Kuß
von Deinem Jongen

Brief von Hein Sietsma an Diet Eman

Dieser Brief war das erste Lebenszeichen von Hein, das ich nach meiner Entlassung aus Vught erhielt. Noch heute ist er mir sehr wichtig.

Der Hungerwinter

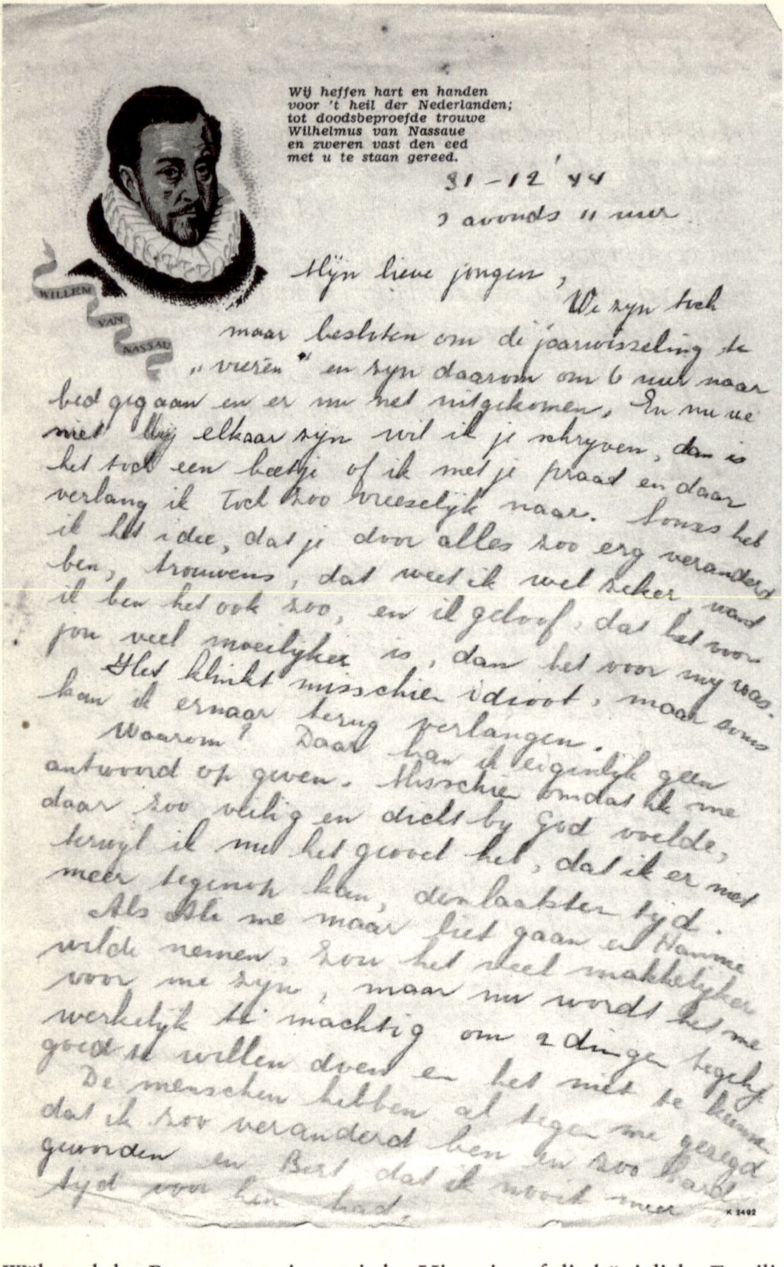

31-12 '44

's avonds 11 uur.

Mijn lieve jongen,

We zijn toch maar besloten om de jaarwisseling te „vieren" en zijn daarom om 6 uur naar bed gegaan en er nu net uitgekomen. En nu we niet bij elkaar zijn wil ik je schrijven, dan is het toch een beetje of ik met je praat en daar verlang ik toch zoo vreeselijk naar. Soms heb ik het idee, dat je door alles zoo erg veranderd ben, trouwens, dat weet ik wel zeker want ik ben het ook zoo, en ik geloof, dat het voor jou veel moeilijker is, dan het voor mij was.

Het klinkt misschien idioot, maar soms kan ik ernaar terug verlangen.

Waarom? Daar kan ik eigenlijk geen antwoord op geven. Misschien omdat ik me daar zoo veilig en dicht bij God voelde, terwijl ik nu het gevoel heb, dat ik er niet meer tegenop kan, den laatsten tijd.

Als Ale me maar liet gaan en Hanne wilde nemen, zou het veel makkelijker voor me zijn, maar nu wordt het me werkelijk te machtig om 2 dingen tegelijk goed te willen doen en het niet te kunnen.

De menschen hebben al tegen me gezegd dat ik zoo veranderd ben en zoo hard geworden en Bert dat ik nooit meer tijd voor hem had.

Während der Besatzungszeit war jeder Hinweis auf die königliche Familie verboten. Der Briefbogen, auf dem Diet an Hein schrieb, zeigt ein Porträt von *Willem de Zwijger* (Wilhelm von Oranien, genannt der Schweiger, 1533–1584).

17. September 1944

(N. B.: Dieser Tag wurde wegen der Schlacht um Arnheim zu einem historischen Datum.)

Seit gestern bin ich wieder bei Alie. Ich bin furchtbar unruhig und verstehe nicht, warum. Es gibt hier nicht viel zu tun. Am besten gehe ich zuerst nach Haarlem und dann nach Süden. Wenn es für den Untergrund wenig zu tun gibt, muß ich hier bei Alie sitzen und stricken, und das kann ich jetzt einfach nicht. Gestern war ich in Amersfoort und bin durch Laan 1914 [eine Straße] gefahren. War vielleicht nur 500 Meter von Hein entfernt.

Viele Tommies in der Luft. Sie schießen auf alles, was sich auf den Hauptstraßen bewegt. Die Nazis machen sich vor Angst in die Hosen.

Ach, Hein, jetzt, wo ich wieder zu Hause bin, fehlst Du mir überall, und die Sehnsucht nach Dir quält mich so. Das Schreiben hilft mir ein bißchen.

Hast Du gespürt, daß ich in diesen Tagen mit meinen Gedanken und Gebeten ganz nah bei Dir war? Liebster, vor einem Jahr waren wir zusammen in Friesland, gingen miteinander spazieren und kauften Blumen für Gerk und Lena. Wir sahen uns an und mußten lachen über unser verrücktes kleines Geheimnis. Wir waren so glücklich, daß Worte es nicht hätten ausdrücken können, und deshalb lachten wir nur.

Liebster, heute habe ich in unseren Tagebüchern gelesen. Wie sehr hast Du mich geliebt, und wie sehr hast Du mich idealisiert!

aus Diet Emans Tagebuch

Nach meiner Entlassung war ich zu Aalt und Alie zurückgekehrt, da meine Gruppe mich jetzt noch dringender brauchte als vor meiner Verhaftung. Aart Roskam (»Driek«), ein Mitglied unserer Gruppe, war verhaftet worden und saß ebenso wie Hein in Amersfoort; auch Adriaan Schouten war dort gewesen. Wir hatten nur noch wenige Mitarbeiter. Ich ging schnell und ohne darüber nachzudenken in die Untergrundarbeit zurück. In den ersten Monaten nach Scheveningen und Vught war ich oft müde und seelisch erschöpft, aber ich kann mich nicht erinnern, daß ich je Angst hatte, weil ich wieder im Widerstand arbeitete. Ich hatte inzwischen am eigenen Leibe erfahren, wozu die Nazis fähig waren, und ich haßte sie und ihr ganzes System.

Ich behielt den Namen Willie Laarman bei, denn ich konnte ihn gefahrlos benutzen. Willie war verurteilt worden und hatte ihre Zeit abgesessen, und außerdem hatte ich schon vorher bei Aalt und Alie unter diesem Namen gelebt. Alies Familienangehörige hatten nie geahnt, was ich in Wirklichkeit tat; für sie war ich einfach ein Dienstmädchen. Sie hatten auch nichts von meiner Festnahme und Gefangenschaft erfahren. Als sie nach dem Krieg herausfanden, daß ich gar nicht deshalb zu den Lozemans gekommen war, weil es auf dem Land mehr zu essen gab als in der Stadt, konnten sie es kaum glauben.

Nach meiner Entlassung aus Vught brauchten Aalt und Alie meine Hilfe; sie hatten ständig das Haus voller Leute. Ich wollte aber zuerst meine Schwester und die Männer meiner Gruppe besuchen, die noch frei waren, und versprach den Lozemans, danach den Hof wieder zum Ausgangspunkt für meine Arbeit zu machen und ihnen zu helfen, wann immer mir das möglich sei.

Was uns damals am meisten beschäftigte, war der Luftangriff der Alliierten auf Arnheim. Der britische General Montgomery hatte einen Plan, den sogenannten »Market Garden«: Nördlich der großen Flüsse Rhein, Waal und Maas sollten Fallschirmspringer-Einheiten abgesetzt werden, während gleichzeitig von Süden eine schlagkräftige Armee aufrücken sollte. Bei Arnheim sollten die beiden Streitmächte zusammentreffen und die deutsche Armee zurückdrängen. Im September 1944 war Hitlers Vormachtstellung schon ins Wanken geraten – zum einen wegen des verheerenden Rußlandfeldzuges und zum anderen wegen des Tributes, den die alliierte Invasion in der Normandie gefordert hatte.

Es war geplant, daß in der Nähe von Arnheim außer den Fallschirmspringer-Truppen auch Lastensegler landen sollten, die Vorräte und Munition transportierten. Die Lastensegler sollten von den Flugzeugen, die sie schleppten, abgekoppelt werden und an einem bestimmten Ort landen – beladen mit Panzern, Gewehren und allem anderen, was die Fallschirmspringer brauchten. Inzwischen sollten die Truppen, die sich in Belgien befanden, die Flüsse überqueren und zu ihnen stoßen. Die Fallschirmspringer mußten so lange die Stellung halten, bis es den Aliierten gelungen war, zu ihnen aufzurücken.

Wenn dieser Befreiungsschlag gelungen wäre, hätte der Krieg sehr viel früher enden können, denn durch ein befreites Holland hätten die Aliierten wesentlich schneller nach Deutschland einrücken können.

Leider schlug dieser Plan fehl. Die deutsche Armee in Holland war wesentlich stärker, als die Aliierten gedacht hatten, und die Fallschirmspringer-Einheiten, die in Arnheim gelandet waren, konnten nicht bis zum Eintreffen der aliierten Truppen durchhalten. Es fanden verheerende Kämpfe statt, bei denen es unzählige Verwundete und Tote gab.

5. Oktober 1944

Den ganzen Tag dröhnt das Feuer der schweren Artillerie. Wir sind nah an der Front.

O Lord, make haste to help us;
O Lord, make speed to save us.

(Hein und ich besuchten früher gelegentlich die englische Kirche; diese Verse gehörten dort zur Liturgie.)

Ach, mein Liebster, ich habe so furchtbare Sehnsucht nach Dir, daß ich manchmal nicht mehr ein noch aus weiß. Manchmal habe ich das Gefühl, daß unsere Hoffnungen für die Zukunft nichts als Luftschlösser sind. Ich kann mir nicht mehr vorstellen, daß sie wahr werden. Aber tief im Innern weiß ich, daß für uns zum Schluß noch alles gut werden wird.

Psalm 130: »Israel hoffe auf den Herrn; denn bei dem Herrn ist die Gnade und viel Erlösung bei ihm.«

Ich danke dir, Herr, daß wir beide das wissen und uns daran festhalten dürfen.

aus Diet Emans Tagebuch

Arnheim wurde bombardiert und mußte evakuiert werden. Hunderttausende von Menschen verließen die Stadt – sogar die Neugeborenen wurden von den Entbindungsstationen geholt.

Die Flüchtlingskolonne bewegte sich zu Fuß über die Straßen der Veluwe. Viele der Flüchtlinge wurden in Ede, Barneveld und anderen kleinen Orten in Schulen einquartiert, in denen dann natürlich kein Unterricht mehr stattfand. Das Rote Kreuz stellte Decken für diejenigen zur Verfügung, die auf dem Boden schlafen mußten, und gab Mahlzeiten für all die hungrigen Menschen aus.

Plötzlich wurde jeder Bauernhof und jede Wohnung in der Gegend von Deutschen inspiziert, die Räume beschlagnahmten und den Eigentümern mitteilten, wie viele Flüchtlinge sie aufnehmen mußten. Sie ließen einem gar keine Wahl; sie sagten einfach: »Sie nehmen soundso viele Leute auf.«

Die Deutschen legten fest, wie viele Flüchtlinge man aufnehmen mußte, und die holländischen Behörden hatten dann die Aufgabe, die einzelnen Leute auf die verschiedenen Haushalte zu verteilen.

Die Flüchtlinge hatten zwar ihre eigenen Lebensmittelkarten, aber trotzdem bedeutete ihre Anwesenheit eine Menge Extraarbeit für die betreffenden Familien. Die Gastgeber wurden gezwungen, völlig fremden Menschen, die auch Kriminelle, Nazis oder NSBler sein konnten, ihre Häuser zu öffnen. Niemand wußte, was für Leute man ihm zuweisen würde. Und es gab immer noch Tausende, die in der Gegend herumirrten, nichts mehr besaßen als die Kleider, die sie auf dem Leib trugen, und keine Bleibe hatten. Viele mußten in leerstehenden Schulgebäuden und Kinos bleiben.

Außerdem waren die Nahrungsmittel so knapp, daß auch Frauen und Kinder aus anderen Städten überall auf dem Land umherstreiften, um Lebensmittel zu ergattern. Die Katzenbesitzer ließen ihre Tiere nicht mehr aus dem Haus, denn sie hatten Angst, daß hungrige Menschen ihnen die Köpfe und Schwänze abschnitten, das Fell abzogen und die armen »Dachhasen« dann als Kaninchen verkauften.

Viele Mütter nahmen damals ihr Tafelsilber oder ihre feine Leinenwäsche und machten sich auf den Weg zu Bauernhöfen, wo sie diese Dinge gegen Lebensmittel einzutauschen versuchten. Je länger die Besatzung dauerte und je mehr die Deutschen das Land ausplünderten, desto knapper wurde das Essen. Zuerst fanden solche Frauen noch ein paar Kilometer außerhalb der großen Städte Nahrungsmittel, aber 1944, während des Hungerwinters, mußten sie immer größere Strecken zurücklegen. Manchmal waren sie wochenlang unterwegs, zogen mit ihren Handwagen von einem Ort zum anderen und versuchten Leinen, Silber, Kristall und Porzellan gegen einen Sack Getreide, ein paar Kartoffeln oder sonst irgend etwas Eßbares einzutauschen.

Auch Aalt und Alie hatten einige Flüchtlinge aus Arnheim aufnehmen müssen. Alle Zimmer auf Watergoor waren eigentlich bereits von Juden und Leuten, die untertauchen mußten, belegt, auch der Heuboden über der *deel*. Aber das wußten die Deutschen natürlich nicht. Außerdem kamen oft Leute vorbei, die auf der Suche nach Essen waren (sogenannte *passanten*). Überall, wohin man schaute, waren Menschen auf der Wanderschaft – Obdachlose, Hungrige, Flüchtlinge. Auch sie mußten wie alle anderen zur Sperrstunde von der Straße verschwinden, und um sie irgendwo unterzubringen, waren in allen Ortschaften die Turnhallen der Schulen zur Verfügung gestellt worden. Der Boden war mit Heu oder Stroh bedeckt worden, und am Abend kamen all die *passanten*, um dort zu übernachten. Ihre Handwagen mußten sie draußen lassen, aber sie versuchten natürlich, immer ein Auge darauf zu haben. Es wurde viel gestohlen, und wenn es irgendwie ging, bettete man nachts den Kopf auf seine Habseligkeiten. Oft kam es zu Streitereien, und die Polizei mußte die Turnhallen ständig im Auge behalten, da sich die Leute im Dunkeln gegenseitig bestahlen. Manchmal herrschte ein einziges Chaos.

Die *passanten* waren natürlich ganz unterschiedliche Menschen – vertrauenswürdige und weniger vertrauenswürdige. Aber Aalt und Alie nahmen alle auf. Selbst wenn sie erst gesagt hatten: »Nein, wir können niemand mehr aufnehmen, und es ist auch schon so spät«, brachten sie sie dann doch noch irgendwie unter – meist auf dem Heuboden. Fast jeden Abend nahmen sie irgend jemanden auf, und jeder bekam einen Becher warme Milch – eine besondere Köstlichkeit – und eine Scheibe Brot. Manchmal waren es zwanzig oder dreißig Personen, die auf dem Hof übernachteten, und in einer Nacht waren es sogar fünfundfünfzig, aber sie bekamen alle ihre Portion Milch und Brot. Gott mußte Aalt und Alie einfach segnen, denn sie waren so gut zu all den Leuten, die an ihrem Hof vorbeikamen und die sonst nichts gehabt hätten.

Unser Brot backte Alie selbst, und all das Brot, das wir auf die Lebensmittelkarten bekamen, wurde an die *passanten* weitergegeben. Es schmeckte ein bißchen wie brauner Pappkarton und roch auch so, außerdem war es ziemlich klebrig. Trotzdem war es Brot und machte satt. Aalt und Alie konnten von ihren Verwandten Roggen bekommen, und außerdem baute Aalt, der eigentlich hauptsächlich Milchwirtschaft betrieb, selbst auf einem kleinen Stück Land Roggen an. Alie konnte daraus herrliches Roggenbrot backen, und sie brachte es auch mir bei.

In dieser Zeit erlebten wir viel Schweres, aber auch viel Schönes und Unvergeßliches. Jeden Abend gab es irgendeine Überraschung.

Eines Nachts hörten wir lautes Geschrei auf dem Heuboden. Aalts Bruder Frits ging hinauf, um nach dem Rechten zu sehen, denn er war mehr oder weniger für die *passanten* zuständig; Aalt kümmerte sich um die Juden, die auf dem Hof versteckt waren. Wenn *passanten* verheiratet waren, durften sie natürlich beieinander schlafen, aber in dieser Nacht waren ein Mann und eine Frau, die sich als Ehepaar ausgegeben hatten, obwohl sie sich in Wirklichkeit gerade erst kennengelernt hatten, oben auf dem Heuboden. Sie bekamen furchtbaren Streit, und die junge Frau schrie wie am Spieß. »Bitte helfen Sie mir«, schrie sie, »ich bin nicht mit diesem Mann verheiratet!« Sie wollte, daß Frits sie vor ihm beschützte.

Aalt und Alie waren verantwortungsbewußte Menschen, und von da an ließen sie sich die Personalausweise der Leute geben, die bei ihnen übernachten wollten, um sicherzugehen, daß ein Paar wirklich verheiratet war. Aalt und Alie behielten die Ausweise über Nacht und gaben sie am nächsten Morgen zurück. *Passanten*, die damit nicht einverstanden waren, wurden einfach nicht aufgenommen. Was die *passanten* natürlich nicht wissen konnten, war, daß Onkel Ben nachts von den eingezogenen Ausweisen alle Angaben abschrieb, die er für die Herstellung von falschen Ausweisen gebrauchen konnte.

Unsere größte Sorge war, daß die Deutschen eines Tages feststellen würden, daß drei Zimmer auf Watergoor noch nicht beschlagnahmt worden waren – die große »gute Stube« und die beiden kleinen Zimmer, in denen Ben, Marie und ich untergebracht waren. Onkel Ben fälschte immer noch Ausweise für abgeschossene Piloten und alle möglichen anderen Leute; was das Fälschen von Dokumenten betraf, war Watergoor in dieser Gegend zu einem regelrechten Hauptquartier geworden.

Ich hätte an einen anderen Ort ziehen können, aber es wäre mir schwergefallen, Aalt und Alie zu verlassen; sie waren für mich fast wie ein Bruder und eine Schwester geworden. Onkel Ben konnten wir schlecht woanders unterbringen; er brauchte einen ruhigen Platz, wo er ungestört arbeiten konnte. Außerdem durfte niemand wissen, daß er überhaupt da war.

Die Deutschen bestimmten schließlich, daß Aalt und Alie sechs Flüchtlinge aus Arnheim aufnehmen mußten. Wir machten uns große Sorgen, was für Menschen das sein würden.

Einige Holländer waren daran beteiligt, die Unterbringung der Flüchtlinge aus Arnheim in Privathaushalten zu organisieren. Auch Ab van Meerveld wurde für diese Aufgabe eingesetzt. Er selbst lebte mit seiner kleinen Familie in einer winzigen Stadtwohnung, die über einem Geschäft lag. Sie hatten keinen Platz, um irgend jemanden aufzunehmen. Manchmal übernachtete ich bei ihnen, wenn ich es nicht mehr schaffte, vor der Sperrstunde nach Watergoor zu kommen. Mehrere andere Bauern, bei denen wir Juden versteckt hatten, hatten ebenfalls Flüchtlinge aus Arnheim aufgenommen, aber die meisten Sorgen machten wir uns wegen Onkel Ben, der für unsere Arbeit so wichtig war.

Als Ab zu den Flüchtlingen nach Barneveld kam, stellte er fest, daß die meisten von ihnen durch all das, was sie in der letzten Zeit erlebt hatten, verwirrt und wie betäubt waren. Sie hatten in Arnheim so lange Zeit in Ruhe und Frieden gelebt, und plötzlich befanden sie sich inmitten von Bombenhagel, Mündungsfeuern und gesprengten Brücken. Die Alliierten sprangen mit Fallschirmen über der Stadt ab, Lastensegler glitten lautlos vorüber, und tagelang wurde pausenlos geschossen. Viele fanden in diesen schrecklichen Kämpfen den Tod, und überall sah man Blut. Dann hatten sie ihre Häuser verlassen müssen. Da es natürlich keine Autos gab, gingen alle zu Fuß oder fuhren mit dem Rad. Manche versuchten Gegenstände mitzunehmen, die ihnen wichtig waren, und verluden sie auf Kinderwagen.

Ab hörte in der Schule in Barneveld, wie die Mitglieder einer großen Familie miteinander sprachen. Es war ein Ehepaar mit vier Kindern und einem einjährigen Enkelkind, dem Kind ihrer ältesten Tochter. Sie hatten furchtbare Angst, daß sie getrennt werden würden. Ab hatte den Eindruck, daß diese Menschen die richtigen für uns auf Watergoor wären, und er lernte sie gerade an dem Tag kennen, als sie die Schule verlassen und woanders untergebracht werden sollten.

»Ich weiß, daß es bestimmt nicht leicht zu machen ist«, sagte der Vater zu Ab, »wir sind zu siebt, aber daß wir in dieser gefährlichen Situation zusammenbleiben können, wünschen wir uns mehr als alles andere.«

Ab fand heraus, daß sie gläubige Katholiken waren, und er ließ ein paar Bemerkungen zur politischen Lage fallen, um zu prüfen, wie sie zu den Deutschen standen. Der Mann antwortete ihm, ohne zu wissen, welche Bedeutung Ab seinen Antworten beimaß, und nach einigen Sätzen erkannte Ab, daß diese Leute die Nazis haßten und schrecklich fanden, was mit den Juden geschah.

»Ich kenne einen Hof, auf dem ich Sie alle zusammen unterbringen kann«, sagte Ab. »Allerdings sind dort Juden versteckt, und wenn Sie Angst haben, gehen Sie besser nicht hin. Wenn nicht, kann ich Ihre ganze Familie dort unterbringen.«

Der Mann ging zu seiner Frau hinüber und sprach mit ihr, denn es war ein Risiko, auf einen Hof zu ziehen, auf dem sich Juden versteckt hielten.

»Wir wollen zusammenbleiben«, sagte der Mann, als er zurückkam. »Wir gehen das Risiko gerne ein. Bringen Sie uns hin?«

So bekamen Aalt und Alie von einem Tag zum anderen weitere sieben Gäste. Mein Zimmer ging an die Eltern; in die *heerd* wurden ein Doppelbett und ein Kinderbettchen gestellt; dort schlief Annie, die älteste Tochter, mit ihrem Kind. Die beiden Söhne bekamen das Zimmer, in dem Aalts Bruder geschlafen hatte. Die andere Tochter zog zur Familie ihres Verlobten; dort hatte sie auch eine Arbeitsstelle. Wir hatten die Auflage der Deutschen erfüllt. Annie, die von ihrem Mann verlassen worden war, war nur ein oder zwei Jahre älter als ich. Wir verstanden uns von Anfang an gut, und wenn ich auf Watergoor übernachtete, schlief ich meist bei ihr in dem großen Bett.

Ansonsten änderte sich für mich durch die neue Familie nicht viel, denn ich war in diesem Winter sowieso fast immer unterwegs, um all die Juden zu versorgen, die wir versteckt hatten. Mit Lebensmittelkarten und Notrationen für die, die nicht genug zu essen hatten, war ich tagelang zu Fuß unterwegs, weil Deutsche mein Fahrrad gestohlen hatten.

Eines Tages kam ich um die Mittagszeit auf einem Hof an, der einer Witwe und ihrem Sohn gehörte. Sie hatten einen jungen Juden bei sich versteckt. »Willie«, fragte die Bäuerin, »bleibst du zum Mittagessen?«

»Ja, gern«, antwortete ich, denn ich war müde vom Laufen und immer dankbar, wenn mir jemand eine Mahlzeit anbot.

Die Bäuerin hatte Sauerkraut gekocht, eines meiner Lieblingsessen. Auf den Boden eines großen Topfes legte man Kartoffeln, darüber das Sauerkraut und darauf ein Stück Schinken oder Räucherwurst, jedenfalls irgend etwas Geräuchertes. Es wurde alles zusammen gekocht, und dann nahm man das Fleisch herunter und vermischte das Sauerkraut mit den weichgekochten Kartoffeln – ein typisches Winteressen.

Die Frau nahm den großen Topf, der von dem Holzfeuer, auf dem gekocht wurde, außen ganz schwarz war, und stellte ihn auf den Tisch. Ich fragte mich, was für Fleisch es wohl an diesem Tag geben würde, denn Fleisch war natürlich sehr knapp. Als die Bäuerin den Deckel abnahm, traute ich meinen Augen kaum: Zuoberst lagen zwei Streifen Bauchfleisch von einer Sau, und auf jedem Streifen Fleisch saß eine Reihe Zitzen! Ich hatte auf Watergoor schon viel über das Landleben gelernt, aber das war zuviel für mich. Ich konnte mir einfach nicht vorstellen, daß ich es fertigbringen würde, diese Zitzen zu essen.

Natürlich wurden keine Fragen gestellt, und ich bekam meine Portion Sauerkraut und dann meine Portion Schweinebauch. Mehrere Zitzen starrten mich an. Zwischen den Zitzen ist ganz normales Fleisch, sagte ich mir und begann zu essen wie alle anderen auch. Aber ich bekam diese Zitzen nicht herunter. Also aß ich nur das Fleisch und schob mir die Zitzen mit der Zunge in beide Backen.

Damals hatte man immer ein Stofftaschentuch bei sich, da es noch keine Papiertaschentücher gab. Ich tat so, als hätte ich einen Hustenanfall, holte mein Taschentuch heraus und spuckte die Zitzen hinein, ohne daß es jemand merkte. Nach dem Essen mußte ich in ein anderes Dorf gehen. Also setzte ich meinen Rucksack auf und machte mich auf den Weg. Ich ging über eine kleine Straße, die durch ein Waldgebiet führte. Dort begegnete mir ein Hund, der so abgemagert war, daß man seine

Rippen zählen konnte. Wenn es nicht genug Essen für die Menschen gibt, dann gibt es sicher erst recht nicht genug für Katzen und Hunde, dachte ich mir.

»He, Fiffi, ich hab' was für dich«, sagte ich zu ihm und schüttelte die Zitzen aus meinem Taschentuch. Er stürzte sich sofort darauf – ein Festmahl in diesem Hungerwinter.

Da ich oft bei Aalt und Alie auf Watergoor war, litt ich weniger Hunger als die meisten anderen Holländer im letzten Kriegswinter. Aber ich machte mir Sorgen um meine Eltern in Den Haag.

In diesem Winter war ich so viel in ganz Gelderland unterwegs, daß ich beschloß, einen Besuch bei meinen Eltern zu wagen. Fast zwei Jahre war es nun her, daß die Gestapo zum ersten Mal zu uns nach Hause kam. Noch viele Monate lang tauchte sie immer wieder überraschend bei meinen Eltern auf, aber schließlich wurden die Besuche seltener. Meine Arbeit kostete mich sehr viel Kraft, und ich fühlte mich erschöpft und niedergeschlagen. So viele von uns waren verhaftet worden. Lebten sie noch? Würden sie zurückkommen? Ich sehnte mich so nach dem normalen Leben, so wie es früher war, zu Hause bei meinen Eltern. Als mich unsere Männer mit einem Auftrag nach Den Haag schickten, wollte ich die Gelegenheit nutzen und sie besuchen. Auch wenn ich nur kurz bleiben konnte, wußte ich, daß es mir guttun würde, sie zu sehen.

Gegen Ende des Krieges hatten die Engländer alle wichtigen großen Autostraßen in Holland unter Kontrolle; die Deutschen konnten gegen ihre Luftüberlegenheit kaum etwas ausrichten, und es war offensichtlich, daß Deutschland den Krieg über kurz oder lang verlieren würde. Die britischen Spitfires machten regelmäßig Kontrollflüge entlang der Hauptverkehrsstraßen, und ich sah oft umgestürzte Lastwagen und ausgebrannte Züge am Straßenrand, die ihren Angriffen zum Opfer gefallen waren. Königin Wilhelmina hatte uns geraten, die Hauptverkehrsstraßen nicht mehr zu benutzen, da die Spitfires alles angriffen, was sich bewegte, und wenn wir diese Straßen mieden, wußten die Briten, daß alle, die sie benutzten, Deutsche oder deutschfreundliche Holländer waren.

Die Deutschen hatten entlang dieser Straßen Gräben ausgehoben, damit die Truppen sofort in Deckung gehen konnten, wenn die Spitfires zum Tiefflug ansetzten und den Boden unter Beschuß nahmen.

Für den bevorstehenden Besuch bei meinen Eltern war ich dank Aalt wieder an ein Fahrrad gekommen, und unsere Männer gaben mir etwas sehr Wertvolles – einen Fahrradschlauch. Bestimmt war es einer der letzten in ganz Holland. Sie hatten ihn den Deutschen gestohlen, denn zu kaufen gab es damals überhaupt keine mehr. Ich benutzte ihn für das Hinterrad, und um das Vorderrad wickelte ich ein Stück Gartenschlauch. Das machten damals viele so.

Als ich nach De Bilt kam, das in der Nähe von Utrecht liegt, hörte ich von Leuten, die mir entgegenkamen, daß die Deutschen ein Stück weiter eine Straßensperre eingerichtet hatten und alle Fahrräder konfiszierten, die noch einigermaßen in Ordnung waren. Also ging ich zum nächsten Bauernhof, bat um ein Montiereisen und entfernte Mantel und Schlauch des Hinterrades. Den Schlauch wickelte ich mir um die Taille, zog meinen Wintermantel darüber und ging zu Fuß weiter, denn nun war mein altes Fahrrad nur noch mit einem Gartenschlauch und einer blanken Felge ausgerüstet.

Nun gab es ein schwieriges Problem zu lösen. Dadurch, daß ich mein Fahrrad jetzt schieben mußte, war die Reise für mich viel mühsamer geworden. Es gab zwei Wege nach Den Haag: die Schnellstraße, die direkt in die Stadt führte und unter Kontrolle der Spitfires war, und eine nur selten bewachte Landstraße, die von Bäumen umsäumt war, die Deckung boten. Aber der sicherere Weg war wesentlich länger, und ich wußte, daß mir nur wenig Zeit für meinen Besuch blieb. Ich betete. Dann nahm ich die Schnellstraße und bat Gott, mich zu beschützen. Ich dachte, wenn unsere Freunde, die Alliierten, auf alles schossen, das sich bewegte, dann mußten sie gute Zielfernrohre besitzen, und mit denen würden sie sicher auch eine junge Frau erkennen, die die Straße entlanglief.

An der deutschen Sperre hatte ich keine Schwierigkeiten, denn mein Rad war so alt und verrostet, daß sie es keines Blikkes würdigten. Den Schlauch, den ich mir um den Bauch gewikkelt hatte, entdeckten sie nicht. Die Schnellstraße war an diesem Tag völlig menschenleer, und ich wußte natürlich, warum.

Plötzlich tauchten drei Spitfires über mir auf. Ich zuckte zusammen, obwohl ich wußte, daß es unsere Freunde waren. Ich hätte in einen Graben springen können, aber ich rechnete damit, daß die britischen Flieger mich in Ruhe lassen würden, wenn sie erst einmal erkannt hatten, daß ich eine harmlose junge Frau war, die ein Rad neben sich herschob. Wenn ich dagegen jetzt in einen Graben flüchtete, würde ich wahrscheinlich den Rest des Tages damit zubringen, in diese Gräben hineinzuspringen und wieder herauszuklettern.

Also betete ich wieder, als sie zum Sturzflug ansetzten. Wie eine willige Zielscheibe stand ich mitten auf der Straße und winkte wie wild mit meinem weißen Taschentuch. Sie flogen direkt auf mich zu, und ich winkte und betete um meine Leben. Sie kamen so nah, daß ich ganz deutlich die Gesichter der Männer sah, und sie sahen mich auch. Plötzlich zogen sie die Maschinen wieder hoch und flogen über meinen Kopf hinweg davon.

Noch viele Male flogen sie im Laufe des Tages über mich hinweg, und es war mir, als wären sie meine einzigen Freunde auf dieser einsamen Straße. Und sie waren ja auch meine Freunde; zum Schluß würden sie uns alle befreien.

Weil ich zu Fuß gehen mußte, war ich erst in Zoetermeer, als es dunkel wurde. Um acht war Sperrstunde, und ich mußte die Straße verlassen und in das Dorf gehen, wo ich mit Hunderten von Leuten, die ebenso wie ich unterwegs waren, in einer Schule übernachtete. Wir schliefen auf Stroh, und ich behielt die ganze Nacht meine Schuhe an. Meine Füße taten so weh, daß ich befürchtete, die Schuhe am nächsten Morgen nicht mehr anziehen zu können, wenn ich sie erst einmal ausgezogen hätte. Der nächste Tag war ein Sonntag, und da ich bis nach Hause noch zwölf Kilometer laufen mußte, ging ich früh los. Ich kam in Den Haag an, als die meisten Leute gerade auf dem Weg zur Kirche waren.

Die Gestapo war schon seit längerer Zeit nicht mehr bei meinen Eltern gewesen, aber ich wollte trotzdem nicht auf direktem Wege zu ihnen gehen. Ich war deprimiert, müde und seelisch erschöpft, aber ich wollte meine Eltern sehen, egal, was es mich kosten würde. Als ich schon fast zu Hause war, traf ich Herrn Semeyn, dessen Tochter Coby eine wunderbare Singstimme hatte und oft bei uns zu Hause zu Gast gewesen war, damals vor dem Krieg, als wir noch miteinander musizierten. Herr Semeyn wollte gerade zur Kirche gehen, aber als er mich sah, nahm er, ohne ein Wort zu sagen, mein Fahrrad und schob es selbst. Er begleitete mich bis zur Haustür meines Elternhauses. Obwohl ich sicher wie eine Landstreicherin aussah, stellte er überhaupt keine Fragen. Auch wenn das, was er tat, vielleicht nur eine kleine Geste war, berührte es mich tief.

Herr Semeyn klingelte, und die Tür ging auf. Meine Mutter brach in Tränen aus, als sie mich sah. Sie half mir dabei, die Schuhe auszuziehen, denn ich hatte meine Füße völlig wundgelaufen; sie waren wie rohes Fleisch. Ich kann nicht beschreiben, wie weh sie mir taten. Aber ich hatte es geschafft – endlich war ich zu Hause, wenn auch nur für ein paar Stunden.

Ich hatte ein paar Lebensmittel dabei, die Aalt und Alie mir für meine Eltern mitgegeben hatten: Mehl, Schinken und Milch. Es war ein wirklicher Segen, daß ich ihnen Essen vom Land bringen konnte, und sie waren so froh, mich wieder bei sich zu haben. Obwohl um uns herum der Krieg tobte und ich in diesem Haus nicht sicher war, war es doch unser aller Zuhause. Ich konnte immer noch nicht wirklich frei atmen, aber dieser kurze Besuch verschaffte mir doch etwas Erleichterung und verringerte für eine Weile die Spannung, unter der ich stand.

Am 8. Dezember 1944 führten die Nazis eine Razzia im Haus von Dries Klooster durch, einem sehr geachteten Mann aus Barneveld. Sie hatten einen Hinweis bekommen, daß sich alliierte Piloten bei ihm aufhielten. Dries hatte wie viele in seinem Haus ein Versteck eingerichtet, in das man bei einer Razzia flüchten konnte. Mich hatte er zusammen mit mehreren abgeschossenen Piloten dort versteckt, aber wir waren schon wieder weg, als die Gestapo kam. Dries selbst kletterte in das Versteck und konnte ihr dadurch entkommen.

Statt dessen ging ihr Ab van Meerveld ins Netz. Ab hielt sich an diesem Tag eher zufällig bei den Kloosters auf, und als die Gestapo-Leute kamen, nahmen sie ihn fest. Sie waren sehr erfreut, daß sie Ab gefaßt hatten, denn er stand als »der Mann mit der Lederjacke« ganz oben auf ihrer Fahndungsliste. Ab war Heins bester Freund und der Co-Leiter der Gruppe HEIN. Er und seine Frau Riek gehörten zu unseren engsten Freunden. Bei den van Meervelds hatten Hein und ich unsere letzte gemeinsame Mahlzeit eingenommen. Abs Verhaftung traf mich nicht völlig unerwartet, denn wir mußten täglich damit rechnen, von den Nazis gefaßt zu werden. Aber der plötzliche Verlust eines so wichtigen Mitarbeiters war für unsere Gruppe schwer zu verkraften, und der menschliche Verlust und Rieks Kummer waren unvorstellbar.

Zu Beginn des Krieges hatten wir alle gedacht, daß die Besatzung nicht lange dauern könnte, aber wir hatten uns getäuscht; lange schien sie kein Ende zu nehmen. Ende 1944 begann jedoch alles darauf hinzudeuten, daß die militärische Übermacht der Deutschen, die ein paar Jahre zuvor noch so beeindruckend gewesen war, mehr und mehr abbröckelte. Abs Verhaftung war sehr schmerzlich, und doch gab die wachsende Gewißheit, daß wir bald wieder frei sein würden, uns Grund zu der Hoffnung, daß Ab und auch Hein bald wieder nach Hause kommen würden. Trotzdem fehlten sie uns sehr.

Ende Dezember konnte ich wieder nach Den Haag kommen, und den Silvesterabend verbrachte ich mit meinen Eltern. Als es zwölf Uhr schlug, saß ich in meinem Zimmer; wir waren früh zu Bett gegangen und hatten unsere Wecker auf kurz vor Mitternacht gestellt, um wach zu sein, wenn das neue Jahr begann. Mir war nicht zum Feiern zumute, ich wollte über einiges nachdenken. Ich nahm mir ein Blatt meines Lieblings-Briefpapiers. Es war verbotenes Briefpapier; auf dem Briefkopf befand sich ein Porträt von Wilhelm von Oranien und ein kleines Gedicht:

> Wij heffen hart en handen
> voor 't heil der Nederlanden;
> tot doodsbeproefde trouwe
> Wilhelmus van Nassaue
> en zweren vast den eed
> met u te staan gereed.

(Wir erheben Herz und Hand zum Heil der Niederlande. Als Zeichen unserer Treue bis in den Tod schwören wir Euch, Wilhelm von Nassau, unter Eid, mit Euch bereitzustehen.)

Ich schrieb einen Brief an Hein, obwohl ich nicht wußte, wo er sich aufhielt, und keine Möglichkeit hatte, ihm den Brief zu schicken.

31. Dezember 1944, abends um 11 Uhr

Mijn lieve jongen,

wir haben uns entschlossen, den Jahreswechsel zu »feiern«; darum sind wir alle schon um sechs ins Bett gegangen und jetzt gerade wieder aufgestanden. Leider können wir beide nicht zusammen sein, und deshalb will ich Dir schreiben; das ist für mich fast so, als ob wir miteinander reden würden. Manchmal denke ich, daß du Dich durch all das, was Du erlebt hast, bestimmt sehr verändert hast. Wenn ich von mir selbst ausgehe, dann bin ich ganz sicher, daß auch Du Dich verändert hast. Ich habe das Gefühl, daß Du es im Gefängnis viel schwerer hast, als ich es hatte.

Es klingt vielleicht idiotisch, aber manchmal sehne ich mich wieder nach der Zeit zurück, als ich im Gefängnis war.

Warum? Ich kann es eigentlich nicht sagen. Vielleicht fühlte ich mich dort trotz allem sicherer und näher bei Gott. In der letzten Zeit habe ich dagegen das Gefühl, daß ich gegen alles nicht mehr richtig ankomme.

Manche Leute haben mir gesagt, daß ich anders geworden sei, härter. Bert meinte, ich hätte keine Zeit mehr für sie. Und dabei müßte die Arbeit eigentlich noch ausgeweitet werden – es wäre noch viel mehr zu tun. Ich weiß, daß Du diese Dinge tun würdest und daß Du von mir dasselbe erwartest. Aber wie soll ich das alles schaffen, jetzt, da Ab weg ist und ich so wenig Zeit habe?

Und dann hier in Den Haag. Du hast die Arbeit von Klaassen immer so wichtig gefunden. Wenn Bob weggeht, kann Tilly dann seine Aufgaben übernehmen? Und wenn ich hierbleibe, wie soll es dann in der Veluwe weitergehen? Ich kann unmöglich hierbleiben.

Wenn ich ehrlich bin, würde ich am liebsten etwas ganz anderes machen – zum Beispiel Jantje und Piet helfen. [Jantje half alliierten Piloten, die über Arnheim abgeschossen worden waren, zurückzukehren.]

Liebling, wie schwer muß es für Dich sein, daß Du jetzt gar nichts mehr tun kannst. Du hättest so gern mitgemacht bei all der zusätzlichen Arbeit, die wir jetzt haben.

Wo bist Du jetzt? Schläfst du gerade, oder bist Du wach? Bist Du in Gedanken bei mir? Bist Du gesund? Sind Deine Schuhe noch ganz, oder mußt Du mit nassen Füßen herumlaufen? Frierst Du sehr, und mußt Du hungern? Bestimmt hast Du jetzt dauernd Husten. Kannst Du noch durchhalten, mijn jongen?

Durch Deinen letzten Brief und mein Gespräch mit Adriaan (der im KZ Amersfoort mit Hein gesprochen hatte) habe ich den Eindruck bekommen, daß Du Dich verändert hast. Ich habe solche Angst, daß du den Mut verlierst. Du warst immer ein so tatkräftiger Mensch, und ich glaube, als Du erfahren hast, daß ich verhaftet worden war, war das für Dich schlimmer als für mich selbst. Für mich war der Gedanke, daß ich jetzt dasselbe erleben und durchmachen würde wie Du, eigentlich ein Trost.

Du hattest wohl keine Chance, in die Veluwe zu fliehen, wo Du Dich so gut auskennst? Vor uns beiden liegen solche Berge von Problemen. So viele körperliche und vielleicht auch geistliche Gefahren, die Dich bedrohen.

Oft habe ich das Gefühl, daß ich keinen Schritt mehr weiterkann. Dann denke ich: »Herr, du legst uns nicht mehr auf, als wir tragen können, aber jetzt kann ich einfach nicht mehr!« Manchmal habe ich wirklich das Gefühl, daß ich einfach nicht mehr weitermachen kann, daß ich den Verstand verliere, aber Gott sei Dank ist es nicht so weit gekommen, und ich glaube auch nicht, daß es so weit kommen wird. Aber all das, was geschehen ist, hat Narben hinterlassen.

Es ist, als würde ich unaufhörlich vorangetrieben.

Innerlich tut mir alles weh, und ich sehne mich danach, mit jemandem zu reden, der mich versteht. Darum laufe ich trotz der vielen Arbeit, die ich zu tun habe, ständig von einem zum anderen. Und doch fühle ich mich überall so fremd. Alle haben jetzt genug mit ihren eigenen Problemen zu tun und haben keinen Raum und keine Zeit für andere Menschen mehr. Es sieht so aus, als könnte ich mit all meinen alten Freunden nur noch oberflächliche Gespräche führen. Aber ich bin ihnen nicht böse. Ich habe so oft versucht, mit ihnen über das zu reden, was mir wirklich wichtig ist, aber vielleicht war es besser, daß es nicht dazu kam – wahrscheinlich hätten sie mich sowieso nicht verstanden. Außerdem weiß ich ja, zu wem ich gehen kann mit meiner Not. Warum sollte ich zu Menschen gehen, wenn ich zu demjenigen gehen kann, der sagt: »Kommet her zu mir alle, die ihr mühselig und beladen seid; ich will euch erquicken.«

Mühselig und beladen – genau das bin ich. Beladen mit Egoismus, beladen mit Stolz (oft halte ich mich für besser als die anderen, und dabei sollen wir doch die anderen höher achten als uns selbst), beladen mit all meinen Sünden.

Und als ich gestern abend ins Bett ging und über all das nachdachte und es vor Gott bringen wollte, konnte ich nichts davon in Worte fassen. Ich dachte: Ich werde Ihm alles sagen, gerade so, als stünde Er direkt neben meinem Bett, denn so ist es ja auch. Aber ich wußte nicht, womit ich anfangen sollte. Und dann – Er wußte ja sowieso schon alles.

Ja, mein Liebling, Gott sei Dank wissen wir alle beide, zu wem wir mit unseren Sorgen gehen können. Aber ich bin ein Mensch, und es würde mir so guttun, auch einmal mit einem anderen Menschen über all das reden zu können.

Es tut mir so gut, wenn ich unsere Freunde über Dich reden höre. Ach mein Liebster, ich war so todunglücklich, und es war so ein Chaos in meinem Innersten, daß ich mir den Luxus erlaubt habe, mich einmal richtig auszuweinen. Und vorhin, als Mutter mich wecken kam, damit ich den Jahreswechsel nicht verschlafe, wollte ich Gott zuerst bitten, aber ich konnte nur danken – für all das, was Er uns in diesem Jahr geschenkt hat. Für Seine wunderbaren Wege mit uns, auch wenn wir jetzt noch nicht alles verstehen. Für Seine große Liebe – Er hilft uns, all unsere Enttäuschungen und unseren Kummer zu ertragen, so daß all diese Dinge sich in Segen verwandeln, dafür, daß wir Seine Nähe spüren und unser Kreuz fröhlich tragen können. Und dafür, daß wir wissen und erleben können, daß Seine Kraft in den Schwachen mächtig ist.

12 Uhr Mitternacht – bei Kerzenlicht.

Auch Mutter hat mit uns gedankt.

Mein Liebster, der Herr bewahre Dich; Er sei der Schatten über Deiner rechten Hand.

Der Herr lasse Sein Angesicht über Dir leuchten und sei Dir gnädig. Der Herr erhebe Sein Angesicht über Dich und gebe Dir Frieden.

Der Herr wird Dich bewahren, daß Du Deinen Fuß nicht an einen Stein stoßest; er wird Deine Seele bewahren.

Hein, Liebster, könnte es besser sein? Ich gebe Dich mit Leib und Seele in Seine Hand.

Was können Hunger, Kälte oder irgend etwas anderes Dir antun?

Nichts kann Dich scheiden von der Liebe Gottes, die in Christus Jesus ist, unserem Herrn.

Er wird Dich und mich nach Seinem Rat leiten und uns endlich mit Ehren aufnehmen.

Ich klammere mich an all diese Verheißungen.

Du stehst unter dem Schutz des Allerhöchsten; unter dem

Schatten Seiner Flügel hast Du Zuflucht, bis daß das Unglück vorübergehe.

Er begehrt mein, sagt der Herr, so will ich ihm aushelfen; er kennt meinen Namen, darum will ich ihn schützen. Ich will ihn sättigen mit langem Leben und will ihm mein Heil zeigen.

Und er heißt Wunderbar, Rat, Kraft, Held, Ewig-Vater, Friedefürst, Immanuel. Das ist unser Gott!

Liebster, sind wir nicht Königskinder? Sind wir nicht steinreich? Noblesse oblige!

Wie wird es nächstes Jahr um diese Zeit sein? Werden wir dann wieder beisammen sein?

Liebster, eines Tages wirst Du all das lesen können, was ich geschrieben habe, und Du wirst mir all Deine Gedanken mitteilen, und wir werden Ihm gemeinsam danken. Es hat mich erleichtert, meine Gedanken aufzuschreiben und einfach alles, was mich bewegt, aus mir herausfließen zu lassen. Es geht mir jetzt besser, und ich bin voller Zuversicht und Vertrauen, daß wir das, was in diesem neuen Jahr auf uns zukommt, mit Gottes Hilfe bewältigen werden. Ich bete, daß wir im neuen Jahr wieder zusammenkommen.

Liebster, wie groß war Deine Liebe zu mir, und wie egoistisch ist doch meine Liebe zu Dir.

aus Diet Emans Tagebuch

Zum letzten Mal über die IJssel

Im Februar 1945 mußte ich von Nijkerk nach Ermelo laufen, wo wir ein älteres jüdisches Ehepaar zu versorgen hatten. Ich war längere Zeit nicht mehr dort gewesen und mußte ihnen neue Lebensmittelkarten bringen. Das Zimmer, in dem sie versteckt waren, befand sich auf der Rückseite des Hauses im zweiten Stockwerk. Als der alte Mann mich sah, kamen ihm die Tränen.

»Juffrouw, juffrouw«, sagte er, »wir werden noch verrückt hier! Wir sind die ganze Zeit in diesem Zimmer eingesperrt! Können Sie uns nicht irgendwo anders unterbringen, wo wir die Möglichkeit haben, ein bißchen draußen herumzulaufen?«

Ich sagte ihm, daß das zwar an sich keine einfache Sache sei, daß ich jedoch ein Ehepaar in Hulshorst kenne, das unbedingt umziehen wolle. Der Mann war ein führender Amsterdamer Rabbiner, Rabbi Tal. Er und seine Frau waren entsetzt über das, was in dem Haus vorging, in dem sie untergebracht waren: Die Hausbesitzerin hatte eine Affäre mit einem Juden, der wesentlich jünger war als sie. Rabbi Tal und seine Frau waren strenggläubige orthodoxe Juden und hatten sich nachdrücklich bei mir beschwert: Sie könnten nicht länger guten Gewissens in einem Haus wohnen, in dem so eine große Sünde geschehe.

Natürlich konnten wir nicht von einem Tag zum anderen eine neue Bleibe für sie finden, aber als dieser ältere Jude in Ermelo mir sein Leid klagte, erinnerte ich mich daran, daß Rabbi Tal gesagt hatte, es mache ihm nichts aus, wenn er in ein winziges Zimmer gesperrt würde, er wolle nur so schnell wie möglich aus diesem Haus heraus. Ich dachte, daß die beiden Ehepaare vielleicht einfach tauschen könnten, und sagte dem Mann in Ermelo, daß ich mein Möglichstes tun wolle.

Ich ging zu Fuß nach Hulshorst und bot dem Rabbi und seiner Frau an, nach Ermelo in das kleine Zimmer zu ziehen; sie waren sofort einverstanden.

Doch wie sollte der Umzug bewerkstelligt werden? Es gab keine Autos mehr, und es fuhren auch kaum noch Züge. Außerdem wäre es sowieso zu gefährlich gewesen, mit der Bahn zu fahren, da die Engländer immer wieder Züge bombardierten. Die Eigentümerin des Hauses, in dem der Rabbi wohnte, sagte mir, der Bäcker von Hulshorst sei ein Mann, dem man trauen könne. Sie dachte, er könne uns vielleicht helfen, da er ein Pferd und einen Wagen besaß. Also ging ich zu ihm und sagte ihm, wer mich geschickt habe, damit er wußte, daß ich keine Spionin war. Aber auch nachdem ich längere Zeit mit ihm geredet hatte, schien er mir noch nicht hundertprozentig zu trauen.

»Dürfen wir Ihren Pferdewagen benutzen?« fragte ich. »Wir bezahlen Sie dafür – es soll nicht Ihr Schaden sein . . .« Ich versuchte wirklich alles.

Aber es war gefährlich, mit dem Pferdewagen irgendwo hinzufahren. Inzwischen wurde auf alles geschossen, was sich bewegte. Ich nahm es ihm nicht übel, daß er zögerte. Doch ich bettelte und bettelte, und schließlich gab er nach und versprach, am Montagnachmittag mit den beiden Ehepaaren umzuziehen.

Ich lief wieder zurück nach Ermelo. Es war Februar, und das Wetter war nicht gerade günstig für einen so weiten Weg – es war kalt und trübe, und außerdem schneite es. Trotzdem war ich glücklich, weil ich daran dachte, wie sehr die beiden Ehepaare sich über das, was ich erreicht hatte, freuen würden. Der Krieg konnte nicht mehr lange dauern, das alte Ehepaar würde sich für den Rest der Zeit in Hulshorst sehr wohl fühlen und endlich einmal spazierengehen können. Und der Rabbi und seine Frau würden glücklich darüber sein, aus diesem »sündigen Haus« herauszukommen.

Ich stellte mir vor, wie sehr der alte Mann in Ermelo sich freuen würde, wenn ich ihm mitteilte, daß ich den Umzug schon arrangiert hatte.

»Es ist alles schon geregelt«, sagte ich ihm, als ich ankam. »Am Montagnachmittag um fünf kommt ein Pferdewagen, und Sie und Ihre Frau müssen nur einsteigen und ...«

Er sah mich wütend an. »Was glauben Sie eigentlich, wer Sie sind? Sie sind noch so ein junges Küken, und Sie meinen, sie könnten über unser Leben bestimmen? Sie denken wohl, wir hätten da gar nichts mehr mitzureden! Was bilden Sie sich eigentlich ein?«

Ich war zu jung, um in Betracht zu ziehen, daß das, was ich hier erlebte, wahrscheinlich eine Art seelischer Zusammenbruch war. Ich war in diesem Moment selbst so erschöpft, ich war so weit gelaufen, ich hatte so viel überlegt, geplant und verhandelt. Ich dachte nicht an seine Not, wie schwer es für ihn und seine Frau gewesen sein mußte, all die Jahre in diesem kleinen Zimmer eingesperrt zu sein. Mir kam das zweite Buch Mose in den Sinn – wie das Volk Israel immer und immer wieder gemurrt hatte. Und auf einmal hatte ich genug von diesem Gejammere. Ich war an diesem Tag bei schrecklichem Wetter viele Kilometer gelaufen, um diesen Menschen zu helfen, und jetzt, völlig erschöpft, mußte ich mir sagen lassen, daß sie wütend auf mich seien, weil ich schon alles geregelt hatte?

»Verdammt noch mal!« sagte ich. »Sie gehen!« Ich weiß, ich hätte dieses Wort nicht sagen sollen, aber ich konnte es nicht ändern. Ich war einfach explodiert.

»Sie können mich nicht dazu zwingen«, sagte er. »Ich gehe nicht. Probieren Sie doch mal, mich mit Gewalt in diesen Wagen zu kriegen.«

Ich schlug mit der Faust auf den Tisch. »Und ob Sie gehen!«

»Ach, wirklich?« meinte er.

Und dann sagte ich etwas, auf das ich nicht besonders stolz bin. Ich fragte ihn, ob er die Zeitung gelesen habe. Ein paar Tage vorher war ein Artikel erschienen, in dem stand, daß im Wald in der Nähe von Ermelo ein jüdisches Ehepaar ohne Papiere aufgegriffen worden sei – sie wurden auf der Stelle erschossen.

»Erinnern Sie sich an diesen Artikel?« fragte ich. »Wenn Sie nicht in diesen Wagen einsteigen, dann wird bald wieder so ein Artikel in der Zeitung stehen.«

Mit diesen Worten drehte ich mich um und ging wütend weg. Auf dem Weg hierher hatte ich mich so gefreut. Es war gemein, was ich gesagt hatte, aber ich wußte mir nicht anders zu helfen.

Als ich am Abend wieder bei Aalt und Alie war, traf ich dort einen Mann, der Wim hieß und ein Mitglied der *knokploeg* war. Er hatte einen Revolver.

»Wim«, fragte ich ihn, »hast du am Montag schon was vor?«

»Nein«, meinte er. »Kann ich irgendwas für dich tun?«

»Würdest du gegen fünf Uhr zu dieser Adresse nach Ermelo gehen und deinen Revolver auf den Tisch legen? Du mußt überhaupt nichts sagen, nur ein bißchen mit dem Revolver spielen. Dann kannst du ein Ehepaar in einen Wagen rennen sehen.«

Und genau so geschah es.

Wenn Du zurückkommst, wirst Du mich kaum noch wiedererkennen, Liebster. Ich bin hart geworden wie Stein, und die ganze Sache hängt mir zum Hals heraus. Ich schäme mich, daß das so ist, und ich frage mich, ob Du mich wohl verstehst oder ob Du mir böse bist deswegen. Vielleicht könnte ich besser damit fertig werden, wenn Du da wärst. Aber jetzt muß ich alle Kämpfe allein ausfechten, und das ist einfach zu schwer für mich.

Bist Du enttäuscht von mir? O Gott, ich sehne mich verzweifelt danach, daß dieser Krieg endlich vorbei ist – aber was kommt danach? Ich glaube, die Zeit, die dann noch vergehen wird, bis ich wieder von Dir höre, wird die schwerste meines Lebens sein.

Ich weiß nicht, wie ich das durchstehen soll.

nie abgeschickter Brief von Diet Eman an Hein Sietsma

Eines Tages gaben die Deutschen bekannt, daß alle Brücken über die IJssel, gesperrt werden sollten. Das bedeutete natürlich, daß der Fluß zu einer Art Eisernem Vorhang werden würde. Wir hatten so viele Juden bei Familien in Friesland, also auf der anderen Seite der IJssel untergebracht, daß die Schließung der Brücken für uns ein enormes Problem darstellte. Unsere Männer erklärten mir, daß ich vorher unbedingt noch einmal auf die andere Seite hinübermüsse.

»Diet«, sagten sie, »du mußt noch einmal hingehen, ihnen so viele Lebensmittelkarten wie möglich geben und ihnen sagen, wie sie sich verhalten sollen.«

Mit dem Rad brauchte man von Watergoor über den Fluß nach Friesland normalerweise einen Tag. Aber während des Krieges brauchte ich länger dazu, weil ich die meiste Zeit zu Fuß gehen mußte. Für diese letzte, plötzlich notwendig gewordene Reise hatte ich genau drei Tage Zeit - einen Tag für den Hinweg, einen Tag für meine Erledigungen und einen Tag für den Rückweg. Dann sollten auf der gesamten Länge des Flusses die Brücken gesperrt werden.

Ich hatte zwei Möglichkeiten: Ich konnte entweder die Straßen im Hinterland benutzen (das war der sicherere, aber auch der weitere Weg) oder den Weg nehmen, der über den Deich führte. So würde ich zwar schneller vorwärtskommen, aber es war auch gefährlicher. Da ich nur so wenig Zeit hatte, entschied ich mich für die zweite Möglichkeit. Ich kam bei Zwarte Water an die IJssel, an einem Punkt, wo sie ziemlich breit war. Ich blieb oberhalb des Flusses stehen, um zu beobachten, was auf der anderen Seite vor sich ging. Drüben war Sperrgebiet, und wenn man dort hineinwollte, brauchte man eine besondere Erlaubnis. Eine Fähre mit fünfzig oder sechzig Passagieren überquerte gerade den Fluß. Es regnete. Der Wasserspiegel des Flusses war ziemlich niedrig, und man mußte vom Land aus über eine hölzerne Plattform zum Landungssteg am Flußufer hinabgehen.

Ich sah zu, wie die Passagiere den Fluß überquerten, von der Fähre gingen und dann die gerade Straße am gegenüberliegenden Ufer hochliefen. Etwas weiter oberhalb stand an der Straße ein Wachhäuschen, das mit einem einzigen Soldaten besetzt war. Er hatte Schutz vor dem Regen gesucht und wartete drinnen auf die Leute, die von der Fähre heraufgelaufen kamen und deren Papiere er kontrollieren mußte. An der Stelle, wo das Wachhäuschen stand, gabelte sich die Straße, die vom Fluß hochkam, in zwei Richtungen: links ging es nach Norden und rechts nach Süden.

Fast das gesamte Gebiet um die Beulaker- und Belterwijde (einige Seen in der Nähe von Meppel) war Sperrgebiet. Nur die Menschen, die dort wohnten, durften hinein. Sie hatten alle eine Sondererlaubnis. Ich fragte eine Frau, wie ich so eine Erlaubnis bekommen könne, und sie antwortete, daß ich sie bei den Deutschen beantragen müsse. Ich wußte, daß sie mich mit Sicherheit ausführlich darüber befragen würden, warum ich diese Erlaubnis wollte, und daß sich das lange hinziehen konnte. Ich mußte jetzt gleich auf die andere Seite des Flusses in das Sperrgebiet – und das ging nicht auf legalem Wege. Ich begriff, daß wieder einmal mein Leben auf dem Spiel stand, und ich dachte: Ich habe die Verhaftung, das Verhör und so viele andere schwierige

Situationen durchgestanden, und wenn ich auch das hier schaffe, dann nur, weil der Herr will, daß ich da drüben seine Arbeit tue.

»Du weißt, Herr«, betete ich, »daß ich da rüber muß. Du weißt, daß die IJssel in zwei Tagen gesperrt wird, und ich muß auf die andere Seite. Ich habe keine Zeit, nach Zwolle zurückzugehen oder sonst irgendwas – ich muß jetzt da rüber.« Ich bat ihn, auf mich aufzupassen, und sagte ihm, daß er mich bewahren müsse, wenn ich es schaffen solle. Ich verlangte es regelrecht von ihm. Es war eines der Gebete, die ich eigentlich für respektlos halte.

Sobald die Fähre wieder auf unserer Seite angelegt hatte, ging ich mit meinem alten Rad darauf. Inzwischen waren fünfzig oder sechzig Leute zusammengekommen, die mitfahren wollten. Viele von ihnen hatten Fahrräder dabei. Ich ging absichtlich ganz nach vorn. Der deutsche Soldat war wieder in sein Wachhäuschen gegangen, um nicht im Regen zu stehen. Ich wußte, daß er uns nicht sofort sehen würde, wenn die Fähre am anderen Ufer war; er würde warten, bis die ganze Gruppe den Hügel zu ihm heraufgegangen war und an seinem Häuschen vorbeikam.

Ich war die erste, die ausstieg; niemand von den anderen hatte es so eilig wie ich. Ich schoß in solch einem Tempo den Hügel hinauf, daß alle anderen weit hinter mir zurückblieben. Der Soldat hatte in etwa abgeschätzt, wann wir bei ihm oben ankommen würden, und wartete solange in seinem Verschlag, um nicht unnötig im Regen zu stehen. Vielleicht sah er mich die Straße heraufkommen, aber er wollte wahrscheinlich nicht wegen einer einzelnen Person hinausgehen, sondern warten, bis die ganze Gruppe oben war.

Gott sei Dank war er allein. Ich trat mit ganzer Kraft in die Pedale und war schon fast an dem Häuschen vorbei, als er herauskam und »Halt, halt, halt!« brüllte. Ich bog nach links ab, Richtung Norden, wo die Seen lagen. Meine einzige Chance bestand darin, so schnell wie möglich das Wachhäuschen hinter mir zu lassen.

Ich weiß nicht genau, was dann geschah. Der Soldat hätte mich vielleicht erschießen können. Aber sechzig andere Personen kamen die Straße herauf, und er mußte eine schwierige Entscheidung treffen. Sollte er diese eine junge Frau verfolgen und dafür eine viel größere Gruppe von Leuten sich selbst überlassen, oder sollte er sich um diese Leute kümmern und mich entkommen lassen? Er war wahrscheinlich noch jung und hatte nicht viel Erfahrung; aber wenn ich ein Mann gewesen wäre, hätte er mich bestimmt kurzerhand erschossen. Ich fuhr, so schnell ich konnte, und rechnete die ganze Zeit damit, eine Kugel in den Rücken zu bekommen. Mir blieb nichts anderes übrig, als in die Pedale zu treten und zu hoffen, daß ich nicht im nächsten Moment erschossen wurde. Vorsichtshalber fuhr ich im Zickzack, damit er mich nicht so leicht treffen konnte, falls er schoß. Und wieder rettete mich der Herr.

Ich mußte unbedingt in dieses Gebiet, denn es war das letzte Mal vor der Befreiung, daß ich Lebensmittelkarten und Informationen bringen konnte, und der letzte Kontakt vor der Befreiung mit unseren Leuten in Friesland – und es gelang. Gott sorgte dafür, daß ich meinen Auftrag erfüllen konnte. Es war schwer, mit den Menschen auf der anderen Seite zu sprechen und zu wissen, daß wir uns erst nach der Befreiung wiedersehen würden. Aber wir hofften und glaubten, daß es bald soweit sein würde. Die Deutschen hatten die IJssel vermutlich gesperrt, weil sie wußten, daß ihre Niederlage bevorstand. Welcher Preis würde noch bezahlt werden müssen, um den Krieg zu beenden? Wer würde noch leiden müssen? Wer würde sterben?

Als ich erst einmal im Sperrgebiet war, wurde ich nicht mehr angehalten. Am nächsten Tag, nachdem ich alles erledigt hatte, konnte ich einen anderen Weg über offene Straßen nehmen, ohne daß es Schwierigkeiten gab.

Als ich am Nachmittag bei Zwolle die IJsselbrücke überqueren wollte, wartete dort eine endlose Schlange von Leuten. Alle wollten auf der holländischen Seite sein, wenn die Brücke geschlossen würde. Hunderte von Menschen nutzten diese letzte Chance, mit den Lebensmitteln, die sie östlich der IJssel gehamstert hatten, wieder zurück nach Hause zu kommen. Es kam mir vor, als ob ich eine Ewigkeit in dieser Schlange stehen müßte. Die Deutschen kontrollierten unsere Papiere und fragten uns, wo wir hinwollten. Meine Papiere waren in Ordnung; ich brauchte mir diesmal keine Sorgen zu machen.

Gleich nachdem ich aus Vught entlassen worden war, hatte ich wieder mit der Untergrundarbeit begonnen, ohne irgendeine Pause oder Erholung. Daß meine Gefangenschaft schwerwiegende Nachwirkungen hatte, sowohl in körperlicher als auch in seelischer Hinsicht, gestand ich mir nicht ein. Doch jetzt war ich am Ende meiner Kräfte.

Als ich dort auf der Brücke in der Schlange stand, betete ich wieder – ich bat Gott, mich aus der Untergrundarbeit herauszuholen. Ich konnte nicht mehr. Bei dieser Arbeit mußte man ständig damit rechnen, gefaßt und vielleicht getötet zu werden, möglicherweise zusammen mit anderen, die man liebte. Die damit verbundene innere Anspannung und Angst ließen nie nach, weder Tag noch Nacht.

Noch Jahre nach dem Krieg hatte ich immer wieder denselben Traum: Ich wurde von den Nazis verfolgt und rannte durch eine Straße in Den Haag oder eine Stadt, die ich nicht kannte. Ich sah sie so deutlich hinter mir herkommen, daß ich am ganzen Leib zitterte. Und dann geschah plötzlich ein Wunder: Ich bewegte meine Arme auf und ab, schneller und schneller, bis ich schließlich wie ein Vogel langsam davonflog. Ich schlug immer weiter mit den Armen und wurde ganz müde dabei. Als ich nicht mehr konnte, landete ich auf einem Balkon, um mich auszuruhen. Dann öffnete sich die Balkontür, und jedesmal kam irgend jemand mit einem Naziabzeichen heraus, und ich mußte weiterfliegen. Völlig erschöpft und mit schmerzenden Schultern wachte ich nach diesen Träumen auf.

In ständiger Angst zu leben, war fast das Schlimmste an der ganzen Untergrundarbeit. Man war nie und nirgends in Sicherheit. Das war der Grund, warum ich Gott auf dieser Brücke sagte, daß ich aufhören wolle. Ich wollte irgendwo hingehen, wo es still und friedlich war, wo ich mich einmal in Sicherheit fühlen konnte. Mir kamen die Tränen, wenn ich mir das nur vorstellte. Ich wollte irgendwo hingehen und einfach mal ein Buch lesen, weiter nichts. »Ich will nicht mehr, Gott«, sagte ich ihm. »Ich bin am Ende.«

Während ich an diesem Nachmittag mit dem Rad fuhr, hatte ich furchtbare Unterleibskrämpfe. Es war ein Gefühl, als ob ich Durchfall hätte. Es gab aber keine öffentlichen Toiletten, und die Straßen waren voller Leute, hauptsächlich Frauen, die auf der Suche nach Essen waren. Es war März, und die Büsche und Bäume an der Straße waren noch ganz kahl. Ich konnte nirgendwo hingehen, um mich zu erleichtern, und fühlte mich ganz elend. Ich hatte stundenlang an der Brücke gestanden und gewartet, und ich hatte so schlimme Krämpfe, daß ich nicht mehr abzusteigen wagte, als ich endlich wieder auf meinem Rad saß. Ich wußte, daß ein Unglück geschehen würde, wenn ich nicht bald nach Hause käme.

Ich wünschte mir nichts sehnlicher, als wieder bei Aalt und Alie zu sein, wo ich wenigstens für eine Nacht zur Ruhe kommen könnte. Ich fuhr mit einem alten, verrosteten Fahrrad, das Aalt wieder einmal für mich aufgetrieben hatte; ich weiß nicht, wie er das immer machte. Es war ein Herrenrad mit einer Stange, so daß man beim Auf- und Absteigen das Bein über den Sattel schwingen mußte. Ich war inzwischen schon in Nijkerk und fuhr über den *Brink*, eine Straße mit Kopfsteinpflaster; Watergoor konnte ich schon in der Ferne liegen sehen. Ich fühlte mich hundeelend, sowohl körperlich als auch seelisch. Ich mußte so dringend zur Toilette, aber ich wagte nicht, vom Rad abzusteigen.

Da trat plötzlich ein alter Mann vom Bürgersteig herunter und lief mir direkt vors Rad. Ich fuhr nicht schnell und lenkte sofort nach rechts, um ihm auszuweichen. Der Mann sah mich und begriff, daß er dabei war, in ein heranfahrendes Rad zu laufen, und anstatt weiterzugehen, machte er ein paar Schritte zurück. Also lenkte ich in die entgegengesetzte Richtung. In dem Moment ging er wieder nach vorn, und ich mußte anhalten und absteigen, um ihn nicht anzufahren.

Sobald ich abgestiegen war, passierte mir das befürchtete Mißgeschick – mitten in Nijkerk, so kurz vor meinem Ziel. Ich hatte schrecklichen Durchfall. Es war so ungefähr das Demütigendste, was ich mir vorstellen konnte. Den ganzen Nachmittag hatte ich diese schrecklichen Krämpfe gehabt und mit Mühe und Not durchgehalten, und nun war es doch passiert. Jetzt mußte ich auch noch mein Bein über die Stange schwingen, um abzusteigen. Da stand ich nun in aller Öffentlichkeit und fühlte mich hundserbärmlich. Ich mußte wieder auf das Fahrrad steigen und so, wie ich war, bis zum Hof weiterfahren. Ich war vierundzwanzig Jahre alt und am Ende meiner Kräfte. »Herr, warum hast du das zugelassen?« fragte ich. Ich war wütend auf Gott. Er war doch allmächtig – warum in aller Welt hatte er nicht wenigstens dafür gesorgt, daß dieser Mann mir nicht vors Rad lief?

Ich war traurig und enttäuscht; ich hatte überhaupt keine

Kraft mehr und fuhr nur noch ganz langsam. Plötzlich hörte ich einen Knacks, rutschte nach vorn und hielt den gesamten vorderen Teil des Rades in den Händen. Es war einfach mitten durchgebrochen, und an der Bruchstelle ragte ein spitzes Stück altes Eisen nach oben. Wenn ich schneller gefahren wäre, hätte ich schwer verletzt oder sogar getötet werden können. Ich wäre vornübergefallen, und das rostige Metall hätte sich tief in meine Brust gebohrt.

Ich glaube nicht, daß es Zufall war.

Das Rad war kaputt, und ich legte die zwei Teile an den Straßenrand und ging mit meiner schmutzigen Kleidung zu Fuß weiter. Es war inzwischen ganz dunkel geworden. Alie sagte mir später, daß sie ihren Augen nicht getraut habe, als sie mich sah. Ich muß ein einziges Häufchen Elend gewesen sein.

»Willie«, sagte Alie, »du siehst ja schrecklich aus!«

Das weiß ich, dachte ich.

»Komm, setz dich erst mal hin«, sagte sie.

Aber ich konnte mich nicht setzen. Also erzählte ich ihr, was passiert war. Dann brach ich zusammen; ich weinte und weinte. Ich konnte die Tränen einfach nicht mehr zurückhalten. Es ging mir wie an jenem Morgen, damals im KZ Vught: Es war, als sei ein Damm gebrochen, und ich konnte nicht mehr aufhören zu weinen. Ich sagte Aalt und Alie, daß ich genug von der ganzen Sache habe. Ich fror, ich war schmutzig, ich konnte nicht mehr. Ich wollte nur noch, daß der Krieg endlich vorbei wäre.

Alie beruhigte und tröstete mich. Das tat mir gut. Sie machte mir einen Eimer Wasser heiß, und diesmal durfte ich ganz allein baden. Es war herrlich. Als ich mit dem Bad fertig war und mir saubere Kleider angezogen hatte, fühlte ich mich schon viel besser. In dieser Nacht las ich in dem kleinen Andachtsbuch, das mir meine Eltern geschenkt hatten, als ich von zu Hause weggegangen war. Dieses Büchlein war für mich immer wie ein Stück von ihnen, und ich nahm es überallhin mit. Als ich es aufschlug, las ich die Worte: »Da nun Gideon an den Jordan kam, ging er hinüber mit den dreihundert Mann, die bei ihm waren; die waren müde und jagten nach« (Richter 8,4).

Ich hatte gesagt, daß ich aufhören wolle – aber trotz allem, was ich erlebt und empfunden hatte, trotz dieser Demütigung, der körperlichen Erschöpfung, der tiefen Verzweiflung – das war ein neuer Marschbefehl! Am nächsten Morgen setzte ich meinen Rucksack auf und machte mich wieder auf den Weg.

3. April 1945, zwei Uhr nachts

Lieber Hein,

wo bist Du? Hast Du jetzt nicht mehr die Möglichkeit, eine Nachricht herauszuschmuggeln und von Dir hören zu lassen? Heute habe ich mir richtig gewünscht, wieder eingesperrt zu werden, weil ich dachte, da drin ist es immer noch besser als hier draußen. Ich habe das alles so satt!

Riek hat mir gesagt, daß sie in der ersten Zeit nach Abs Verhaftung besser damit fertig wurde als jetzt. Je länger es dauert, desto schwerer wird es für sie. Wenn wir nur wüßten, daß Ihr beide wieder zurückkommt – alle beide –, dann könnten wir es leichter ertragen.

Das Schlimmste ist, daß ich mich so weit von Gott entfernt fühle. Es scheint überhaupt keine Verbindung mehr zu bestehen. Ich kann noch nicht einmal mehr beten, und das würde ich jetzt dringender brauchen als alles andere. Wenn ich doch nur irgend etwas von Dir hören würde. Ich habe solche Angst, daß Du nicht durchkommst, daß Du verhungerst. Du bist von so vielen Gefahren umgeben, aber selbst wenn ich mich so fern von Gott fühle, weiß ich eins – Er ist stärker als all diese Gefahren, und Er wird Dich behüten wie Seinen Augapfel. Wenn ich mich nicht daran festhalten könnte, würde ich verrückt.

Und was wäre mein Leben ohne Dich? Jetzt jage ich durch ganz Holland und weiß selbst nicht, woher ich die Kraft habe, all diese Dinge zu tun. Ich denke manchmal, vielleicht kommt diese Unruhe in mir daher, daß ich unbewußt nach Dir suche und suche und Dich doch nicht finden kann.

Manchmal fühle ich mich so hoffnungslos und allein, und dann denke ich, vielleicht habe ich Sehnsucht nach Zuhause. Dann versuche ich, nach Den Haag zu kommen und eine Nacht bei meinen Eltern zu bleiben – aber wenn ich schließlich dort bin, ist es fast noch schlimmer.

Bitte komm bald wieder, ich vermisse Dich so sehr. Ich weiß nicht mehr ein noch aus.

Ach, was bin ich doch für eine Egoistin. Wie geht es DIR? Und wie sehr mußt DU Dich danach sehnen, endlich frei zu sein . . .

O Gott, führe uns doch wieder zusammen.

aus Diet Emans Tagebuch

Die Befreiung

Bewohner einer niederländischen Stadt feiern die Befreiung

Familie Lozeman und die Flüchtlingsfamilie aus Arnheim kurz nach der Befreiung

Eines Sonntagnachmittags hatte ich all die Karten, die ich für Klein Jantje bearbeitete, vor mir auf dem Küchentisch ausgebreitet, um meine Beobachtungen einzutragen. Da auch Aalt und Alie nicht wissen durften, daß ich für den G.D.N. (Geheime Dienst Nederland) spionierte, konnte ich an diesen Karten nur arbeiten, wenn ich allein war. Alie war zum Abendgottesdienst gegangen, und Aalt, der immer schon früh aufstehen mußte, um zu melken, hatte einen Mittagsschlaf gehalten und machte nun einen Besuch bei Nachbarn. Onkel Ben und Tante Marie waren in ihrem Zimmer; Herr und Frau Engels, die Flüchtlinge aus Arnheim, hatten sich hingelegt, und Annie spielte mit ihrem Söhnchen in der *heerd*.

Die Karten waren sehr detailliert; es waren Eisenbahnschienen, Brücken, Bauernhöfe und sogar Bäume darauf eingezeichnet. Ich mußte alles, was ich herausgefunden hatte, genau eintragen, zum Beispiel Befestigungsanlagen, die die Deutschen errichtet hatten, oder Truppenbewegungen.

Aus irgendeinem Grund blickte ich während der Arbeit kurz auf und sah aus dem Fenster ... und vor lauter Schreck blieb mir fast das Herz stehen. Da, am Ende des langen Zufahrtsweges zum Hof, kamen zwei *landwachters*, holländische Nazis in grünen Uniformen – in meinen Augen damals das schlimmste Lumpenpack. Sie arbeiteten mit den Deutschen zusammen und überprüften, ob man ein Schwein oder ein Fahrrad besaß, das man nicht angegeben hatte. Alles wurde strengstens kontrolliert, und wenn sie irgend etwas fanden, wurde es konfisziert. Alle Bauern hatten damals irgendwo ein Schwein versteckt, und wenn man noch ein gutes Fahrrad hatte, versteckte man es auch; wenn man es benutzt hätte, hätten sie es einem sowieso gleich weggenommen. Und nun, an diesem Sonntagnachmittag, kamen sie zu uns, um unseren Hof zu inspizieren.

Sie fuhren mit dem Rad, und da der Zufahrtsweg zum Hof lang war, hatte ich ein bißchen Zeit. So schnell ich konnte, raffte ich die Karten zusammen und steckte sie hinter einen Spiegel im *heerd*, hinter dem bereits das verbotene Radio versteckt war. »Annie«, schrie ich, »schick sofort die Juden in ihr Versteck! Sag ihnen, daß es diesmal ernst ist! Sie dürfen da unten keinen Ton von sich geben!«

Aalt und Alie hatten Butter und andere Dinge, die verboten waren, und ich versuchte, soviel wie möglich davon verschwinden zu lassen. Dann rannte ich nach draußen, um die Kollaborateure abzufangen. Ich wollte sie wenigstens so lange aufhalten, bis Annie genug Zeit gehabt hatte, um Onkel Ben und Tante Marie zu verstecken.

Annie arbeitete nicht im Widerstand, und ich wußte nicht, wie sie sich in Gefahr verhalten würde. Ich war sehr aufgeregt, aber ich ließ mir nichts anmerken und sagte: »Guten Tag, kann ich Ihnen irgendwie helfen?«

»Wem gehört dieser Hof?« wollten sie wissen.

»Aalt Lozeman«, sagte ich.

»Wo ist er?«

Ich sagte ihnen, daß er zu einem Nachbarn gegangen sei.

»Wir wollen uns mal ein bißchen hier umschauen.«

»Ich bin nur das Dienstmädchen. Wenn sie einen Augenblick warten, gehe ich ihn holen.«

»Nein, wir wollen den Hof jetzt sehen.«

»Aber er ist doch nicht da . . .«

»Das ist uns egal«, sagten sie.

Gott sei Dank gingen sie nicht zuerst ins Haus, sondern in die Scheune. So blieb Annie mehr Zeit. Aber ich wollte die Männer im Auge behalten und konnte deshalb nicht ins Haus gehen, um nachzusehen, ob alles verschwunden war, was die Juden verraten hätte. Alle Spuren von Onkel Bens Arbeit mußten beseitigt werden ...

Ich versuchte sie solange wie möglich aufzuhalten und in die Irre zu führen, aber sie fanden ein Schwein und zwei Fahrräder, die Aalt nicht besitzen durfte. Das machte sie sehr wütend.

»Wir wollen das Haus sehen!« riefen sie und stürmten hinein.

»Ich finde es schrecklich, daß Sie das machen, obwohl Aalt nicht da ist«, sagte ich. »Ich bin hier nur das Dienstmädchen, und ich gehe nie in ihr Schlafzimmer oder andere private Räume. Es ist schließlich ihr Haus.«

Sie ließen sich davon natürlich nicht aufhalten. Als erstes fanden sie das Faß mit der Butter – auch etwas, das man nicht haben durfte. Sie gingen in die *heerd*, wo Annie mit ihrem Kind war, und dann in das Zimmer der Juden. Annie hatte es noch geschafft, Onkel Ben und Tante Marie in dem Loch unter dem Fußboden zu verstecken. Die *landwachters* trugen schwere Stiefel, und ich hoffte, daß die Juden die lauten Tritte hören und begreifen würden, daß das Ganze keine Übung war. Ich hoffte, daß Marie nicht so wie sonst rufen würde: »Kann ich jetzt wieder rauskommen?« und daß Annie ihnen klargemacht hatte, daß es diesmal bitterer Ernst war.

Ich sagte den Männern, daß in diesem und dem benachbarten Zimmer die sieben Leute aus Arnheim lebten, die wir aufgenommen hatten, und sie glaubten es. Sie sahen auch nicht hinter den Spiegel und fanden weder das Radio noch die Karten. Sie gingen zurück in die Küche, in Aalts und Alies Schlafzimmer und in den Keller, wo wir Käse und andere Sachen aufbewahrten, die kühl gelagert werden mußten.

Nachdem sie alles angesehen hatten, kamen sie zurück in die Küche. Sie setzten sich hin und schrieben ein Protokoll. In diesem Moment kam Aalt zurück. Als er die *landwachters* sah, wurde er kreidebleich. Er hatte keine Ahnung, was passiert war, und wußte weder, was sie gefunden hatten, noch, ob die Juden in Sicherheit waren. Also stellte ich mich hinter die Männer und gab Aalt ein Zeichen, daß alles in Ordnung war.

»Wir haben neue Fahrräder gefunden«, sagte der eine von ihnen vorwurfsvoll.

»Ja, ja, heutzutage räumt jeder seine Räder aus dem Weg«, erwiderte Aalt.

»Wir haben ein Schwein gefunden, das Sie versteckt haben«, sagte der andere.

Nun, auch das war etwas, das jeder Bauer machte. Für die Fahrräder, das Schwein und die Butter mußte Aalt ein Bußgeld zahlen.

Wahrscheinlich waren sie überzeugt, gute Arbeit geleistet zu haben, und sehr zufrieden mit sich: ein Schwein, Butter und neue Fahrräder. Nur das, was wirklich wichtig war und uns in die allergrößte Gefahr gebracht hätte, war ihnen entgangen.

Als sie gegangen waren, erzählte ich Alie, die gerade vom Gottesdienst zurückkam, und Aalt, was geschehen war. Und dann verselbständigte sich mein Körper, so wie schon einige Male zuvor, und reagierte auf seine Art auf die furchtbare Angst, die ich gerade durchgestanden hatte. Ich mußte mich übergeben, immer und immer wieder. Ich hatte überhaupt keine Kontrolle darüber. Diesmal waren wir nur um Haaresbreite entkommen. Ich hatte mir immer wieder einzureden versucht, daß ich all dem Druck gewachsen sei, aber manchmal streikte mein Körper einfach, weil ich mit dem, was ich erlebte, nicht mehr fertig wurde.

Wenn ich an diesem Nachmittag nicht meine Arbeit unter brochen und aus dem Fenster geschaut hätte – und ich weiß bis heute nicht, warum ich das tat –, dann hätte ich die Kollaborateure nicht kommen sehen. Sie hätten auf einmal in der Tür gestanden, und wer weiß, was dann aus Onkel Ben, Tante Marie und meinen Karten geworden wäre. Vielleicht hätten sie uns alle verhaftet – und einige von uns erschossen.

Das geschah im April 1945. Etwa zu demselben Zeitpunkt kam die Gestapo noch einmal zu Dries Kloosters Haus in Barneveld, wo sie im Dezember Ab van Meerveld verhaftet hatten. Sie wußten, daß er abgeschossenen Piloten half. Ich hatte selbst eine Zeitlang in dem Haus gelebt, und zwar direkt nach meiner Entlassung aus Vught und bevor ich wieder zu den Lozemans nach Watergoor gezogen war. Auch danach hatte ich die Familie Klooster noch einige Male besucht. Dries hatte sieben Kinder, und diese Kinder wußten alles, was in dem Haus vorging. Ich war immer der Ansicht gewesen, daß das gefährlich sei. Es machte den Kindern Spaß, mit den Piloten zu spielen, und sie hatten ein bißchen Englisch von ihnen gelernt. Allein schon aus der Tatsache, daß sie ein paar Brocken Englisch sprachen, konnte natürlich jeder schließen, daß sie Kontakt mit Alliierten hatten.

Seit die Gestapo das erste Mal zum Haus der Kloosters gekommen war, hatte ich nicht mehr dort hingehen können; auch Piloten konnten dort nicht mehr versteckt gehalten werden. Selbst Dries wohnte nicht mehr zu Hause; er war untergetaucht. Wir wußten, daß es nur noch ein paar Wochen dauern konnte, bis der Krieg zu Ende wäre. Aber als die Gestapo-Leute diesmal kamen und Dries nicht fanden, nahmen sie seine Frau Jo mit. Das machten sie oft so, weil die meisten Männer dann zurückkamen, um ihre Frauen zu retten. Da es in Barneveld kein Gefängnis gab, in das sie Jo Klooster stecken konnten, brachten sie sie nach Apeldoorn in die »Willem III-Kaserne«, aus der sie ein Gestapo-Gefängnis gemacht hatten. Das bedeutete natürlich, daß die sieben Kinder sich selbst überlassen waren. Ich fand, daß es meine Aufgabe sei, die Kinder zu betreuen, und zog nach Barneveld; ich war ja vorher schon eine Zeitlang dort gewesen, und sie kannten mich.

Wir benachrichtigten Dries, daß seine Frau festgenommen worden sei. Die Gestapo rechnete damit, daß er sich freiwillig stellen würde, aber wir rieten ihm ab. »Tu es nicht – nicht jetzt, wo die Befreiung so kurz bevorsteht.« Es war schwer für Dries zu wissen, daß Jo in den Händen der Gestapo war und daß er nichts tun konnte. Er hielt sich in Driedorp versteckt, ganz in der Nähe von Nijkerk. Zu diesem Zeitpunkt rückten die Kanadier immer näher, und das ganze Gebiet wurde laufend beschossen. Der Bauernhof, auf dem Dries sich versteckt hielt, wurde von einer Granate getroffen und beschädigt, und Dries wurde getötet – als einziger von allen, die auf dem Hof lebten.

Ich kann nicht beschreiben, wie schrecklich sein Tod für mich und für uns alle war. Während der Besatzungszeit waren so viele Menschen getötet worden – Hunderte und Aberhunderte. Aber Dries' Tod kam uns nach all dem, was wir durchgemacht hatten, und so kurz vor der Befreiung noch schrecklicher, sinnloser und unnötiger vor als der Tod so vieler anderer Menschen, die ihr Leben für eine gute Sache gegeben hatten.

Warum, Herr? fragte ich, wie alle anderen auch. Er war ein Vater von sieben Kindern, und er hatte während des Krieges soviel Gutes getan. Warum mußte er kurz vor Kriegsende noch sterben? Und noch dazu durch eine Granate unserer Freunde?

Ich war dabei, als die Kinder von ihrem Pastor erfuhren, daß ihr Vater tot sei. Wir waren verzweifelt. Am 17. April schickte der Untergrund über das Rote Kreuz eine Nachricht an den Direktor des Gestapo-Gefängnisses in Apeldoorn mit der Bitte, Jo Klooster zu entlassen, weil ihr Mann tot sei. Die Deutschen ließen sie gehen. Sie wußten, daß ihre Tage als Besatzungsmacht gezählt waren.

Nach Dries' Begräbnis und der Rückkehr seiner Frau zog ich wieder zu Aalt und Alie nach Watergoor. Die Alliierten kamen immer näher, und je näher sie kamen, desto mehr gerieten wir in die Reichweite ihrer Geschütze. Schließlich lagen wir unter direktem Beschuß, und drei Tage und drei Nächte lang blieben wir alle im Haus und hörten, wie um uns herum die Granaten einschlugen. Wir konnten jede einzelne verfolgen, vom Heransausen bis zum Einschlag. Wir wußten nie, wo sie einschlagen würden, aber wenn wir den Aufprall hörten, wußten wir, daß wir zumindest diesmal nicht getroffen worden waren. Drei Tage und drei Nächte verbrachten wir so – vom 17. bis zum 20. April.

19. April 1945

Heute ist alles wieder ruhig. Überall Stacheldraht. Jilt [Heins Vater] mußte auf seinem Heimweg hier [an Watergoor] vorbei, weil die Alliierten 2 km vor Nijkerk stehen. Auf dem Holkerweg alle 50 Meter Artillerie. Kaum noch Flugzeuge und nur wenig Granatfeuer, nur heute nachmittag Maschinengewehre ziemlich in der Nähe und einige Gewehrschüsse.

Morgen sollen sie hier sein. Wageningen und Ede sind schon befreit. Wie lange wird es noch dauern, bis ganz Holland frei ist? Vater und Mutter sind sicher in Gedanken bei uns.

Und Du, Hein, bist Du frei? Sie sind 25 Kilometer vor Hamburg, und Bremen ist eingekreist. Viele Gefangene sind befreit worden. Aber wo bist Du? Als ich hörte, welche Zustände in Buchenwald herrschen, überlief mich ein kalter Schauer. Aber Psalm 91 gilt auch für uns: »Er begehrt mein, so will ich ihm aushelfen, er kennt meinen Namen, darum will ich ihn schützen. Ob tausend fallen zu deiner Seite und zehntausend zu deiner Rechten, so wird es doch dich nicht treffen.«

Mijn jongen, wie glücklich werden wir sein.

aus Diet Emans Tagebuch

Wir befanden uns immer noch in besetztem Gebiet, auch wenn das Ende zum Greifen nahe schien. Wir wurden durch heftige Kämpfe befreit, und wir befanden uns zufälligerweise mitten auf dem Schlachtfeld.

Immer noch waren wir von Deutschen umgeben, aber nach dem Plan der Alliierten sollte das, was an deutscher Gegenwehr noch übriggeblieben war, durch ununterbrochenes Granatfeuer aufgerieben werden. Dann wollten sie mit ihren Panzern anrollen, das Gebiet einnehmen und von hier aus weiter vorrücken.

Alle, die bei Aalt und Alie wohnten, blieben während dieser Tage und Nächte im Keller sitzen, in einem kleinen Vorratsraum unter der Küchentreppe. Wir hatten genügend Nahrungsmittel, um ein paar Tage durchhalten zu können, und niemand verließ den Raum. Die Männer gingen noch nicht einmal hinaus, um die Kühe zu melken; selbst das war zu riskant.

Nach drei Tagen, am 20. April, wurde das Feuer eingestellt.

Plötzlich hörten wir nichts mehr – auf einmal war es still, totenstill. Die Stille war unheimlich, denn wir wußten nicht, was passiert war; wir hatten das Haus ja seit einigen Tagen nicht verlassen. Aus der Richtung von Nijkerk hörten wir Hurra-Rufe.

Schließlich ging ich hinaus. Wohin ich schaute, überall sah ich tote Kühe, mit aufgedunsenen Bäuchen, die Hufe in die Luft gestreckt. Sie waren von Granaten oder Granatsplittern getroffen worden. Ihren Anblick werde ich niemals vergessen.

Zögernd ging ich zur Straße – ich konnte es kaum glauben: So weit das Auge reichte, sah ich Panzer, Panzer und noch einmal Panzer. Aus dem Osten zogen die Kanadier heran! Ich wollte schnell ins Haus zurücklaufen, um Onkel Ben und Tante Marie zu sagen, daß sie das Haus verlassen könnten, daß ihre lange Gefangenschaft endlich ein Ende hatte. »Es ist vorbei! Es ist vorbei!« wollte ich rufen. Aber da trat Drees schon aus der Tür, um das Hoftor zu öffnen, weil er befürchtete, die Panzer würden es einfach überrollen. Einige Panzer fuhren auf den Hof, Soldaten sprangen herab und rannten mit Gewehren im Anschlag ins Haus, um es nach deutschen Soldaten zu durchsuchen.

Ich berichtete einem der Kanadier, daß sich in einem trockenen Graben in der Nähe des Hofes noch einige deutsche Hekkenschützen versteckt hielten. Wir hatten sie schon eine Weile beobachtet. Die Kanadier wendeten ihre Panzer auf der Stelle. Bald hatten sie die Deutschen gesichtet und gefangengenommen. Es war mein Triumph. Ich hatte das Gefühl, als hätte ich persönlich in diesem Augenblick den Krieg gewonnen. Da stand ich und sah, wie die drei Deutschen wie die Maskottchen auf die Panzer gesetzt wurden, während die Kanadier den Hof verließen.

Jetzt konnten die Juden sich ins Freie wagen, jetzt konnte jeder, der untergetaucht war, herauskommen. Die Kinder brauchten nicht länger im Haus zu bleiben. Es herrschte eine unbeschreibliche Freude.

Der Kanadier, dem ich den Hinweis auf die Deutschen gegeben hatte, stand noch neben mir.

»Du sprichst aber gut Englisch«, sagte er. Er freute sich, daß er jemanden getroffen hatte, mit dem er sich verständigen konnte. »Hast du noch weitere Informationen?« Ich erzählte ihm alles, was ich wußte.

Das war mein Tag der Befreiung. Natürlich hat jeder andere Erinnerungen an die Befreiung, an den Augenblick, der für ihn das Ende der Besatzung brachte. Für mich war der Tag, an dem ich den Kanadiern den Hinweis gab, der zur Verhaftung der drei Deutschen führte, der Tag, an dem ich den Krieg gewann.

In besonderer Erinnerung habe ich aber auch die Tage danach, den Triumph, den es bedeutete, auf einem kanadischen Panzer eine Strecke durch das befreite Land mitfahren zu dürfen.

»Auf dem Marktplatz von Nijkerk wird ein Dankgottesdienst veranstaltet«, berichteten kanadische Soldaten. »Die Pfarrer unserer Armee werden da sein; sagt es bitte weiter. Alle Glocken werden läuten.«

An diesem Abend gingen wir auf den Marktplatz und sangen mit tränenüberströmtem Gesicht den »Wilhelmus«, unsere Nationalhymne. Wir hatten sie seit Jahren nicht mehr singen dürfen. Auch die Aliierten sangen ihre Nationalhymnen, aber die Bauern kannten sie natürlich nicht.

Bei Einbruch der Dunkelheit hatten sich viele alliierte Soldaten eingefunden. Die holländischen Mädchen fielen jedem um den Hals, und die Befreier wurden in die Häuser eingeladen. Wir waren glücklich und ausgelassen.

Weil es so viele tote Kühe gab, hatten wir zum ersten Mal seit langer Zeit wieder reichlich zu essen. Die Kühe waren ja nicht an einer Krankheit gestorben. Deshalb schauten die Bauern, welche Kühe noch nicht lange tot zu sein schienen, und begannen, das Fleisch zu verarbeiten. Eigentlich war der Tod der Kühe ein schwerer Verlust für die Bauern – ganze Viehbestände waren getötet worden –, aber es gab niemanden, der sich darüber beklagte. Wir waren endlich frei! Wir feierten ein riesiges Fest – mit Unmengen von Hackfleischbällchen.

Immer wieder fanden wir gefallene deutsche Soldaten, die im Granatfeuer umgekommen waren. Wir sahen nun das ganze Ausmaß der Zerstörung – auch wir hätten leicht getötet werden können, wenn wir unseren Kellerraum verlassen hätten.

Ich nahm ein Fahrrad und fuhr von Dorf zu Dorf, um nach »meinen« Juden zu sehen. Es war phantastisch, sie außerhalb ihrer Verstecke zu begrüßen und vor allen Leuten mit ihnen reden zu können. Einige von ihnen hatten sich seit Jahren nicht mehr gesehen. Es war ein Gefühl, als hätte sich eine riesige Wolke, die auf uns lag, gehoben – wir waren frei!

Onkel Ben und Tante Marie hatten sich seit Jahren auf Watergoor versteckt gehalten. Schon gleich nach der Befreiung verließ ihr Sohn den Ort, an dem er versteckt gewesen war, und kam zu ihnen. All das geschah am 20. April, an Hitlers Geburtstag. Ich empfand es als Ironie des Schicksals. Jedes Jahr, auch heute noch, denke ich am 20. April an Hitlers Geburtstag und an die Freude der Befreiung.

20. April 1945

In der vergangenen Nacht in einer Ecke meines Bettes geschlafen. Die andern zogen es vor, im Keller zu bleiben. Aalt und Alie haben sich wie ich in ihr eigenes Bett schlafen gelegt. Plötzlich gab es eine Granatsalve auf die Fabrik von Tijsseling, also verkrochen wir uns wieder schnellstens in den Keller, wo wir Psalm 150 lasen.

Als der Beschuß aufhörte, gingen wir mit Alie zum Hof ihrer Eltern, Bouwlust. Unterwegs herzliche Begrüßung der Kanadier, die auf ihren Panzern saßen. In Bouwlust gab es lange Gespräche, und ich erzählte ihnen, daß heute, am 20. April, Hitlers Geburtstag sei! Auf dem Heimweg erhielt ich von einem Kanadier eine Zigarette, und er hakte sich bei mir ein und begleitete mich. Er erzählte, daß er katholisch sei und schon fünf Jahre im Krieg. Alie und Annie hatten ebenfalls einen Kanadier in der Mitte, und alle hatten eine qualmende Zigarette im Mundwinkel! Was für ein Anblick! Die Kanadier kamen mit uns nach Watergoor, um zu baden. Es wurde viel geredet, erzählt und gelacht.

Am Nachmittag ging ich zu Tante Geertje und Tante Hannie [zwei jüdische Damen, die wir versteckt hatten], um nachzu-

schauen, ob bei ihnen alles in Ordnung sei. Auch bei ihnen hatten die Kanadier Zigaretten und Kaugummis verteilt.

Anschließend ging ich zu den übrigen Häusern in der Nachbarschaft, wo wir Juden untergebracht hatten. Bert und Lotje geht es gut. Zwartebroek ist noch in den Händen der Deutschen. Hoevelaken wurde heftig umkämpft. Am Abend besuchte ich Holk (Heins Familie). Danach wieder allein ins Bett. Wieder einige laute Explosionen und Knattern.

aus dem Tagebuch von Diet Eman

Am 5. Mai 1945 war ganz Holland befreit, und die Königin, die sich bereits in Breda, im befreiten Süden aufhielt, sprach per Radio zu ihrem Volk. Eine Welle der Rührung ging über ganz Holland. Ich hatte bis dahin nicht gewußt, daß bestimmte Arbeitszweige des Widerstandes schon intensive Vorbereitungen für die Einsetzung einer Interimsregierung getroffen hatten, die bis zur Wiedereinsetzung der alten Regierung die Amtsgeschäfte führen konnte.

Es war eine schwierige Zeit. Die holländischen Kollaborateure, wie zum Beispiel die NSBler und die *landwachters*, versuchten alles, um sich nach Deutschland oder irgendwo anders hin abzusetzen. Die Frauen, die sich mit Deutschen eingelassen hatten, wurden sehr schlecht behandelt, oft ganz kahlrasiert und damit bloßgestellt. Manche wurden sogar verhaftet. So viel Leid war während des Krieges durch den Verrat der Kollaborateure verursacht worden, so viele Menschen waren getötet und verletzt worden, so viele Familien waren in Not gekommen, und jetzt brachen die Rachegefühle der Holländer sich Bahn. Es war sicher nicht richtig, aber es war verständlich. Die Zeit direkt nach der Befreiung hatte nicht nur ihre hellen, sondern auch dunkle Seiten. Alles aber erschien uns in einem anderen Licht, nachdem der große Alptraum vorbei war.

22. April 1945

Was soll ich jetzt tun?

Nach Barneveld gehen, weil Joop wieder ins Büro muß und Mutter Klooster so müde ist?

Bei Alie bleiben, die mich noch braucht und hofft, daß ich nicht gleich gehe?

Zu meinen Eltern gehen, nach denen ich mich so sehr sehne und die mich vielleicht brauchen, wenn das Leben dort schwierig wird?

Ach mein Liebster, ich kann die Befreiung gar nicht so richtig genießen, weil Du nicht da bist und Dich nicht mit mir freuen kannst. Ich fühle mich genauso rastlos wie damals, als ich aus dem Konzentrationslager entlassen wurde. Ich kann nirgends zur Ruhe kommen.

Ob ich jetzt mit unserer Arbeit aufhören darf?

Laß mich doch wissen, was ich tun soll.

aus Diet Emans Tagebuch

Das Einsammeln der Scherben

Das Einsammeln der Scherben

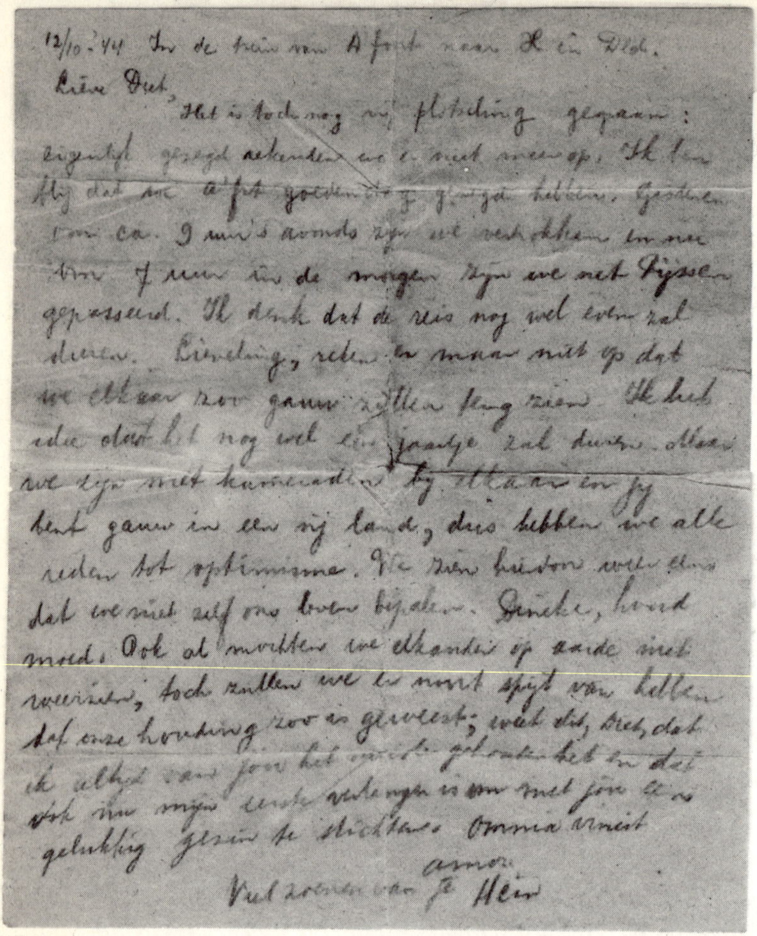
12/10-'44 In de trein van A'fort naar [illegible] in Dld.

Lieve Diet,

Het is toch nog vrij plotseling gegaan: eigenlijk gezegd rekenden we er niet meer op. Ik ben blij dat we A'fort goedendag gezegd hebben. Gisteren van ca. 9 uur 's avonds zijn we vertrokken en om [illegible] 7 uur in de morgen zijn we net Dijssen gepasseerd. Ik denk dat de reis nog wel even zal duren. Lieveling, reken er maar niet op dat we elkaar zoo gauw zullen terug zien. Ik heb idee dat het nog wel een jaartje zal duren. Maar we zijn met kameraden bij elkaar en jij bent gauw in een vrij land, dus hebben we alle reden tot optimisme. We zien hierdoor weer eens dat we niet zelf ons lot bepalen. Dineke, houd moed. Ook al moeten we elkander op aarde missen, toch zullen we er nooit spijt van hebben dat onze houding zoo is geweest; weet dit, Diet, dat ik altijd van jou het meeste gehouden heb en dat ook nu mijn eerste verlangen is om met jou een gelukkig gezin te stichten. Omnia vincit amor.

Veel zoenen van je Hein

Der letzte Brief, den Diet von Hein erhielt, datiert vom 10. 12. 1944.

Die Anzeige, die Diet im Juni 1945 in einer Zeitung aufgab: »Nach jahrelangem, unermüdlichem Kampf gegen den Nationalsozialismus gab mein innig geliebter Verlobter **Hein Sietsma** im Alter von 25 Jahren Mitte Januar im Konzentrationslager Dachau sein Leben. Gott leitet uns nach seinem Rat und hat ihn in seine Herrlichkeit aufgenommen.«

Na jarenlange, onvermoeide strijd tegen de nat.-soc. beginselen, liet medio Januari in het concentratiekamp **Dachau** zijn leven mijn innig geliefde Verloofde

HEIN SIETSMA,

in den ouderdom van 25 j.

God leidt ons naar Zijn raad en heeft Hem reeds in Zijn Heerlijkheid opgenomen.

DIET EMAN.

Den Haag, 19 Juni 1945.
van Brakelstraat 98.

Liever geen bezoek.

26. April 1945

Ein Jahr ist vergangen, seit Du verhaftet wurdest, Liebster. Wieviel ist inzwischen geschehen! Und nun dauert es vielleicht gar nicht mehr lange, bis wir uns wiedersehen?

Ich habe mit Riek gesprochen und bin in Barneveld gewesen. Bei Hymen und Wim ist auch alles o. k.

28. April 1945

Gerüchte, daß Himmler bedingungslos kapituliert hat!

Von allen Seiten kommen sie und wollen, daß ich für sie arbeite: die NBS [Binnenlandsche Strijdkrachten, eine Organisation, die schon aus dem Londoner Exil heraus operierte] in Barneveld, Familie Klooster, Alie, die NBS in Nijkerk.

Aber ich will mich auf nichts festlegen, denn wenn Du zurückkommst, will ich frei sein!

29. April 1945

Heute morgen im Gottesdienst. Pastor Brinkman predigte über Jesaja 26. Wir sangen Psalm 66 und zum Schluß den »Wilhelmus«.

30. April 1945

Heute morgen im Büro der Landelijke Organisatie.

Am Nachmittag, als alle Juden zusammenkamen, sprach ich mit Capt. Roos. In Nijkerk mußte die NSB die Synagoge reinigen, und die Leute schauten zu und jubelten vor Freude. Die jüdischen Soldaten trieben sie an und schrien: »Schnell, schnell, schnell!« Es wurde gefilmt.

Ich hatte irgendwie kein gutes Gefühl dabei. Da standen sie, diese Menschen aus Gottes Bundesvolk, und waren voller Genugtuung, voller Schadenfreude. Trotzdem, ich kann es verstehen ...

1. Mai 1945

Heute morgen fuhr ich zu Riek und beantragte eine Aufenthaltsgenehmigung und eine Lebensmittelkarte – unter meinem richtigen Namen!

Heute ist mir so sehr danach zumute, mich mal richtig auszuweinen. Ich muß verrückt sein; ich habe doch eigentlich jetzt allen Grund, mich zu freuen!

Liebster, bitte komm doch bald.

4. Mai 1945

Ich habe seit ein paar Tagen nichts mehr geschrieben. Um 8.45 Uhr kam im Radio die Nachricht, daß die Deutschen vor der Einundzwanzigsten Armee von General Montgomery kapituliert haben. Das bedeutet, Holland, Dänemark und der Nordwesten Deutschlands sind frei.

Wir stürzten nach Nijkerk, und dort feierten die Kanadier und die Einheimischen auf allen Straßen, tanzten und waren vor Freude völlig außer sich. Alle Glocken läuteten, und überall waren Flaggen gehißt.

Als wir nach Hause kamen, spielte das Radio lauter patriotische Lieder, und wir sangen alle mit. Danach las Aalt Psalm 103, und wir sangen: »Nun danket alle Gott« und den »Wilhelmus«!

aus Diet Emans Tagebuch

Nach der Befreiung kamen die versteckten Autos und Fahrräder wieder zum Vorschein, aber bis der Zugverkehr wieder funktionierte, dauerte es noch etwas.

Die Regierung, die aus dem Nichts aufzutauchen schien, bestand aus bekannten Persönlichkeiten, die gemeinsam mit der britischen Regierung für die Zeit nach der Besatzung Pläne erarbeitet hatten, die verhindern sollten, daß das Land im Chaos versank. Man durfte sich zunächst nur in der näheren Umgebung seines Wohnortes aufhalten. Auf diese Weise sollte die Flucht von Verrätern und Kollaborateuren verhindert werden. Ich konnte mich in einem bestimmten Umkreis innerhalb der Veluwe bewegen, aber ich durfte nicht nach Den Haag, wo ich so gerne hingefahren wäre, um meine Eltern zu sehen.

Ich hatte keine Ahnung, wo Hein war, aber ich war zuversichtlich, daß wir uns bald wiedersehen würden. Diese Hoffnung stand im Widerspruch zu der leisen inneren Stimme, die mir vor langer Zeit gesagt hatte, daß unsere Hochzeit nie stattfinden würde. Aber nach der Befreiung befanden wir uns in einem solchen Siegestaumel, daß die Rückkehr unserer Kameraden vom Widerstand das einzige zu sein schien, was zu unserem Glück noch fehlte.

Riek van Meerveld wartete auf Ab, so wie ich auf Hein. Ich ging oft zusammen mit ihr und ihrem kleinen Sohn Teun nach Zwartebrook. Wir führten lange Gespräche und lasen uns gegenseitig aus der Bibel vor, vor allem immer wieder Psalm 91: »Ob tausend fallen zu deiner Seite und zehntausend zu deiner Rechten, so wird es doch dich nicht treffen ... Und der Herr wird ihnen beistehen und sie erretten; er wird sie von den Gottlosen erretten; denn sie trauen auf ihn ... Ich werde wandeln vor dem Herrn im Lande der Lebendigen.«

Wir sagten uns immer wieder, daß wir an diesen Verheißungen festhalten wollten.

Manchmal machte es mir angst, mit welch einer glühenden Hoffnung Riek auf Abs Rückkehr wartete. Sie versuchte mich mit allen Mitteln davon zu überzeugen, daß unsere Männer beide zurückkommen würden. Ich sagte ihr manchmal, daß es vielleicht nicht Gottes Wille sei, daß sie wiederkämen. Wir müßten diese Möglichkeit zumindest in Betracht ziehen. Aber es war schwer, so etwas auszusprechen, denn es schien ein Zeichen dafür zu sein, daß ich nicht genug Glauben hatte. Wir führten lange und tiefgehende Gespräche über all diese Fragen, während wir auf eine Nachricht – irgendeine Nachricht – von Hein und Ab warteten.

Aalt hatte Verbindung zu einem Mitglied der neuen Regierung, und als er merkte, wie sehr ich mir in diesen ersten Tagen nach Kriegsende wünschte, meine Eltern zu sehen, organisierte er für mich einen Passierschein. Dennoch hatte ich eigentlich keine Möglichkeit, nach Den Haag zu kommen, da es so gut wie keine Transportmittel gab. Die Straßen waren durch Panzer und bombardierte Militärfahrzeuge blockiert. Doch eines Tages rief jemand von der Stadtverwaltung an, um mir mitzuteilen, daß ich, wenn ich wolle, von einem Lieferwagen mitgenommen werden könnte, der nach Den Haag fuhr. Jemand aus der Nähe von Den Haag war in der Veluwe getötet worden, und seine Angehörigen hatten dafür gesorgt, daß der Leichnam nach Hause überführt werden konnte.

Gemeinsam mit den Familienmitgliedern saß ich hinten auf der Ladefläche neben dem Sarg; es war eine traurige Fahrt, aber ich stellte keine Fragen, weil ich nicht neugierig sein wollte. Wenn der Frau danach zumute wäre, würde sie von sich aus ein Gespräch beginnen, dachte ich.

Ich wußte, daß es schwierig für mich werden würde, den Kontrollpunkt an der Ems östlich von Amersfoort zu passieren. Und tatsächlich mußte ich dort aussteigen. Da ich meine Familie unbedingt sehen wollte, ging ich zum Büro hinüber, um mit den Angestellten zu reden. Sie waren zwar freundlich, aber sie sagten, daß sie mich nicht durchlassen könnten.

Also setzte ich mich draußen hin und wartete eine Zeitlang, und als gerade niemand hinschaute, ging ich einfach weiter. Ich ging zum Fluß hinunter und lief am Ufer entlang, bis ich eine Stelle fand, an der die Ems besonders schmal war. Das Flußbett war dort voller Steine, und da überall Bäume standen, konnte mich niemand sehen. Schon als Kind hatte es mir Spaß gemacht, über Gräben zu springen, und ich sprang von einem Stein zum nächsten, bis ich am anderen Ufer war. Dann lief ich noch ein Stück durch den Wald, bis ich wieder die Straße erreichte.

Nach kurzer Zeit kam ein LKW vorbei, und nachdem ich dem Fahrer meinen Passierschein gezeigt hatte, ließ er mich einsteigen. Er nahm mich bis nach Den Haag mit.

Die Hoffnung, Hein könnte bald zurückkehren, und die Angst, er käme vielleicht nie, beschäftigten mich innerlich so stark, daß ich mich kaum noch an irgend etwas anderes während der ersten Wochen bei meinen Eltern erinnern kann. Ich weiß nur noch, daß kurz nach meiner Ankunft mein Bruder Albert von Zwijndrecht zurückkam.

Schon bald erschienen in den Zeitungen die ersten Berichte über die Schrecken der Konzentrationslager. Die Amerikaner, die die Gefangenen befreit hatten, waren entsetzt. Ich fand es sehr gut, was einer der amerikanischen Offiziere tat: Nachdem er all die toten und leidenden Menschen in Dachau gesehen hatte, ging er in das nächste Dorf und holte alle Einwohner, vom Kleinsten bis zum Ältesten, einschließlich des Bürgermeisters. Er führte sie alle – sogar die Kinder – durch das KZ und zwang sie, sich all das Schreckliche genau anzusehen. Sie sollten niemals vergessen, was die Nazis getan hatten.

Viele von denen, die in KZs waren, starben noch nach der Befreiung. Einige wurden so schnell wie möglich in Krankenhäuser der Alliierten gebracht, aber die Transportmöglichkeiten waren schlecht, und oft kam jede Hilfe zu spät.

Zu derselben Zeit, als wir erfuhren, was in den Lagern geschehen war, erreichten uns auch die ersten Nachrichten vom Roten Kreuz. Dieser oder jener, alles Männer, die wir kannten und mit denen wir zusammengearbeitet hatten, würden nicht mehr zurückkommen, da sie in Deutschland oder irgendwo anders umgekommen seien. Sie waren einundzwanzig, zweiundzwanzig oder dreiundzwanzig Jahre alt, und sie alle hatten ihr Leben für ihr Vaterland gegeben. Es war unfaßbar – zusammen waren es Hunderte und Aberhunderte von Namen. Nun kamen wochenlang unaufhörlich solche Nachrichten, und die Zeitungen waren voller Todesanzeigen. Seite für Seite Nachrufe, die meist jungen Männern galten.

Dann bekam ich eine Karte von Riek:

»Liebe Willie, heute morgen habe ich die Nachricht erhalten, daß Ab am 4. März in Deutschland gestorben ist. Wie furchtbar! Gottes Wege sind so anders als unsere Wege. Ich wünsche mir aus tiefstem Herzen, daß Du von Hein und den anderen bessere Nachrichten bekommst.«

Ich war wie versteinert.

Ganz Holland schien gelähmt, es war, als hätten alle vergessen, was sie eigentlich suchten oder wollten. Solange ich nicht wußte, was mit Hein war, fühlte ich mich völlig unfähig, irgend etwas zu tun. Ich konnte nicht einfach jeden Tag von neun bis fünf in irgendeinem Büro sitzen, tippen und übersetzen. Ich konnte noch nicht einmal stillsitzen; jahrelang war ich auf der Straße gewesen und hatte mir meinen Tag selbst eingeteilt.

Ich werde heiraten – das war die Vorstellung, die ich bis dahin von meiner Zukunft gehabt hatte. Aber nun, als ein Tag nach dem anderen qualvoll langsam verstrich, sah es so aus, als ob es ganz anders kommen könnte.

Doch ich wollte nicht wahrhaben, daß das Ende der Besatzungszeit auch das Ende all meiner Träume war. Ich wollte es einfach nicht. Ich sagte mir immer wieder, daß Hein nicht tot sei. Wir hatten gehört, daß die Russen Kriegsgefangene gemacht hatten, die noch freigelassen werden sollten, und ich redete mir ein, daß sie bestimmt auch Hein gefangengenommen hatten und daß er nun bald zurückkommen würde.

Am Abend des 5. Juni klingelte ein Herr Dekker an unserer Haustür. Hein hatte in unserer Gruppe öfter einen Wim Dekker erwähnt, der zu einer Widerstandsgruppe aus der Gegend um Eindhoven gehört hatte und mit dem er befreundet war. Ich hatte Wim ebenfalls kennengelernt. Dieser Herr Dekker war der Vater von unserem Freund Wim.

»Also«, begann er, »ich komme gerade aus Nijkerk, und da dachte ich, ich schaue mal kurz bei Ihnen herein.«

»Ist es nicht wunderbar, daß die Jungs jetzt zurückkommen?« sagte ich. Ich war richtig ausgelassen vor Freude.

»Ja, sicher«, meinte er. »Aber Sie müssen bedenken, daß es auch einige gibt, die nicht zurückkommen werden.«

Daran wollte ich überhaupt nicht denken; daher wechselte ich das Thema. »Ja, aber ist es nicht wunderbar, daß die Deutschen besiegt worden sind und daß der Krieg vorbei ist?«

»Ich komme gerade aus Nijkerk«, sagte er, »und ich habe hier einen Brief für Sie. Er ist von Heins Vater. Leider ist es keine gute Nachricht.«

»Nicht alle werden zurückkommen«, hatte ich zu Riek gesagt, und jetzt sagte mir Herr Dekker dasselbe.

Ich las den Brief. – Heins Vater schrieb, er habe vom Roten Kreuz die Nachricht erhalten, daß Hein in Dachau gestorben sei; sein mittlerer Sohn Jan sei in einem anderen Lager gestorben, und Henk sei in Eindhoven und habe Tuberkulose. Dominee de Ruyg aus Hilversum sei von Dachau zurückgekommen, wo er mit Hein zusammen war. Von ihm wußte Vater Sietsma, daß Hein am Abend des 20. Januar 1945 gestorben war.

Ich ging in mein Zimmer. Ich wollte niemanden sehen, auch meinen Vater und meine Mutter nicht, die bei mir bleiben wollten. Ich mußte allein sein. Die folgenden Tage waren schrecklich. Ich war unfähig, einen klaren Gedanken zu fassen.

7. Juni 1945

Warum? – Warum mußte ich durchkommen? Warum konnte ich nicht auch sterben?

Hein, warum hast Du mich allein gelassen? Ich kann nicht ohne Dich leben. Was soll ich ohne Dich machen?

Ich bin froh, daß ich wenigstens zu Pastor de Ruyg gehen kann, um etwas über Dich zu hören.

Es ist so schwer für mich, daß Du gegangen bist und mich allein zurückgelassen hast.

Aber wenn ich darüber nachdenke, bin ich froh, daß es nicht umgekehrt gekommen ist. Wie schwer wäre es dann für Dich. Darf ich so egoistisch sein, Dich zurückzuwünschen? Du bist ja jetzt im Himmel. Du warst bereit.

Liebster, warum hast Du Johannes 14 gelesen, als wir das letzte Mal zusammen waren? Warum sagte diese Stimme so deutlich zu mir »Sieh ihn dir genau an«, als Du mich damals zurück zu Aalts und Alies Hof gebracht hast? Du hast es selbst gemerkt, und Du hast gelacht und gesagt: »Warum starrst du mich denn die ganze Zeit so an?«

Jetzt muß ich in die Tat umsetzen, was ich Dir einmal gesagt habe: »Selbst wenn uns etwas passiert, müssen wir sehr dankbar sein für die schöne Zeit, die wir miteinander hatten. Diese wenigen Jahre sind so viel wert wie der ganze Rest meines Lebens – und sie wiegen alles Leid auf.«

Gott, gib mir die Kraft, Tag für Tag, Stunde für Stunde weiterzuleben. Zeige mir den Weg, den ich gehen soll.

aus Diet Emans Tagebuch

Bei Aalt und Alie hatte ich oft mit Annie, der alleinstehenden jungen Mutter aus Arnheim, in dem Doppelbett geschlafen, das in der *heerd* stand. Es war dort immer sehr kalt, denn im ganzen Bauernhaus wurde nur die Küche geheizt. Wir deckten uns mit schweren Wolldecken zu, und auch Annies Sohn im Kinderbettchen war dick eingemummelt.

Ich erinnere mich noch gut an den Abend des 20. Januar 1945. Ich war tagsüber unterwegs gewesen. Annie war schon im Bett, und ich hätte eigentlich auch ins Bett gehen sollen. Aber ich mußte ständig an Hein denken und war innerlich so unruhig, daß ich mich nicht schlafen legen konnte; statt dessen begann ich in dem großen Raum auf- und abzulaufen, immer hin und her, wie ein Tiger im Käfig.

»Willie, komm doch ins Bett«, sagte Annie schließlich. »Es ist nicht gut für dich, die ganze Zeit in der Kälte hin- und herzulaufen.«

Es war wirklich bitter kalt.

Ich sagte ihr, daß ich nicht schlafen könne. »Irgend etwas stimmt nicht mit Hein. Ich fühle es einfach. Er ist furchtbar krank, ich spüre das ganz genau.« Dann fragte ich: »Der Wievielte ist heute?«

»Der zwanzigste Januar«, antwortete sie.

»Wenn er zurückkommt, muß ich ihn fragen, ob er am zwanzigsten Januar krank war oder ob irgendwas anderes passiert ist.«

Es war der Abend, an dem er starb.

14. Juni 1945

Liebster, wenn ich an all das denke, was mir jetzt fehlt, werde ich verrückt.

Ich darf nicht daran denken.

Ich will an all das denken, was mir geblieben ist, und wie reich ich eigentlich immer noch bin.

Dein Geist ist immer bei mir – in Deinem Tagebuch, in unseren Briefen, in all den Dingen, die Du für unseren Haushalt besorgt hast. Wie stolz waren wir darauf! Und diese beinahe sechs Jahre! O Gott, ich danke dir für diese Jahre.

Wenn ich Dich nie kennengelernt hätte, würde ich jetzt nicht so leiden, aber ich hätte auch all das Schöne nicht erlebt. Es hat mich so reich gemacht.

Und wiegen die glücklichen Jahre nicht bei weitem die Zeit der Einsamkeit und Leere auf, die mir nun bevorsteht?

Es ist gut, daß Du nicht den schrecklichen Schmerz ertragen mußt, den ich jetzt empfinde.

Mir gehen so viele Gedanken durch den Kopf...

Konntest Du nicht ein bißchen länger um Dein Leben kämpfen?

Wenn Henk zu Dir gekommen wäre, hätte er Dir helfen und Dir Mut geben können, durchzuhalten?

War es sehr schwer für Dich, Dich von dieser Welt und von mir zu lösen? Du warst noch so jung, und wir erwarteten noch so viel von unserem Leben.

Konntest Du Pastor de Ruyg noch eine persönliche Nachricht für mich mitgeben, die mir hilft, weiterzuleben?

Ich hatte immer so gehofft, daß wir Söhne bekommen würden und daß wir sie so erziehen würden, daß sie eines Tages so wie Du wären. Und ich habe mir immer vorgestellt, wie wunderbar es sein würde, wenn wir ihnen später von dieser Zeit erzählen würden – von all unseren Kämpfen und davon, wie Gott uns geholfen und wie Er viele, viele Male wunderbar eingegriffen hat.

Manchmal tut es mir leid, daß ich nicht wollte, daß wir während des Krieges heirateten. Du wolltest es so sehr, und eigent-

lich wollte ich es auch, aber ich dachte immer, es sei besser, bis nach dem Krieg zu warten, damit auch unsere Familien dabeisein könnten. Die Gestapo besuchte ja noch meine Eltern.

All diese vielen Überlegungen! Nur ein Gedanke gibt mir Ruhe: Gott leitet uns nach Seinem Rat und hat Dich in Ehren aufgenommen.

Manchmal habe ich solche Sehnsucht nach Dir, daß ich mir wünsche, auch bald zu sterben; allein für meine Familie wäre es schwer.

Manchmal denke ich, wenn Du zu Hause an irgendeiner Krankheit gestorben wärest, hätte ich das besser tragen können. Dann hätte ich für Dich gesorgt und Dich gepflegt, und wir hätten noch viel Zeit gehabt, um miteinander zu reden, und wir hätten uns richtig voneinander verabschieden können.

Aber hätte unser Abschied wirklich schöner sein können, als er war?

Und hast Du dort in diesem fremden Land, so weit weg von allen, die Dich liebten, nicht Gottes Nähe um so stärker gespürt?

aus Diet Emans Tagebuch

Ich schäme mich, das sagen zu müssen, aber es war schwer für mich, mitanzusehen, wie das Leben um mich herum weiterging. Nach ein paar Tagen stieg ich auf mein Rad und fuhr zu Onkel Frits, der uns so sehr geholfen hatte. Er und seine Frau, Tante Lennie, hatten überlebt. Herman, mein Freund aus der Bank – der erste Jude, den wir versteckt hatten –, kam zurück nach Den Haag; ebenso seine Schwester Rosa, seine Freundin Ada und seine Mutter. Sie hatten die meiste Zeit dort verbracht, wo wir sie zu Anfang versteckt hatten. Mit diesen Menschen hatte alles begonnen. Gott sei Dank hatten sie überlebt. Einige der Juden, die sich in Mies' Wohnung versteckt hielten, waren verhaftet worden, aber wir selbst hatten dort niemanden untergebracht.

Alle Juden, die wir bei christlichen Bauernfamilien versteckt hatten, hatten überlebt. Einer von ihnen, Albert, den wir bei Abs Bruder untergebracht hatten, einem einfachen, gutherzigen Bauern, der allen im Haus jeden Tag aus der Bibel vorlas, hatte Jesus als den verheißenen Messias angenommen. Er verlobte sich mit der Tochter eines Pastors und heiratete sie später.

Niemand von ihnen wußte, was er mir sagen sollte, als alles vorbei war. Sie hatten es geschafft, aber ich hatte den Mann verloren, den ich liebte. Sie hatten es ebenso wie ich im Krieg sehr schwer gehabt. Von Anfang an hatten wir gewußt, daß wir unsere Arbeit möglicherweise mit dem Tod bezahlen würden. Und wir waren dazu bereit gewesen.

In den ersten Wochen, nachdem ich von Heins Tod erfahren hatte, war ich nicht bitter, sondern eher verwirrt und wie benommen. Meine Erinnerung an diese Zeit ist sehr schwach.

Während des Hungerwinters war Hein von Amersfoort nach Neuengamme verlegt worden, einem berüchtigten Lager in der Nähe von Hamburg. Dort waren auch die Männer aus Putten, die alle verhaftet worden waren, nachdem ein deutscher Offizier am Ortseingang von Putten von Widerstandskämpfern getötet worden war. Sie kamen fast alle in dem Lager um, aber Hein überlebte, obwohl er mit demselben Transport gekommen war.

Von Neuengamme aus brachten sie ihn nach Ladelund. Das Leben in diesen beiden Lagern in Norddeutschland war grauenhaft.

Nur wenige Häftlinge überlebten, denn die Deutschen gaben ihnen nur sehr wenig zu essen und zwangen sie, im Winter an der dänischen Grenze Gräben auszuheben. Dabei standen sie stundenlang völlig ungeschützt im eiskalten Wasser. Viele starben an Tuberkulose, Typhus, Lungenentzündung und Unterernährung. Bei jedem Transport wurden sie wie Vieh in Eisenbahnwaggons gesperrt, so gedrängt, daß sie weder sitzen noch liegen konnten. Selbst wenn jemand starb, blieb er aufrecht stehen, weil es keinen Platz zum Umfallen gab. Wenn ein Militärtransport an ihnen vorbeifahren mußte, blieben die Viehwagen oft lange Zeit auf irgendeinem Nebengleis stehen, ohne daß die Gefangenen mit Wasser, Lebensmitteln oder sonst irgend etwas versorgt wurden.

Hein überlebte auch das Lager Ladelund und wurde dann mit einem Transport ans andere Ende von Deutschland nach Dachau gebracht. Bei seiner Verhaftung hatte er falsche Papiere bei sich, in denen stand, daß er Pastor sei. Er kam deshalb in eine Baracke mit lauter Geistlichen. In ihrem Kreis starb er.

Als ich erfuhr, wie viel Leid Hein hatte ertragen müssen, fragte ich mich, warum.

Herr, war das wirklich nötig? Warum konnte er nicht einfach eine Kugel in den Kopf bekommen, und alles wäre vorbei gewesen? Warum hast du ihn noch so lange leiden lassen?

Ich rebellierte gegen Gott. Wir hatten diese Arbeit in der Überzeugung begonnen, es sei Gottes Wille, daß wir uns für die Juden einsetzten, die so leiden mußten. Ich sagte Gott, daß ich ihm noch nicht einmal dankbar dafür sei, daß ich lebte. Ich sagte ihm, daß ich am liebsten tot wäre, genau wie Hein. Und ich fragte ihn immer und immer wieder, warum Hein bei den vielen Transporten noch so lange leiden mußte.

Dann begann ich Briefe von Menschen zu bekommen, die ich gar nicht kannte – von Bauern, Pastoren, Widerstandskämpfern. Sie schrieben, daß sie meinen Verlobten in diesem oder jenem Lager getroffen hätten und daß Hein auch angesichts des tiefen Elends, in dem sie sich befanden, von seinem unerschütterlichen Glauben an die Verheißungen Gottes gesprochen habe. Er war für sie ein Licht in der Finsternis.

R. van Tuinen
Langenzwaag, den 9. Juli 1945

Sehr geehrtes Fräulein Eman,

als eines Morgens die Sonne schien, die Vögel sangen und alles um mich neues, kraftvolles Leben atmete, erhielt ich Ihre Postkarte – eine Todesnachricht. Der Kontrast war so unsäglich grausam – für mich, der ich meinen besten Lagerkameraden verloren hatte, aber unendlich viel mehr für Sie. Wie gut, daß Sie um den größten Trost wissen und erfahren, daß er, Hein, in ein besseres Haus gegangen ist, als er jemals hier auf Erden hätte haben können. Vielleicht tröstet es Sie ein wenig (ach, es ist nur ein armseliger Trost), wenn ich Ihnen etwas aus meinem Erleben mit Hein berichte.

Wenn ich wieder einmal nach Den Haag komme, werde ich Sie besuchen und Ihnen berichten, wie Hein hinter Stacheldraht gelebt hat. Jetzt könnte ich zwar auch etwas darüber schreiben, aber es fällt mir so schwer, in Worte zu fassen, wer Hein für uns war und was er uns bedeutete.

Früher habe ich den Ausdruck »ein fröhlicher Christ« oft belächelt. Als ich Hein sah, wußte ich, daß ein solcher vor mir stand. Er war stets frohen Mutes: am Morgen, wenn die Appellglocke uns aus unserem schweren Schlaf schepperte, während des langen beschwerlichen Stehens beim Appell; wenn es viel und wenn es wenig zu essen gab. Er war ein Christ – ehrlich, ohne Falsch, rein, treu und mit einem festen, einem großen Glauben an den einzigen Befreier. Er war ein Kamerad: Er hatte ein starkes soziales Empfinden, war humorvoll, kernig, großzügig, herzlich – er war ein Prachtkerl.

Er war der wunderbarste Lager-Mensch, dem ich jemals begegnet bin. Selbstverständlich hatte auch er seine »Hochs« und »Tiefs«. Manchmal (nicht oft), wenn das Leben machtvoll rief und lockte und er an das große Sommerfest dachte, das draußen gefeiert wurde, wurde es ihm zu schwer. In solchen Augenblikken erzählte er mir viel von seiner Liebe zu Ihnen (im Lager teilt man sich einem Kameraden viel mehr mit als sonst üblich) und von allem, was er hier auf Erden noch zu erleben hoffte.

Dann sprachen wir darüber, wie schwer es ist, nicht uneingeschränkt leben zu können. Aber schon bald kam nach einem solchen Tief wieder ein Hoch. Er wußte und sagte das manchmal auch, daß wir oft nur sehr bruchstückhaft erkennen, was Gott mit dem beabsichtigt, was Er in unserem Leben zuläßt, aber daß alle diese Dinge immer darauf zielen, dem Leben Seiner Kinder zu einer positiven Entwicklung zu verhelfen.

Ich habe Hein (wir nannten ihn Hendrik) zehn Wochen gekannt. Erst seitdem ich Ihre Postkarte erhalten habe, wird mir wirklich bewußt, was mir fehlt und was in jenen zehn Wochen gewachsen ist. Das Leben ist wie eine Leinwand. Bilder kommen, beeindrucken, verschwinden und weichen neuen Bildern und neuen Eindrücken, die die vorhergehenden verblassen lassen.

Manche Bilder verblassen zwar, hinterlassen jedoch einen Eindruck, der bleibt. Einen solchen Eindruck hat das Bild von Hein Sietsma auf mich gemacht – das Bild eines fröhlichen Christen, der das Leben so sehr liebte, aber der bereit war, es hinzugeben für die große, gute und heilige Sache.

Ich hoffe, daß Gott Sie so tröstet, daß Ihr Leben nicht einsam, kalt und ohne Trost bleibt, sondern daß Sie an das denken, was nicht verblaßt, immer wärmt und sogar ein Leben ohne Hein reich machen kann.

Viele herzliche Güße.

Van Tuinen

Ich bekam viele solcher Briefe, und durch sie wurde mir klar, daß Hein in all den Lagern, in denen er hatte leiden müssen, ein

Gesandter mit einer ganz besonderen Botschaft gewesen war. So lernte ich langsam, seinen Tod zu akzeptieren. Ich hatte von anderen Menschen – nicht nur von Christen – erfahren, daß Hein auch in seinem größten Elend für sie ein Licht in der Dunkelheit war.

Herman und seine Freundin Ada heirateten bald, nachdem der Krieg zu Ende war. Ich glaube, es war besser, daß ich nicht hinging, denn es wäre sehr schwer für mich gewesen, an dieser Hochzeitsfeier teilzunehmen. Ich hätte es nicht ertragen. Erst später, als sie ihr erstes Baby bekommen hatten, besuchte ich sie. Zu diesem Zeitpunkt war die Wunde nicht mehr ganz so frisch.

Es tat mir weh zu sehen, wie all die jungen Paare, die Hein und ich gekannt hatten, nach und nach heirateten, sehr weh. Mein Hochzeitskleid hing immer noch zu Hause, und wir hatten uns doch auch so sehr gewünscht, heiraten zu können. Ich war nicht neidisch auf die anderen, aber ich war traurig darüber, daß ich mich nicht mit ihnen freuen konnte. Ich konnte es einfach nicht. Ich empfand nur eine furchtbare, unbeschreibliche Leere.

24. November 1945

Alles ist so leer. Ich kann nichts mehr schreiben, es gibt auch nichts mehr, was ich schreiben könnte.

Die Arbeit ist angenehm, und es ist viel zu tun, aber wenn ich mir vorstelle, daß das in Zukunft mein Lebensinhalt sein soll, dann könnte ich schreien!

O Gott, ich KANN es nicht! Es KANN einfach nicht wahr sein! Konntest du deine Pläne für unser Leben denn wirklich nur auf diese Weise verwirklichen?

Als ich mich neulich zum ersten Mal sagen hörte ». . . als Hein noch lebte«, zuckte ich selbst zusammen. In diesem Moment wurde mir zutiefst bewußt, daß das nun vorbei ist.

Sei du unsere Hilfe in Sturm und Nacht, o Herr, und unsere ewige Heimat.

aus Diet Emans Tagebuch

Den letzten Brief, den ich von Hein erhielt, schrieb er mir von einem der schrecklichen Gefangenentransporte aus. Der Zug näherte sich Rijssen, das in der Nähe der deutschen Grenze liegt, und Hein war es bewußt, daß seine Chancen, jemals nach Holland zurückzukommen, sehr gering waren. Sein Brief war vom 12. Oktober 1944 datiert und auf ein einziges Stück dünnes Toilettenpapier geschrieben, das er vom Roten Kreuz erhalten hatte. Er faltete den Brief ganz klein zusammen und wikkelte ihn in ein Stückchen Packpapier. Dann schrieb er meinen Namen und meine Heimatadresse in Den Haag darauf und warf ihn aus dem Zug. Irgendwo neben den Schienen muß der Brief liegengeblieben sein. Viele Holländer, die in der Nähe der Grenze wohnten, gingen damals, wenn sie wußten, daß ein Zug mit Gefangenen vorbeigefahren war, an den Schienen entlang, um nach Briefen zu suchen, die hinausgeworfen worden waren. Irgend jemand hob das kleine beschriebene Papierfetzchen auf und schickte es ab, genau so, wie Hein gehofft hatte. Ich weiß nicht mehr genau, wann ich diesen Brief erhielt; jedenfalls war es erst lange Zeit, nachdem Hein Amersfoort verlassen hatte.

12. Oktober 1944,
im Zug von Amersfoort nach X in Deutschland

Liebe Diet,

jetzt ging alles doch noch recht plötzlich: Offen gestanden, wir rechneten nicht mehr damit. Ich bin froh, daß wir Amers-

foort Adieu gesagt haben. Gestern, etwa um 21 Uhr, sind wir abgereist, und heute, 7 Uhr, haben wir gerade Rijssen hinter uns gelassen. Ich glaube, es wird wohl noch etwas dauern, bis die Reise zu Ende ist. Liebling, rechne nicht damit, daß wir uns bald wiedersehen. Ich vermute, es wird wohl noch ein Jahr dauern. Aber wir sind hier eine Gruppe von Kameraden, und Du lebst bald in einem freien Land. Wir haben allen Grund, optimistisch zu sein. Wir sehen wieder einmal, daß nicht wir es sind, die über unser Leben bestimmen.

Dineke, bleib mutig. Auch wenn wir uns auf Erden nicht wiedersehen sollten, werden wir unsere Haltung niemals bereuen. Dineke, ich habe nie jemanden geliebt wie Dich, und es ist mein größtes Verlangen, mit Dir eine glückliche Familie zu gründen. Omnia vincit amor.

Viele Küsse von
Deinem Hein

Es ist der letzte Brief, den ich von Hein erhielt. Er hatte ihn in der Hoffnung aus dem Zug geworfen, daß ich ihn auf irgendeine Weise bekommen würde. Wenn ich daran denke, wie regnerisch und neblig es im Oktober in Holland ist und wie klein die Chance war, daß dieses Stückchen Toilettenpapier trocken blieb und die Worte, die Hein geschrieben hatte, nicht verschwammen, und wenn ich mir dann vorstelle, wie unwahrscheinlich es war, daß jemand dieses Papierfetzchen überhaupt finden würde, und was für ein guter Mensch das gewesen sein muß, der den Brief aufhob und weiterschickte – wenn ich all das bedenke, dann weiß ich, daß es ein Wunder Gottes war, daß ich diesen Brief erhielt. Er bestätigte mir, was ich wohl wußte, jetzt aber schwarz auf weiß in Händen hielt: Auch wenn es ihn das Leben kosten sollte, bedauerte er nichts von dem, was wir getan hatten.

Manchmal werde ich gefragt, ob ich, wenn ich mein Leben noch einmal leben könnte, diese Jahre streichen würde. Nein, das würde ich nicht. Noch heute fange ich an zu weinen, wenn ich daran denke, obwohl ich damals nur sehr selten geweint habe. Aber es waren auch ganz besondere Jahre, Jahre, die ich in einer besonderen Nähe zu Gott lebte. Ich wußte nicht nur, daß Gott seine Verheißungen erfüllt, sondern erlebte seine Treue tatsächlich. »Der Herr ist mein Licht und mein Heil; vor wem sollte ich mich fürchten?« und ». . . er deckt mich in seiner Hütte zur bösen Zeit . . .« (Psalm 27,1.5). Genau das erlebte ich. Der Schöpfer der ganzen Welt hielt sich an das, was er mir als seinem Kind zugesagt hatte.

Eines weiß ich sicher: Die Worte, die ich damals in meiner Zelle in Scheveningen in die Wand kratze, die letzten Worte, die Jesus sagte, bevor er in den Himmel aufgenommen wurde, waren ein Versprechen. Und auch wenn wir unsere Versprechen nicht immer halten können, er steht zu dem, was er gesagt hat: »Siehe, ich bin bei euch alle Tage bis an der Welt Ende.«

Postskriptum

In Diet Emans Haus in Grand Rapids, 1986; *vorne:* Diet Eman, *dahinter, v. l. n. r.:* Corrie van Driel, Aalt und Alie Lozeman und Jan van Driel

Ein Buch über diese schweren Jahre zu schreiben, war das letzte, was mir in den Sinn gekommen wäre. Ich wollte vergessen und verließ aus diesem Grunde nach dem Krieg sogar Holland, um unbelastet von Erinnerungen in einem anderen Land ein neues Leben zu beginnen. Ich wollte jene Zeit für immer ad acta legen.

Ich machte eine Ausbildung als Krankenschwester und ging 1949 nach Venezuela, wo ich in meinem Beruf arbeitete. In diesen Jahren hatte ich nur sehr wenig Kontakt zu Menschen, mit denen ich während des Krieges zu tun gehabt hatte, mit Ausnahme von Aalt und Alie Lozeman, Boetzes und Jan und Corrie van Driel. 1959 heiratete ich den Amerikaner Egon Erlich, und wir bekamen zwei Kinder, Mark und Joy. Unsere Ehe wurde geschieden, und 1969 zog ich nach Grand Rapids, Michigan, wo ich als Managerin einer Exportfirma arbeitete.

Meine Vergangenheit außer acht zu lassen, gelang mir recht gut, bis 1978 Corrie ten Boom in unsere Stadt kam und von ihren Erlebnissen und von Gottes Treue sprach. Von da an ließ mir mein Gewissen keine Ruhe, und jedesmal, wenn ich die Bibel aufschlug, sprang mir so etwas wie »Erzähle von den großen Dingen, die ich getan habe!« entgegen. Ein Pfarrer, der wußte, daß ich in demselben Lager gelebt hatte wie Corrie ten Boom, bat mich eines Tages, in seiner Gemeinde von meinen Erlebnissen zu berichten. Ich hätte schreien mögen: »Nein, ich will nicht, ich will alles vergessen!« Aber dazu fehlte mir der Mut. Also sagte ich zu, obwohl es mir sehr schwerfiel.

Es folgten ähnliche Einladungen, und ein Psychologe, mit dem ich befreundet war, sagte: »Geh hin, das ist eine gute Therapie für dich.«

Vor etwa acht Jahren drängte mich mein Sohn Mark, meine Erlebnisse als Buch zu veröffentlichen. »Kommt überhaupt nicht in Frage!« war meine erste Reaktion. In den nahezu fünfzig Jahren seit Kriegsende hatte ich dreimal versucht, die Briefe und Tagebuchaufzeichnungen von damals zu lesen, aber jedesmal hatte ich zu weinen begonnen und die Sachen schnell wieder zur Seite gelegt. Doch Mark ließ nicht locker. Er meinte, daß ich es unbedingt tun solle, auch wenn es mir schwerfiele, und daß ich im Gebet herausfinden würde, ob es Gottes Wille sei.

Vor drei Jahren geschahen dann viele Dinge, die mich schließlich davon überzeugten, daß das Buch doch geschrieben werden mußte. Man hatte mich gebeten, bei einer »Suffering and survival«-Konferenz im Sioux Center zu sprechen, und nach meinem Referat kam James Schaap zu mir und sagte: »Ich möchte gern Ihr Buch schreiben!«

Jetzt war es entschieden.

In dieser Zeit begannen auch die Aktivitäten von Neo-Nazis. Damals, als der Krieg vorbei war, hatten wir alle gesagt: »So etwas kann nie wieder geschehen.« Aber inzwischen wurde bei Meinungsumfragen deutlich, daß zweiundzwanzig Prozent der amerikanischen Staatsbürger glauben, es habe niemals einen Holocaust gegeben. Wir müssen erzählen, was wirklich geschehen ist, damit sich die Geschichte nicht wiederholt.

Schon bevor ich mit der Arbeit an diesem Buch begann, zog ich mich aus dem Berufsleben zurück. Seitdem arbeite ich ehrenamtlich als Übersetzerin für die Luke Society (eine Organisation christlicher Ärzte), das Rote Kreuz und das Christian Reformed World Relief Committee in Mittel- und Südamerika.

Trotz allem kann ich heute wie damals mit David sagen: »Lobe den Herrn, meine Seele, und vergiß nicht, was er dir Gutes getan hat« (Psalm 103,2).

Folgende Mitglieder der Gruppe HEIN gaben ihr Leben:

Aart Oskam (»Driek«, Heemstede)	Hein Sietsma	Bouwe Nieuwenhuis (»Bob«, unsere Kontaktperson zur LO in Den Haag)	Aarjen Brouwer (»Oom Arie«, Den Haag)
Piet Hartog (er arbeitete in Gelderland und Amsterdam)	Dries Klooster (Barneveld)	Gerk Numan (Heins Cousin; er arbeitete in Friesland)	Albert van Meerveld

»Und sie haben ihr Leben nicht geliebt bis an den Tod.«
(Offenbarung 12,11)

Bildnachweise

Seite 42 oben: Mit freundlicher Erlaubnis der National Archives, Washington, D.C., United States Holocaust Memorial Museum

Seite 42 unten: Anne Frank Haus, Amsterdam

S. 129: Copyright © Martin Gilbert 1982, aus: Martin Gilbert, ENDLÖSUNG (rororo aktuell 3670), Copyright © 1982, 1995 by Rowohlt Taschenbuch Verlag GmbH, Reinbek bei Hamburg

S. 202: Zeichnung: A. van den Heuvel, in: E. P. Weber, Gedenkboek van het Oranje Hotel, Amsterdam 1947

S. 224: Foto: Sergeant Laing, in: National Archives, Washington, D.C., mit freundlicher Erlaubnis des United States Holocaust Memorial Museum

S. 326: Foto: Emmy Andriesse, in: Amsterdam tijdens de hongerwinter, Contact & De Bezige Bij, Amsterdam o. J.

S. 130 u. 342: Foto aus dem Archiv des Dokumentationszentrums der Staatlichen Archivverwaltung der DDR, in: Europa unterm Hakenkreuz. Belgien, Luxemburg, Niederlande, Berlin 1990